AS NOVAS RELAÇÕES TRABALHISTAS E O FUTURO DO DIREITO DO TRABALHO

NOVIDADES DERIVADAS DA PANDEMIA DA COVID-19 E DA CRISE DE 2020

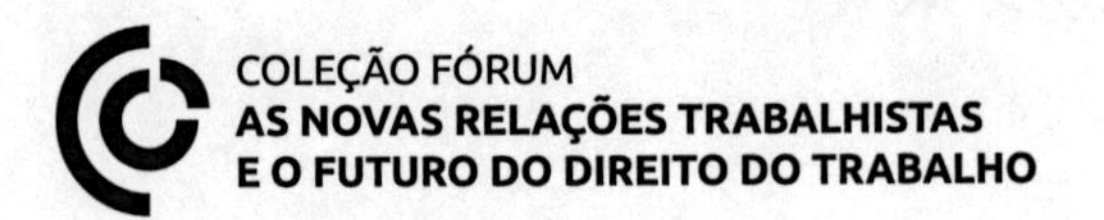
COLEÇÃO FÓRUM
AS NOVAS RELAÇÕES TRABALHISTAS
E O FUTURO DO DIREITO DO TRABALHO

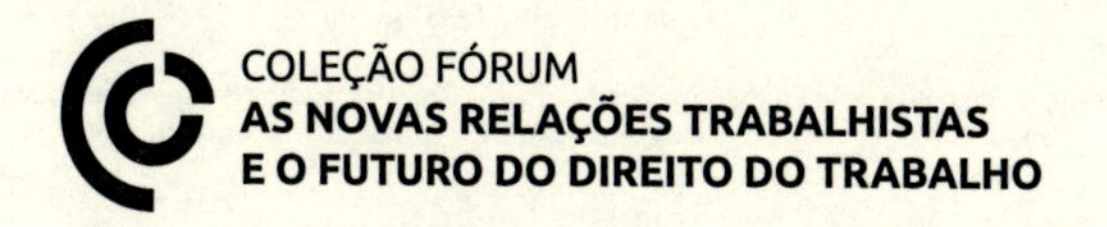

CAROLINA TUPINAMBÁ
Coordenadora

Maria Cristina Irigoyen Peduzzi
Prefácio

AS NOVAS RELAÇÕES TRABALHISTAS E O FUTURO DO DIREITO DO TRABALHO

NOVIDADES DERIVADAS DA PANDEMIA DA COVID-19 E DA CRISE DE 2020

1

Belo Horizonte
FÓRUM
CONHECIMENTO JURÍDICO
2021

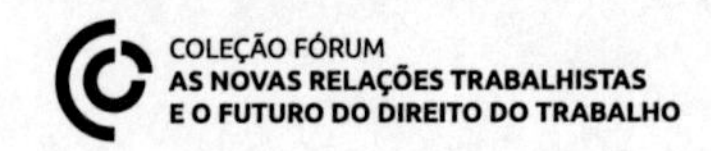

FÓRUM
CONHECIMENTO JURÍDICO

Luís Cláudio Rodrigues Ferreira
Presidente e Editor

Coordenação editorial: Leonardo Eustáquio Siqueira Araújo
Aline Sobreira de Oliveira

Av. Afonso Pena, 2770 – 15º andar – Savassi – CEP 30130-012
Belo Horizonte – Minas Gerais – Tel.: (31) 2121.4900 / 2121.4949
www.editoraforum.com.br – editoraforum@editoraforum.com.br

Técnica. Empenho. Zelo. Esses foram alguns dos cuidados aplicados na edição desta obra. No entanto, podem ocorrer erros de impressão, digitação ou mesmo restar alguma dúvida conceitual. Caso se constate algo assim, solicitamos a gentileza de nos comunicar através do *e-mail* editorial@editoraforum.com.br para que possamos esclarecer, no que couber. A sua contribuição é muito importante para mantermos a excelência editorial. A Editora Fórum agradece a sua contribuição.

Dados Internacionais de Catalogação na Publicação (CIP) de acordo com a AACR2

N936 As novas relações trabalhistas e o futuro do Direito do Trabalho: novidades derivadas da pandemia Covid-19 e da crise de 2020/ Carolina Tupinambá (Coord.).– Belo Horizonte : Fórum, 2021.

305p.
Coleção Fórum As novas relações trabalhistas e o futuro do Direito do trabalho. Tomo I.
ISBN da coleção: 978-65-5518-116-6
ISBN: 978-65-5518-118-0
1. Direito Processual Trabalhista. 2. Direito do Trabalho. I. Tupinambá, Carolina. II. Título.

CDD 342.68
CDU 349.2

Elaborado por Daniela Lopes Duarte – CRB-6/3500

Informação bibliográfica deste livro, conforme a NBR 6023:2018 da Associação Brasileira de Normas Técnicas (ABNT):

TUPINAMBÁ, Carolina (Coord.). *As novas relações trabalhistas e o futuro do Direito do Trabalho:* novidades derivadas da pandemia Covid-19 e da crise de 2020. Belo Horizonte: Fórum, 2021. (Coleção Fórum As novas relações trabalhistas e o futuro do Direito do trabalho. Tomo I). 305p. ISBN 978-65-5518-118-0.

Para Rafael, com amor.

AGRADECIMENTOS

Em todos os trabalhos que faço, adoro escrever esta parte.

Sempre faz pensar o quanto a vida é boa e o quanto somos felizes por estarmos cercados de bons amigos, parceiros de todas as horas.

Este livro é sobre o futuro, tempo que, invariavelmente, remete-me a Rafael, meu filho amado. É ele a causa de minha preocupação, assim como de meu entusiasmo com todas as próximas e infinitas auroras seguidas dos entardeceres ao redor do globo terrestre. Mal me lembro das coisas que me faziam alegre ou triste antes do Rafa. Ele personifica o "daqui pra frente" de minha existência, sendo, para mim, sinônimo de fé na vida e de esperança no porvir. Sou grata por nossa convivência transformadora que inspira e enfeita tudo o que faço de bom.

Para pensar sobre o futuro, todos nós partimos de uma história de vida. A minha sempre foi ao lado de minha mãe, Sonia. Sinto gratidão por tudo o que ela fez e faz por mim diuturnamente. Toda a vida, o presente e o futuro ganham sentido ao lado dela.

Rafael e sua avó me estimulam a trabalhar, a escrever e a estudar. Agradeço por eles compreenderem minhas eventuais ausências para dar conta de tentar um futuro melhor.

Sou sócia de um escritório de advocacia por onde passam todos os tipos de conflitos reais e potenciais entre capital e trabalho. Tensões que se transformam ao longo do tempo. Apesar de todos os nossos desafios, duas advogadas de uma equipe de guerreiros me ajudam em projetos acadêmicos.

Marina Novellino Valverde, mestranda da Universidade do Estado do Rio de Janeiro, sonhou junto comigo vários pedacinhos desta obra, tendo ajudado muitíssimo com as pesquisas de textos, a organização temática e a revisão de diversos trabalhos.

Bianca Lubianco, fiel escudeira, tornou muito mais fácil e efetiva a arregimentação de tantos autores e conteúdo, responsabilizando-se por boa parte da complexa logística e da agenda envolvida nesta obra em que 95 nomes do Direito assinam artigos acadêmicos inovadores.

Agradeço, por fim, a todos os competentes professores e autores participantes desta coletânea pela confiança e deferência, mas, principalmente, por suas corajosas e inovadoras ideias, em boa hora compartilhadas com a comunidade jurídica em prol da construção de um novo direito e processo do trabalho.

Obrigada!

SUMÁRIO

APRESENTAÇÃO DA COLEÇÃO

A presente obra coletiva surge a partir de estudos desenvolvidos ao longo dos anos de 2018 e 2019, nos cursos de pós-graduação em que leciono.

A ideia central deste trabalho é diagnosticar influxos do terceiro milênio nas relações de trabalho, a partir de pesquisas e incursões acadêmicas, tanto no campo do Direito nacional como no comparado.

O trabalho desempenha, ao menos, três papéis fundamentais nas relações humanas: social, psicológico e financeiro. Consciente de sua vocação, o direito do trabalho na sociedade pós-industrial deve girar em torno do eixo do equilíbrio entre forças e respeito ao núcleo duro das garantias fundamentais dos trabalhadores, como agentes que produzem em benefício da sociedade.

Os desafios não são poucos.

Com o ingresso de novas gerações no mercado de trabalho, os inegáveis avanços da tecnologia e da globalização têm, em curto espaço de tempo, acusado a necessidade de alterações legislativas e transformado modelos de solução de conflitos entre capital e trabalho. A coleção completa analisará justamente os marcos referenciais que condensam conceitos. A pandemia vivenciada a partir de 2020 evidencia outro elemento importante no mundo do trabalho, os elementos extraídos do que se convencionou chamar "direito do trabalho 4.0".

O mundo do trabalho efetivamente mudou e a mudança nem veio para ficar, pois a verdade é que, a cada dia, a paisagem se transforma.

Profissionais contemporâneos que habitam os grandes centros, em geral, costumam ser independentes, menos chefes, mais tutores, realizadores. Querem menos competitividade e mais colaboração; menos curriculum, mais valores intrínsecos. Em uma época em que a vida e o trabalho se fundem, instruções cedem lugar para objetivos acordados, dissolvendo a rigidez das hierarquias. As recompensas serão baseadas no desempenho. É comum de se ver trabalhadores tornando-se verdadeiros empreendedores dentro da empresa, o que significa verdadeira reconfiguração dos protagonistas clássicos da relação laboral, empregado e empregador. Nesse novo ambiente que se apresenta ao direito do trabalho, portanto, a liberdade de escolha e a responsabilidade individual ocupam lugar de destaque.

Neste contexto, os textos a seguir são corajosos, por natureza. Ora, mudar sempre causa insegurança. Nada se compara ao conforto proporcionado pelo *status quo*.

Mas o futuro já começou e não tem data para terminar, não se contendo por princípios e regras tradicionais que os bancos universitários ainda insistem em anunciar como se fossem informadores de um direito e processo do trabalho esculpidos nas pedras sagradas.

A questão é que, ao que parece, o ensino de ambas as disciplinas parou no tempo, como se congelado numa era de "tudo ou nada".

Ou se tem o vínculo de emprego reconhecido, para se desfrutar do fantástico mundo da CLT, com a mais ampla proteção do Estado, ou se está fora da jogada. Quem não é empregado, praticamente, não será nada para a grande maioria das obras jurídicas que se encontram nas prateleiras dedicadas ao direito e processo do trabalho. Será, talvez, se tiver alguma sorte de ser lembrado, uma mera "tentativa de fraude", ou coisa que o valha, ainda que trabalhe dia e noite sem parar.

Em geral, quem se assusta diante da triste realidade, ao invés de tentar novos caminhos de regulamentação e proteção desses trabalhadores-do-futuro, não necessariamente empregados como antigamente – pasmem-se – prefere "forçar a barra", tentando enquadrar, a todo custo, qualquer prestador de serviços para baixo do grande e velho guarda-chuva chamado vínculo de emprego. Muitos insistem, nessa linha de raciocínio, repetindo obcessivamente o discurso de que o autônomo, o motorista do uber, o trabalhador pejotizado etc. sejam, todos eles, em-pre-ga-dos. E ponto final! Não se apresentam reflexões ou argumentos aprofundados e amadurecidos nos textos mais apaixonados. Outros estudiosos, de fato, acreditam piamente que esses novos perfis contratuais ostentam características do vínculo empregatício, como subordinação, habitualidade, eventualidade, onerosidade e pessoalidade.

Via de regra, o enterrar a cabeça na terra parece proteger de um temor justificável, ou, pelo menos, que faz um certo sentido na mentalidade dos neofóbicos. É que, ao se admitir a existência de outras espécies de vínculos de trabalho, com proteção do Estado mais arrefecida ou até inexistente, o que será feito da figura do velho e bom empregado? Será definitivamente extinta do planeta, ou, ao menos, do Brasil? Qual poder de barganha ou sedução restará ao contrato de emprego? Quem há de querer contratar pela modalidade vetusta e engessada de vínculo empregatício? Depois que surgiu o FGTS, quem optou pelo regime da estabilidade decenal?

A coletânea tratará destes tipos de questões, dentre muitas e tantas outras, sem a pretensão de respondê-las. Fazê-las – acreditem – já é um grande passo para a evolução dos direitos envolvidos, sejam eles ostentados pelo capital ou pela mão de obra.

Além da audácia e da criatividade necessárias para se pensar "fora da caixa", outro traço marcante da coleção é a interdisciplinaridade percebida em muitas das contribuições, que incitam o diálogo com áreas como o Direito Empresarial, o Direito e Tecnologia, Direito Processual e Constitucional.

Em suma, o futuro do mundo do trabalho é um problema central que não dispensa a incansável dedicação dos estudiosos.

É duro e, de certa forma, até incômodo admitir que, hoje, trabalhamos, em média, mais do que nunca. Ora, se acoplarmos a utilidade do trabalho humano ao seu respectivo propósito, essa realidade não faz o menor sentido. Sim, porque, historicamente, a finalidade do emprego é nada mais do que produzir aquilo que precisamos para viver, como alimentos, roupas, casas etc.

Com a evolução do estágio civilizatório e dos meios de produção, é inegável que a produtividade no globo aumentou exponencialmente. É dizer: menos esforço é demandado para a produção de um mesmo resultado de tempos atrás. Hoje se trabalha bem menos para se produzir o mesmo que antes, graças, principalmente, ao avanço das tecnologias. Logicamente, nosso padrão de vida tem melhorado e se tornado mais requintado, o que demanda aumento de trabalho para a produção de um nível tal de riqueza... Mas o fato é que, proporcionalmente, a otimização da produção é muito mais significativa do que o aumento de demanda.

É como se o propósito da evolução fosse liberar nosso tempo para que pudéssemos não trabalhar.

Só que não. Em vez disso, ter um trabalho digno é objetivo comum de muitos cidadãos.

É impressionante e verdadeiramente encantadora toda a complexidade, a sensibilidade e a magia que se apresentam àqueles que procuram entender o mundo do trabalho, de onde veio e para onde irá.

Certamente aprendi muito com os colaboradores desta coleção. Compartilho, com entusiasmo e otimismo, o resultado de nosso empenho, torcendo para que a troca de ideias ganhe adeptos e seja ainda mais incrementada, ao ponto de colaborar com a edificação de um futuro em que as relações de trabalho sejam inseridas como um todo na realidade de um Estado Democrático de Direito e das dinâmicas que lhe são próprias. Parafraseando o grande compositor Ivan Lins, no Novo Tempo, apesar dos perigos, a gente se encontra para nos socorrer.

PREFÁCIO

A mutação das relações de trabalho tradicionalmente compreendidas é uma realidade que há anos se incrementa, dia após dia.

A partir da Quarta Revolução Industrial, vivenciamos o surgimento constante de novidades absolutamente disruptivas, como as novas tecnologias, as formas plurais de solução de conflitos, os perfis contratuais diversos da clássica relação de emprego etc... Muitas são as mudanças do mundo do trabalho que desafiam a interpretação dos tribunais, a modernização das leis e a construção de uma doutrina arejada e inovadora.

Esta obra se compromete, justamente, com a missão reflexiva demandada pelo novo Direito do Trabalho. Dividida em cinco volumes, a coleção busca abordar as mais recentes legislações que impactaram o mundo do trabalho, os efeitos das novas tecnologias no universo laboral, as novidades observáveis no cenário mundial, envolvendo sobretudo a globalização e o futuro do direito do trabalho, e os novos módulos de interações humanas trabalhistas, bem como de superação de conflitos entre capital e trabalho. Neste volume, o fator central das reflexões é a pandemia da covid-19.

Outro aspecto que chama a atenção nesta interessante publicação, que tem seu primeiro volume apresentado à comunidade jurídica, é que, acompanhando a tendência mundial de arrefecimento de fronteiras entre os países, foram colacionados trabalhos inéditos de diversos autores internacionais, o que distingue muito positivamente o presente livro. Conhecer o Direito do Trabalho de alhures, a partir da visão de seus nacionais, traduz experiência ímpar e engrandecedora proporcionada pela leitura dos textos que chegam além mar.

Os temas percorridos pelos autores-colaboradores nos volumes que integram a festejada coletânea são inusitados, relevantes e atuais. Os artigos foram selecionados com maestria pela coordenadora da obra, professora e doutora Carolina Tupinambá, que contagia por sua paixão pelo Direito e Processo do Trabalho.

Tive a honra de ser convidada para escrever o prefácio desta rica coletânea e posso afirmar que o trabalho da professora arregimenta publicações densas, críticas e provocantes, organizadas de forma admirável e inteligente.

Parabenizo a Editora Fórum, que, na vanguarda da literatura jurídica, lança a coleção de suma importância para acadêmicos e profissionais do Direito, a expressar diálogo inovador entre múltiplas visões selecionadas pela talentosa Carolina.

Para aqueles que imaginam que o Direito do Trabalho poderá desaparecer no futuro, a leitura dos artigos desta obra, provavelmente, fará mudar de ideia. São muitas as novas possibilidades e perspectivas que se colocam decorrentes, sobretudo, de fenômenos como o avanço de novas tecnologias e o sedimentar da globalização.

Os novos modos de produção, próprios da 4ª Revolução Industrial, criaram um tipo de trabalhador denominado "nômade", inserido no contexto de um novo modelo econômico, sob a demanda e a oferta de serviços via internet pelos mais diversos trabalhadores sem vínculo de emprego, diretamente ao consumidor, por meio de plataforma virtual.

Cabe ao estudioso do Direito analisar as novas formas de produção, reconhecer seus avanços e retrocessos para a organização do trabalho e sugerir meios para regular cada peculiaridade das inovações que surgem a cada novo momento.

A propósito, em seu consagrado livro *21 lições para o século 21*, o historiador Yuval Noah Harari reconhece que "os temores de que a automação causará desemprego massivo remontam ao século XIX, e até agora nunca se materializaram".

Convido você, leitor, a refletir conosco sobre esse mundo de inovações que impactam o futuro do Direito do Trabalho e de seus sensíveis protagonistas, trabalhadores e empreendedores.

Maria Cristina Irigoyen Peduzzi
Ministra Presidente do Tribunal Superior do Trabalho

UM NOVO NORMAL PARA O DIREITO DO TRABALHO

CAROLINA TUPINAMBÁ

MARINA NOVELLINO VALVERDE

Introdução

O objetivo do presente trabalho consiste em refletir sobre possíveis legados, para o Direito do Trabalho, da atual crise em que nos encontramos, qual seja, o estado de calamidade decorrente da pandemia do novo coronavírus (covid-19).

Para isso, este artigo foi organizado em cinco partes. A primeira delas busca sintetizar o contexto em que nos inserimos, permeado por regras transitórias e excepcionais. E, em seguida, cada uma das quatro partes restantes apresenta considerações sobre um legado diferente. Seriam eles: o impulso às novas formas de trabalho, a validação de soluções de conflitos em âmbito interno, o reconhecimento do princípio da solidariedade e a sedimentação do parâmetro boa-fé em epicentro de controle de negócios jurídicos.

1 O contexto

Para que se possa compreender o que este artigo pretende, necessário entender o contexto em que ele foi escrito.

Sintetizar o fluxo de impactos da covid-19 traduz-se como uma tarefa deveras árdua, considerando os seus devastadores efeitos em escala global. Portanto, o que se faz, a seguir, é uma grande condensação dos acontecimentos a ela relacionados.

No final do ano de 2019, foi descoberto novo agente do coronavírus, após o registro de casos na China. Este provoca a doença chamada coronavírus (covid-19).[1] Devido ao seu grande potencial de contágio, em pouquíssimo tempo, o vírus ultrapassou as fronteiras daquele país e contaminou pessoas pelo mundo todo, revelando-se extremamente difícil de ser contido. Ressalta-se que não há, até o momento, vacinas autorizadas ou medicamentos comprovadamente capazes de curar os infectados.

Diante disso, a Organização Mundial da Saúde (OMS)[2] passou a recomendar, como principal medida preventiva, o distanciamento social. E isso fez com que boa parte dos Governos dos Estados Nacionais passasse a obrigar as pessoas a permanecer em quarentena e determinasse a paralisação de todas as atividades não essenciais.

Isso tudo, obviamente, tem impactado na continuidade das atividades empresariais e, por conseguinte, na continuidade dos empregos. Como manter as pessoas empregadas se os empresários não têm receita?

E o problema vai além da manutenção dos empregos. O Brasil é muito mais complexo, em termos de relação de trabalho, não é feito só de empregadores e empregados. Temos os autônomos, os pejotizados, os estagiários, os aprendizes, os desempregados. Como amparar, então, todas essas pessoas? A missão é difícil.

---

[1] BRASIL, Ministério da Saúde. Sobre a doença. O que é covid-19. Disponível em: https://coronavirus.saude.gov.br/sobre-a-doenca#o-que-e-covid. Acesso em: 22 abr. 2020.

[2] As recomendações da Organização Mundial da Saúde (OMS) são sempre atualizadas em seu sítio oficial. Em 22 abr. 2020, ao acessar o link https://www.who.int/health-topics/coronavirus#tab=tab_2, as recomendações da Organização para impedir a infecção e retardar a transmissão da covid-19 eram as seguintes: (i) Lavar as mãos regularmente com água e sabão ou limpá-las com álcool; (ii) Manter pelo menos 1 metro de distância entre você e as pessoas que tossem ou espirram; (iii) Evitar tocar seu rosto; (iv) Cobrir a boca e o nariz ao tossir ou espirrar; (v) Ficar em casa se não se sentir bem; (vi) Evitar fumar e outras atividades que enfraquecem os pulmões; (vii) Praticar o distanciamento físico, evitando viagens desnecessárias e afastando-se de grandes grupos de pessoas.

O cenário que precede a crise desencadeada pelo coronavírus já era complicado. A economia brasileira, apesar de se destacar entre as maiores do mundo, possui uma desigualdade social acentuada.

Em novembro de 2019, a Fundação Getulio Vargas divulgou resultado de pesquisa sobre as mudanças nos índices de desigualdade nos sete últimos anos[3] e constatou que houve aumento persistente no segundo semestre de 2019.[4]

A concentração de riquezas, os altos índices de desemprego, os níveis alarmantes de violência, os sucessivos escândalos de corrupção, a insuficiência do sistema público de saúde... O coronavírus chega ao Brasil com o potencial de agravar todo esse cenário.

Quando a ameaça do vírus se tornou mais próxima e se tomou consciência de que afetaria o país, o governo brasileiro passou a editar leis, decretos, portarias, resoluções e medidas provisórias buscando antecipar ou conter o caos.

Tudo começa com a Portaria nº 188,[5] de 3 de fevereiro de 2020, a qual declarou Emergência em Saúde Pública de Importância Nacional (ESPIN) em decorrência da Infecção Humana pelo novo coronavírus (2019-nCoV), estabelecendo o Centro de Operações de Emergências em Saúde Pública (COE-nCoV).

Conforme os casos de contaminação foram aumentando, o Poder Público passou a editar mais e mais normas.

---

3 NERI, Marcelo C. A Escalada da Desigualdade – *Qual foi o Impacto da Crise sobre Distribuição de Renda e Pobreza?* Rio de Janeiro. Agosto de 2019. FGV Social. Pesquisa Disponível em: http://cps.fgv.br/desigualdadeAcesso em: 22 abr. 2020.

4 As conclusões são alarmantes:
"A pesquisa mostrou que a desigualdade de renda domiciliar per capita do trabalho está aumentando há 17 trimestres consecutivos quando comparado ao mesmo mês do ano anterior. Esse é o maior período de concentração da série histórica brasileira. Nem mesmo em 1989, o nosso pico histórico de desigualdade de renda brasileira, foi precedido por movimento de concentração por tanto períodos consecutivos.
Desde o final de 2014 até o 2º trimestre de 2019, a renda dos 50% mais pobres da população caiu 17%, a dos 10% mais ricos 3% e a do 1% mais rico cresceu 10%. Estamos falando de uma grande recessão na média e ganho no topo, isto significa que a base da distribuição teve quedas muito mais acentuadas que as da média.
Até 2014, o bem-estar social crescia a 6,5% ao ano (porque a renda crescia e a desigualdade caía). Contudo, em apenas 2 anos, passou a cair quase os mesmos 6,5%. Mais do que uma longa recessão seguida de lenta retomada, passamos do crescimento inclusivo à recessão excludente. A desigualdade alavanca a dramaticidade e a duração do quadro". *Ibidem*. p. 24.

5 MINISTÉRIO DA SAÚDE (Brasil). Portaria nº 188, de 3 de fevereiro de 2020. Declara Emergência em Saúde Pública de importância Nacional (ESPIN) em decorrência da Infecção Humana pelo novo Coronavírus (2019-nCoV). *Diário Oficial da União*, Brasília, DF, nº 24-A, Seção: 1-Extra. p. 1.

Até que, em 20 de março de 2020, por meio do Decreto Legislativo nº 6,[6] foi reconhecida para os fins do art. 65, da Lei Complementar nº 101/2000, a ocorrência do estado de calamidade pública, nos termos da solicitação do Presidente da República encaminhada por meio da Mensagem nº 93, de 18 de março de 2020.

Foi um verdadeiro divisor de águas, pois o que se sucedeu foi o início da publicação de normas em diversos ramos do Direito, criando regras transitórias, excetuando a normalidade.

A lógica é simples: se as pessoas não estão podendo se deslocar, se o comércio foi fechado, se a aglomeração foi proibida, como dar continuidade às atividades empresariais? Como pagar salários? Como pagar as dívidas se as pessoas não recebem salários? Como as pessoas farão para pagar contas mensais (comida, gás, luz, telefone, creche, empregados domésticos, entre outras) se não receberem salários? Como ficam os autônomos que vendem nas aglomerações (feiras de comida, feiras de artesanato, ambulantes...)? Como ficam as empresas que não têm receita? Como as empresas pagam os credores e investidores?

As perguntas se multiplicam e as respostas não estão no Direito vigente. O momento atual demandou normas específicas. Nesse contexto, então, dentre uma série de medidas provisórias, foram publicadas algumas com o intuito de reduzir os impactos do novo coronavírus no âmbito das relações de trabalho.

A primeira delas, a Medida Provisória nº 927/2020, listou as principais medidas de enfrentamento dos efeitos econômicos decorrentes do estado de calamidade pública, sendo elas: o teletrabalho, a antecipação das férias individuais, a concessão de férias coletivas, o aproveitamento e a antecipação dos feriados, o banco de horas, a suspensão de exigências administrativas em segurança e saúde no trabalho, o direcionamento do trabalhador para qualificação (as regras previstas nessa MP, sobre este ponto específico, foram revogadas pela Medida Provisória nº 928/2020, recebendo nova regulamentação na MP nº 936/2020) e o diferimento do recolhimento do Fundo de Garantia do Tempo de Serviço (FGTS).

Destaca-se, ainda, a Medida Provisória nº 936/2020, que criou o Programa Emergencial de Manutenção de Emprego e da Renda e

---

6 SENADO FEDERAL (Brasil). Decreto Legislativo nº 6, de 2020. Reconhece, para os fins do art. 65 da Lei Complementar nº 101, de 4 de maio de 2000, a ocorrência do estado de calamidade pública, nos termos da solicitação do Presidente da República encaminhada por meio da Mensagem nº 93, de 18 de março de 2020. *Diário Oficial da União*, Brasília, DF, Edição Extra nº 55-C. p. 1.

dispôs sobre medidas trabalhistas complementares de enfrentamento do estado de calamidade.

Esta segunda MP possibilitou a redução salarial combinada com redução de jornada por meio de acordo individual, o que foi motivo de muitas críticas, as quais fundamentaram, inclusive, ações de declaração de inconstitucionalidade.

E aqui chegamos a um importante ponto dessa contextualização: as medidas provisórias trabalhistas (das quais duas foram citadas anteriormente) não pretenderam inaugurar um novo Direito do Trabalho, ao revés. As flexibilizações, as possibilidades de pactuação individual, o diferimento do pagamento de verbas de natureza trabalhista e a redução na rigidez da fiscalização das normas de saúde e segurança são *status* provisórios.

Considerando que o objetivo deste artigo não é analisar as medidas de enfrentamento, mas, sim, extrair possíveis ensinamentos e mapear eventual legado do que se tem observado durante o estado de calamidade, não caberá aqui o aprofundamento de todas as disposições das referidas normas.

2 O impulso às novas formas de trabalho

Nesse confuso contexto, algumas modalidades de trabalho, que antes ocupavam um lugar secundário em nossa sociedade, apareceram como solução para muitos problemas. É o que observamos acontecer com o teletrabalho, com o trabalho remoto, com o *home office* e com a prestação de serviços por meio de plataformas digitais.

É cediço que o trabalho em casa não é uma novidade. Entretanto, de fato, no Brasil, o trabalho realizado a distância por meio de tecnologias da informação e comunicação não tem tanto tempo de existência. Parece existir certo consenso histórico no sentido de que o incremento da telemática pelas empresas ocorrera a partir da crise do capitalismo sofrida na década de 1970.

Isso porque, no processo de reestruturação pós-crise, via de regra, as estratégias capitalistas envolviam: (i) a reorganização do trabalho, já que, por meio das novas tecnologias, buscou-se padronizar e simplificar tarefas; e (ii) a geração de mercadorias inteiramente novas, retiradas de aspectos da vida ou da natureza que, antes, permaneciam fora do escopo das relações capitalistas. Mas as novas tecnologias não foram utilizadas somente para automatizar e para simplificar o trabalho, mas também para gerenciá-lo, independente da distância entre o patrão e o empregado.[7]

Na crise desencadeada pelo novo coronavírus, como já mencionado, diante da ausência de cura ou vacina para o vírus, a principal forma pensada para contê-lo consiste no distanciamento social. A semelhança com os exemplos citados é cristalina: sem poder sair de casa, os empregados não podem se deslocar até o trabalho, evitando as aglomerações nos transportes e dentro dos estabelecimentos empresariais.

Para não paralisar as operações, a melhor solução que vem sendo adotada, nesse contexto atual, pelas empresas é o teletrabalho. Isso fica evidente com a Medida Provisória nº 927/2020, que, em seu artigo 3º, ao listar as medidas de enfrentamento dos efeitos econômicos decorrentes do estado de calamidade pública e para preservação do emprego e da renda, coloca já em seu inciso I o teletrabalho, seguido dos artigos 4º e 5º, que apresentam regras mais flexíveis que as previstas na Consolidação das Leis do Trabalho[8] para a adoção da modalidade do teletrabalho.

O Ministério Público do Trabalho (MPT), por meio da Nota Técnica nº 6, publicada em 22 de março de 2020, item IV, expressou seu posicionamento no sentido da priorização do teletrabalho como principal medida de enfrentamento trabalhista. Confira-se:

> VI. PRIORIZAÇÃO DE MEIOS ALTERNATIVOS PRÉVIOS AQUALQUER PLANO DE DEMISSÃO VOLUNTÁRIA (OUEQUIVALENTE) OU DISPENSA DE TRABALHADORES, com privilegiamento da negociação coletiva e/ou do diálogo com as entidades sindicais, para análise e adoção de medidas de redução de impacto na manutenção do emprego e da renda dos trabalhadores, observando-se o princípio da irredutibilidade salarial, com a obrigatoriedade de adoção gradativa de medidas de menor impacto aos trabalhadores, como:
> a. Adoção de trabalho remoto (teletrabalho/*home office*);
> b. Flexibilização de jornada;
> c. Redução de jornada e adoção de banco de horas;
> d. Concessão imediata de férias coletivas e individuais; sem a necessidade de pré-aviso de 30 dias de antecedência e/ou notificação de com 15

[7] HUWS, Ursula. *A formação do cibertariado*. Trabalho virtual em um mundo real. Trad. de Murillo Van der Laan. Campinas: Editora Unicamp, 2017. p. 11 e 12.

[8] O teletrabalho foi positivado, no Brasil, por meio da Lei nº 13.467/17 (a chamada Reforma Trabalhista), que, dentre outras alterações, inseriu na CLT os artigos 75-A a 75-E, que integram um capítulo inteiramente dedicado ao teletrabalho.

dias de antecedência para o Ministério da Economia, cientificando-se a entidade sindical representativa, antes do início das respectivas férias;
e. Concessão de licença remunerada aos trabalhadores;
f. Suspensão dos contratos de trabalho (*lay off*), com garantia de renda;
g. Outras medidas passíveis de adoção pela respectiva empresa ou setor de atividade econômica, com especial para a garantia de renda e salários.

O claro incentivo ao teletrabalho não foi por acaso. Esta modalidade de trabalho apresenta-se como grande aliada da quarentena e da contenção da garantida crise econômica que decorreria da paralisação total de todas as empresas no mundo.

O que se pretende enfatizar neste capítulo, no entanto, vai além da importância do trabalho remoto no contexto atual. O objetivo, aqui, consiste em demonstrar que este não precisa ser um aliado exclusivo das crises, apesar de ganhar um destaque ímpar nesses momentos.

O teletrabalho já era uma realidade no Brasil muito antes de sua regulamentação, que ocorreu com a chamada Reforma Trabalhista (Lei nº 13.467/17). Apesar de não existirem dados e números oficiais de órgãos ligados à Administração Pública sobre o tema, algumas evidências são capazes de reforçar essa afirmação, por exemplo, o fato de a Sobratt (Sociedade Brasileira de Teletrabalho e Teleatividades) ter sido criada em 1999, bem como o fato de ser possível encontrar no Tribunal Superior do Trabalho julgados envolvendo discussões acerca de questões relacionadas a *home office* pretéritos à regulamentação.

Segundo pesquisa realizada pela SAP Consultoria em Recursos Humanos,[9] sobre *home office* no Brasil em 2018 (ou seja, após a regulamentação do teletrabalho) com 315 empresas, 45% já adotavam o teletrabalho, 40% não o adotavam e 15% avaliavam a sua implementação.[10]

Em relação ao objetivo que as empresas declararam ter com a adoção do *home office*, 70% delas responderam que buscavam com isso melhorar a vida dos colaboradores, 63% faziam isso pensando na mobilidade urbana (redução de veículos nas ruas, tempos no trânsito,

---

[9] A pesquisa foi realizada pela SAP Consultoria em Recursos Humanos com parceria da SOBRATT – Sociedade Brasileira de Teletrabalho e Teleatividades, na formulação dos quesitos e na formatação dos resultados, bem como com o apoio da ABRH – ASSOCIAÇÃO BRASILEIRA DE RECURSOS HUMANOS, do GCONTT – GRUPO DE CONSULTORIA DE TELETRABALHO DA TRANDINGWORKS e da FERREIRA & RODRIGUES, junto a mais de 300 empresas de diferentes segmentos e portes, nas diversas regiões do país, que empregam mais de um milhão de pessoas.

[10] Sociedade Brasileira de Teletrabalho e Teleatividades. *Pesquisa HOME OFFICE 2018*. 2018. Disponível em: http://www.sobratt.org.br/index.php/01122018-pesquisa-home-office-2018/. Acesso em: 22 abr. 2020.

etc.), 47% têm o *home office* como um benefício concedido para os empregados, 47% o fazem buscando atração e retenção de talentos, 36% pretendem com isso a redução de despesas com espaço físico e correlatas, 33% buscam no teletrabalho um aumento na produtividade, 24% acreditam que esta modalidade reduz o *turnover* e o absenteísmo, 19% objetivam colaborar com o meio ambiente reduzindo congestionamentos e poluição na região.[11]

Tais dados revelam que muitas empresas já enxergavam múltiplas benesses relacionadas ao trabalho remoto. Portanto, a utilização do teletrabalho como medida de enfrentamento da crise atual, decorrente do alto potencial de contaminação pela covid-19, vem para reforçar as vantagens dessa modalidade de forma de prestação de serviços.

Sabe-se que o teletrabalho não é para todos. Nem todas as pessoas conseguem apresentar alta produtividade quando laboram remotamente, sendo certo, ainda, que nem todas as atividades são compatíveis com essa modalidade. Em tempos normais, a empresa deve promover testes de perfis e de performance para saber quem poderá trabalhar de casa, além de promover cursos e treinamentos sobre ergonomia, produtividade, etc.

Todavia, com a covid-19, muitos empregadores foram surpreendidos e tiveram que, de uma hora para outra, colocar todos (ou quase todos) os seus colaboradores em teletrabalho. Isso, naturalmente, irá acelerar a implementação e o aprimoramento do uso das tecnologias pelas empresas. Mas não é só.

Esse momento de trabalho remoto poderá servir como um teste tanto para o empregado quanto para o empregador. Afinal, se um colaborador está produzindo mais em casa, comunicando-se bem com os demais, se ele está mais satisfeito com o tempo que está passando com a família, o teletrabalho poderá ser uma ótima solução para ele e para a empresa depois de findo o estado de calamidade. Por outro lado, aqueles que encaram o *home office* como uma espécie de "férias" provavelmente terão seu perfil descartado para trabalhar remotamente.

De uma forma ou de outra, este parece responder melhor às novas tendências do Direito do Trabalho. Isso porque, com as novas tecnologias e novas possibilidades de descentralização, há um espaço maior para relações de trabalho menos rígidas e subordinadas, e mais colaborativas, dentro de uma perspectiva linear e não vertical de comando.

---

[11] *Ibidem.*

Todas essas reflexões apontam para o fato de que o trabalho remoto responde bem às novas tendências do Direito do Trabalho. Portanto, a crise atual pode ter como possível legado o incremento dessa modalidade de labor pelas empresas, não só porque ela se revela como uma forte medida de enfrentamento em contextos de calamidade, mas porque apresenta inúmeras vantagens, as quais poderão ser exploradas em tempos de normalidade.

3 Validação de soluções de conflitos em âmbito interno

Em meio ao estado de calamidade, diante das medidas provisórias trabalhistas de enfrentamento, as empresas puderam adequar as soluções às suas próprias realidades. Não houve uma imposição por parte do Poder Público, aos empregadores, de uma só solução.

Nesse cenário, as empresas tiveram (e estão tendo) que ocupar um espaço importante de decisão, resolvendo os conflitos e obstáculos que se colocaram de forma autônoma. Se um empregado não possui estrutura em casa para realizar o teletrabalho e mesmo assim é colocado para laborar nessa modalidade no contexto atual, o empregador deverá fornecer estrutura mínima (como um computador, internet, entre outros), sem realizar grandes testes de perfil para trabalho remoto. Esse empregado, por outro lado, poderá buscar negociar com o empregador que adiante suas férias, pois não tem interesse em trabalhar nesse momento, já que prefere priorizar o tempo com a família.

Nesse exemplo fica claro o espaço de diálogo que se coloca diante dos protagonistas da relação de emprego. Não há, nesse momento, tempo ou musculatura institucional para resolver esses conflitos e impasses. As partes são obrigadas a resolver suas questões muito rápido, pois a ameaça da covid-19 só aumenta e a crise que dela decorre igualmente.

Existe uma tendência, no Brasil, de se expelir os conflitos para a Justiça do Trabalho. Em 2019, foram recebidos 3.377.013[12] de processos pelo Judiciário trabalhista, de acordo com os dados divulgados pelo Conselho Superior da Justiça do Trabalho. A quantidade de novas ações que ingressam na Justiça do Trabalho a cada ano é enorme, apesar dos filtros inaugurados com a reforma trabalhista, revelando modelo pouco eficiente de resolução de conflitos entre empregadores e empregados.

[12] TRIBUNAL SUPERIOR DO TRABALHO. Coordenadoria de Estatística e Pesquisa do TST. Recebidos e Julgados na Justiça do Trabalho em 2019. Disponível em: http://www.tst.jus.br/documents/18640430/e175064c-8e81-0e9e-6165-98886cb8511d. Acesso em: 22 abr. 2020.

Em contextos como o atual, por outro lado, os mecanismos internos de resolução de problemas são essenciais. O mais básico deles consiste no próprio diálogo. Mas não é o único.

Existem, no ordenamento jurídico brasileiro, alguns mecanismos que possibilitam o diálogo interno entre empregado e empregador, como a Comissão Interna de Prevenção de Acidentes (CIPA).

Outro exemplo está na Constituição Federal de 1988, em seu artigo 11,[13] que garante ao trabalhador o direito fundamental social de eleger um representante dos empregados com finalidade de promover-lhes o entendimento direto com o empregador, para assegurar melhoria das condições de vida e trabalho. Este artigo foi regulamentado com a Reforma Trabalhista (Lei nº 13.467/17), que inseriu na CLT os artigos 510-A a 510-D.[14]

---

[13] CF/88. Art. 11. Nas empresas de mais de duzentos empregados, é assegurada a eleição de um representante destes com a finalidade exclusiva de promover-lhes o entendimento direto com os empregadores.

[14] "TÍTULO IV-A
DA REPRESENTAÇÃO DOS EMPREGADOS
(Título acrescido pela Lei nº 13.467, de 13/7/2017, publicada no DOU de 14/7/2017, em vigor 120 dias após a publicação)
Art. 510-A. Nas empresas com mais de duzentos empregados, é assegurada a eleição de uma comissão para representá-los, com a finalidade de promover-lhes o entendimento direto com os empregadores.
§1º A comissão será composta:
I - nas empresas com mais de duzentos e até três mil empregados, por três membros;
II - nas empresas com mais de três mil e até cinco mil empregados, por cinco membros;
III - nas empresas com mais de cinco mil empregados, por sete membros.
§2º No caso de a empresa possuir empregados em vários Estados da Federação e no Distrito Federal, será assegurada a eleição de uma comissão de representantes dos empregados por Estado ou no Distrito Federal, na mesma forma estabelecida no §1º deste artigo. (Artigo acrescido pela Lei nº 13.467, de 13/7/2017, publicada no DOU de 14/7/2017, em vigor 120 dias após a publicação)
Art. 510-B. A comissão de representantes dos empregados terá as seguintes atribuições:
I - representar os empregados perante a administração da empresa;
II - aprimorar o relacionamento entre a empresa e seus empregados com base nos princípios da boa-fé e do respeito mútuo;
III - promover o diálogo e o entendimento no ambiente de trabalho com o fim de prevenir conflitos;
IV - buscar soluções para os conflitos decorrentes da relação de trabalho, de forma rápida e eficaz, visando à efetiva aplicação das normas legais e contratuais;
V - assegurar tratamento justo e imparcial aos empregados, impedindo qualquer forma de discriminação por motivo de sexo, idade, religião, opinião política ou atuação sindical;
VI - encaminhar reivindicações específicas dos empregados de seu âmbito de representação;
VII - acompanhar o cumprimento das leis trabalhistas, previdenciárias e das convenções coletivas e acordos coletivos de trabalho.
§1º As decisões da comissão de representantes dos empregados serão sempre colegiadas, observada a maioria simples.

Infelizmente, essa referida modalidade de representação dos trabalhadores interna não tem sido muito prestigiada. Apesar de sua regulamentação, a implementação não tem sido efetivada nas empresas. Isso tem relação com a cultura de litigiosidade que se apoia no Judiciário trabalhista para resolver todo e qualquer problema, além da pressão dos sindicatos que buscam centralizar as negociações coletivas.

Com a pandemia atual, a necessidade do diálogo entre empregador e empregado e da utilização de mecanismos internos para a rápida solução dos impasses que têm surgido reforçou positivamente o potencial de solução de conflitos dentro do próprio ambiente em que se desenvolve a relação de trabalho.

---

§2º A comissão organizará sua atuação de forma independente. (Artigo acrescido pela Lei nº 13.467, de 13/7/2017, publicada no DOU de 14/7/2017, em vigor 120 dias após a publicação)
Art. 510-C. A eleição será convocada, com antecedência mínima de trinta dias, contados do término do mandato anterior, por meio de edital que deverá ser fixado na empresa, com ampla publicidade, para inscrição de candidatura.
§1º Será formada comissão eleitoral, integrada por cinco empregados, não candidatos, para a organização e o acompanhamento do processo eleitoral, vedada a interferência da empresa e do sindicato da categoria.
§2º Os empregados da empresa poderão candidatar-se, exceto aqueles com contrato de trabalho por prazo determinado, com contrato suspenso ou que estejam em período de aviso prévio, ainda que indenizado.
§3º Serão eleitos membros da comissão de representantes dos empregados os candidatos mais votados, em votação secreta, vedado o voto por representação.
§4º A comissão tomará posse no primeiro dia útil seguinte à eleição ou ao término do mandato anterior.
§5º Se não houver candidatos suficientes, a comissão de representantes dos empregados poderá ser formada com número de membros inferior ao previsto no art. 510-A desta Consolidação.
§6º Se não houver registro de candidatura, será lavrada ata e convocada nova eleição no prazo de um ano. (Artigo acrescido pela Lei nº 13.467, de 13/7/2017, publicada no DOU de 14/7/2017, em vigor 120 dias após a publicação)
Art. 510-D. O mandato dos membros da comissão de representantes dos empregados será de um ano.
§1º O membro que houver exercido a função de representante dos empregados na comissão não poderá ser candidato nos dois períodos subsequentes.
§2º O mandato de membro de comissão de representantes dos empregados não implica suspensão ou interrupção do contrato de trabalho, devendo o empregado permanecer no exercício de suas funções.
§3º Desde o registro da candidatura até um ano após o fim do mandato, o membro da comissão de representantes dos empregados não poderá sofrer despedida arbitrária, entendendo-se como tal a que não se fundar em motivo disciplinar, técnico, econômico ou financeiro.
§4º Os documentos referentes ao processo eleitoral devem ser emitidos em duas vias, as quais permanecerão sob a guarda dos empregados e da empresa pelo prazo de cinco anos, à disposição para consulta de qualquer trabalhador interessado, do Ministério Público do Trabalho e do Ministério do Trabalho. (Artigo acrescido pela Lei nº 13.467, de 13/7/2017, publicada no DOU de 14/7/2017, em vigor 120 dias após a publicação)".

Com o amadurecimento desses atores sociais, a negociação interna poderá ser cada vez mais explorada, após o fim do estado de calamidade, evitando-se a litigiosidade e a necessidade de invocar um terceiro, que provavelmente não conheça a realidade específica, para resolver as questões que se colocam. Como diz o bom e velho ditado: nada melhor do que lavar a roupa suja em casa...

4 Reconhecimento do princípio da solidariedade

Apesar de muito invocada, a definição do princípio da solidariedade não é tão precisa ou pacífica.

Como bem ressalta Fábio Zambite Ibrahim, o conceito de solidariedade sofreu grandes transformações ao longo da história. O desenvolvimento inicial da solidariedade tem íntima relação com a família, no catolicismo. Com o Iluminismo, passa-se a conceber a solidariedade fundada na proteção entre iguais, pertencentes ao mesmo grupo ou cultura. Com o advento da modernidade, o fundamento passa a ser a diferença. E, na atualidade, a impessoalidade é que fundamenta esse conceito.[15]

A solidariedade, para Bruno Stigert, é mais que uma declaração moral, ela passa a orientar direitos e deveres e, nesse sentido, funciona como norte e fundamento de deveres fundamentais. A partir de um imperativo de cidadania, ela impõe aos membros de uma sociedade e ao Estado deveres de cooperação.[16]

A Constituição Federal de 1988, em seu artigo 3º, apresenta seu núcleo fundamental, à medida que impõe a todos um dever de reconhecimento calcado no valor da solidariedade, com o objetivo de constituir uma sociedade mais livre, igual e justa, sem preconceitos de origem, raça, sexo, cor, idade e quaisquer outras formas de discriminação.

Apesar da referida positivação e de todo o incentivo que recebe, fato é que praticar ações solidárias com estranhos não é algo tão fácil de ser concebido pelas pessoas. O que facilita a sua implementação é a expectativa do agir recíproco.

Muito se fala em solidariedade no âmbito da seguridade social e no agir processual. Já no contexto da relação de trabalho, a solidariedade

---

[15] IBRAHIM, Fabio Zambite. *A previdência social no estado contemporâneo*: fundamentos, financiamento e regulação. Niterói: Impetus, 2011. p. 9-10.

[16] SOUZA, Bruno Stigert. *O constitucionalismo solidário*: responsabilidade, democracia e inclusão. Dissertação apresentada como requisito para obtenção do título de Mestre, ao Programa de Pós-Graduação em Direito, da Universidade do Estado do Rio de Janeiro, 2010. p. 241.

costumava ser associada ao princípio da proteção. No entanto, possível afirmar que, há algum tempo, esse princípio parece apontar para novas possibilidades.

Em verdade, sua aplicação pode ser um importante fator na relação entre empregado e empregador, já que o princípio da solidariedade revela-se como instrumento equalizador dos direitos sociais.

Sabe-se que no Direito do Trabalho prevalece a concepção de que o empregado precisa de um arcabouço jurídico que o proteja para que ele alcance o mesmo nível de seu empregador, ou seja, para que haja uma igualdade de fato. Fala-se, então, no princípio da proteção ao trabalhador.[17] E, deste, decorrem outros: o princípio da interpretação *in dubio pro operario*, o princípio da prevalência da norma mais favorável ao trabalhador e o princípio da prevalência da condição mais benéfica ao trabalhador.

Todavia, a solidariedade não deve ser compreendida apenas nesse espaço.

Se concebida sob um viés mais objetivo, a solidariedade passa a significar uma proteção qualificada e cooperativa entre empregado e empregador.

Portanto, se no lugar de um protecionismo histórico e exacerbado for inserido o fator solidariedade, a arena de conflitos poderá ganhar novos contornos. Entenda, não se defende aqui o fim do princípio da proteção, mas sim a sua utilização combinada com o princípio da solidariedade.

Para facilitar a compreensão do que se expõe, imagine o seguinte exemplo: um empregado "A" exerce função de confiança em uma determinada empresa, auferindo salário de R$50.000,00, com elevado nível de fidúcia, supervisionando um número elevado de colaboradores. Em contraste, outro empregado "B", que trabalha na mesma empresa, recebendo como salário o montante de R$3.000,00. O princípio da proteção deverá ser aplicado aos dois casos? Se sim, deverá ser aplicado exatamente da mesma forma?

O que se busca, portanto, é justamente provocar essa reflexão.

Parece mais adequado, no caso do empregado "A" pensar em um diálogo colaborativo entre ele e seu empregador. A sua elevada remuneração e nível de fidúcia permitem uma relação menos vertical e mais linear de comando. Portanto, nesse caso, talvez fizesse mais sentido

---

17 RODRIGUEZ, Américo Plá. *Princípios de Direito do Trabalho*. Trad. de Wagner D. Giglio. 2. ed. São Paulo: LTr, 1993. p. 83.

pensar na prevalência do princípio da solidariedade, na medida em que tanto ele quanto o empregador poderiam conversar e fazer concessões para que ambos atingissem os objetivos pretendidos.

Todavia, não se refuta o uso da solidariedade no caso do empregado "B". Faz-se a ressalva, contudo, que dada a sua posição menos privilegiada, em relação ao "A", as negociações talvez não surtam um efeito tão positivo quanto pretendido por ele. No entanto, pode-se pensar em uma solidariedade entre seu grupo de iguais, representados por meio de comitês internos (como o já mencionado previsto nos artigos 510-A a 510-D da CLT), e o empregador. Assim, a solidariedade serviria melhor como parâmetro de diálogo.

Como se sabe, o Direito do Trabalho se erigiu com base no tradicional conflito entre capital e trabalho. O litígio sempre foi marca registrada entre os agentes (empregado e empregador). Possível dizer que o Direito do Trabalho surge justamente da manifestação coletiva dos empregados, que, juntos, passam a reivindicar condições mínimas de trabalho, utilizando a greve como mecanismo de convencimento.

Ocorre que em momentos de crise, como o atual, os interesses contrapostos se transmutam em um interesse comum: a sobrevivência com renda mínima.

Existe uma notória relação de simbiose entre o empregador e o empregado. Isso significa que, se a redução do consumo impacta a empresa e reduz o seu caixa, necessariamente os empregados também serão afetados. Da mesma forma, se os empregados não puderem trabalhar, a continuidade das operações será afetada.

As medidas provisórias trabalhistas atuais, de enfrentamento do estado de calamidade decorrente do novo coronavírus, devem ser interpretadas dentro de um contexto específico. Dentre outras características, este contexto é marcado pela desnecessidade de negociação coletiva, como bem colocam Otavio Amaral Calvet e Antonio Carlos Aguiar. Confira-se:

> A fim de se fundamentar tal afirmativa, torna-se necessário relembrarmos o conceito de conflito coletivo, de forma a se verificar se a questão posta na atualidade advém de uma insatisfação dos trabalhadores para com os seus empregadores, em razão de um desequilíbrio econômico derivado da pactuação contratual do fornecimento contínuo da energia de trabalho, aproveitada no interesse da produção (do capital), ou de algo completamente diferente e novo.
>
> A necessidade incontestável das empresas paralisarem e/ou reduzirem suas atividades tem a ver com medidas governamentais de preservação

da vida dos membros da sociedade. E, justamente em razão desta inviabilização econômica do negócio empresarial para o bem de todos, também restaram mitigados prováveis efeitos desastrosos para o conjunto dos trabalhadores (que nada mais são que seres humanos trabalhadores), como um desemprego em massa. Daí porque essas medidas trazem contrapartidas, estas recaindo tanto sobre o empregador quanto o governo, para suprir necessidades mínimas de renda ao trabalhador, a fim de manter sua sobrevivência. Frise-se: renda, não necessariamente salário.[18]

Ressalta-se que esse trecho foi extraído de artigo de opinião, dos mencionados autores, o qual analisava a constitucionalidade de uma das medidas de enfrentamento da pandemia atual: a possibilidade de redução de salário combinada com a redução de jornada por meio de acordo de trabalho individual.

Como bem pontuam os autores, não há por que se considerar a necessidade de negociação coletiva para implementação da redução salarial no presente contexto, já que a negociação coletiva é própria de um estado de conflito de interesses, que difere do atual, de confluência.

Por óbvio, em condições normais, não será possível que acordos individuais realizem este tipo de transação (a menos que haja alteração na Constituição Federal vigente). O que se pretende pontuar em termos de legado consiste na possibilidade de identificação desses espaços de confluência de interesses em momentos futuros. Em outras palavras, nem sempre o conflito será o que permeará as relações de trabalho.

No contexto atual de pandemia, a solidariedade ganhou destaque, pelo fato de tanto o empregador quanto o empregado terem identificado verdadeira zona de confluência de interesses: a sobrevivência. Portanto, as soluções aplicadas no âmbito interno das companhias têm sido muito pautadas nesse princípio. Isso fica claro, por exemplo, quando se pensa na situação de um empregado que, desejando manter seu emprego, aceita reduzir temporariamente seu salário e jornada por meio de acordo individual.

O legado que aqui se projeta, portanto, diz respeito à possibilidade de o princípio da solidariedade começar a ser concebido de forma mais objetiva, transparecendo que os lados (empregador e empregado),

---

[18] AGUIAR, Antonio Carlos; CALVET, Otavio Amaral. "Negociação" individual para redução de salário e jornada de trabalho. Publicado em 8 abr. 2020. Disponível em: https://www.conjur.com.br/2020-abr-08/aguiar-calvet-negociacao-individual-reducao-salario-jornada. Acesso em: 22 abr. 2020.

em alguns momentos, deverão ter um espaço de retração em prol da evolução comum de ambos.

5 Sedimentação do parâmetro boa-fé em epicentro de controle de negócios jurídicos

Inicialmente, necessário reiterar que tudo o que está acontecendo agora, em tempos de estado de calamidade, deve ser compreendido como um desgaste temporário e excepcional dos parâmetros do Direito do Trabalho, mas de forma alguma deverá ser compreendido como um novo Direito do Trabalho, que vai se erigir sobre a autorregulamentação individual, com os protagonistas de mãos dadas.

Dito isso, não há como deixar de ressaltar o espaço de aproximação que se cria, com a presente crise, entre o Direito do Trabalho e o Direito Civil.

Faz-se necessário que o importante instrumento civilista chamado boa-fé seja utilizado como parâmetro para analisar as medidas de enfrentamento tomadas agora, eventualmente judicializadas no futuro. A reflexão faz sentido sobretudo em duas situações: (i) vício de consentimento; e (ii) abuso de direito.

O princípio da boa-fé, quando concebido em sua vertente objetiva, faz com que exsurjam os chamados deveres anexos de conduta, os quais se projetam sobre a relação jurídica obrigacional, no caso, a relação empregatícia, no intuito de instrumentalizar o correto cumprimento da obrigação principal e a satisfação dos interesses envolvidos no contrato de trabalho.

Em suma, no campo dos contratos de trabalho, ganharão especial relevo os danos advindos do descumprimento dos deveres anexos ao contrato, recorrentemente identificados pela doutrina como deveres de proteção, informação e lealdade.

Os deveres de conduta que acompanham as relações contratuais são denominados deveres anexos (*Nebenpflichten*), deveres que nasceram da observação da jurisprudência alemã ao visualizar que o contrato, por ser fonte imanente de conflitos de interesses, deveria ser guiado e, mais ainda, guiar a atuação dos contraentes conforme o princípio da boa-fé nas relações.[19]

---

[19] MARQUES, Claudia Lima; BENJAMIN, Antônio Herman V.; MIRAGEM, Bruno. *Comentários ao Código de Defesa do Consumidor*. 2. ed., rev., atual. e ampl. São Paulo: Revista dos Tribunais, 2006. p. 219.

O dever de proteção[20] pode ser citado em trecho doutrinário irreparável:

> A violação dos deveres de proteção provoca danos que, embora não atinjam diretamente direitos subjetivos ou bens jurídicos, importam na responsabilização civil. Desta feita, desde que atingido o interesse protegido pela norma violada, caracterizado estará o dano.[21]

Portanto, muito além do dever de trabalhar e de pagar salários, o contrato de trabalho significa dever de cuidado com o trabalhador, daí o risco inerente a ser tomador de serviços. Ou seja, a atividade normalmente desenvolvida pelo tomador de serviços (explorar mão de obra) implica, por sua natureza, risco para os direitos do trabalhador holisticamente considerado. Este será um dos mais importantes fundamentos do dever de indenizar danos eventualmente sofridos pelo empregado: violação do dever anexo de cuidado em contexto contratual de exploração de mão de obra.

Importa salientar que o Direito Comparado já caminha para esta conclusão, ainda que se referindo a leis protetoras e não exatamente ao dever de proteção entre sujeitos ligados por relação contratual. A ideia é proveitosa de todo modo:

> A noção de dano pela violação de dever de proteção, prevista no direito português (art. 483°/1 do Código Civil) e inspirada no direito alemão (§823, 2, do BGB – que impõe a obrigação de indenizar àqueles que violam a proteção de outra lei), considera ilícita e, portanto, danosa, a violação de disposição legal destinada a proteger interesses alheios. Embora a lei alemã não tenha feito referência expressa a interesses, a lei portuguesa o fez, dando maior clareza à dicção legal. Assim, a violação de uma lei destinada à proteção de outrem caracteriza, por si só, o dano.[22]

---

[20] "As normas de proteção não precisam estar expressas, mas implícitas no sistema jurídico. Sua identificação pode ocorrer pela via dos princípios como também pelo diálogo das fontes normativas e de categorias jurídicas afins". LEAL, Pastora do Socorro Teixeira. Dano Normativo ou de conduta pela violação de normas de proteção. *In*: ROSENVALD, Nelson; MILAGRES, Marcelo (Coord.). *Responsabilidade civil*: novas tendências. Indaiatuba: Editora Foco Jurídico, 2017. p. 230.

[21] *Ibidem*. p. 237.

[22] LEAL, Pastora do Socorro Teixeira. Dano Normativo ou de conduta pela violação de normas de proteção. *In*: ROSENVALD, Nelson; MILAGRES, Marcelo (Coord.). *Responsabilidade civil*: novas tendências. Indaiatuba: Editora Foco Jurídico, 2017. p. 236.

Em uma sociedade baseada na troca entre capital e trabalho, o contrato é a principal forma de subsistência física do trabalhador.[23]

Nesse período de aproveitamento de mão de obra pelo capital, a preservação da dignidade humana é de responsabilidade ampla e irrestrita do tomador do serviço, que deve tutelar o valor humano intrínseco ao trabalho, sob sua conta e risco. A lógica ganhou referência especialmente no Direito francês:

> Nessa linha de raciocínio, a figura do *mise en danger* ou exposição ao risco, construída na doutrina francesa, é emblemática em revelar que "meras condutas" de exposição de bens, de interesses e de pessoas a risco de dano injusto (aquele que não deve ser suportado pela vítima) é *in reipsa*, pela própria prática em si, caracterizadora do "dano de conduta" por violação ao dever de proteção, categoria apta a engendrar uma cultura jurídica de contenção, inibição ou de prevenção em face de práticas abusivas, mais ampla que a mera previsão legal de nulidade.[24]

Basicamente, o que se pretende extrair de legado aqui é que os negócios jurídicos celebrados durante o período de calamidade, bem como aqueles que vierem daqui para frente, sejam analisados com base nos parâmetros modernos da boa-fé objetiva.

Isso significa, dentre outros consectários, que os oportunistas, ou seja, empresas que não estão tendo impacto negativo em suas receitas (ou até mesmo estejam tendo aumento dela, como é o caso dos supermercados e farmácias), não poderão ser beneficiadas pelas medidas de flexibilização que se colocam para o enfrentamento da pandemia. Assim como não parece aceitável que empregados aleguem vício de consentimento na realização de acordos individuais firmados, por exemplo, para reduzir salário e jornada. Um relevante filtro ético permeará o cenário que advirá da crise enfrentada.

Conclusão

Um novo normal está para chegar.

---

[23] SEVERO, Valdete Souto. A hermenêutica trabalhista e o princípio do Direito do Trabalho. *In*: MAIOR, Jorge Luiz Souto; SEVERO, Valdete Souto (Coord.). *Resistência*: Aportes teóricos contra o retrocesso trabalhista.1. ed. São Paulo: Editora Expressão Popular, 2017. p. 29.

[24] LEAL, Pastora do Socorro Teixeira. Dano Normativo ou de conduta pela violação de normas de proteção. *In*: ROSENVALD, Nelson; MILAGRES, Marcelo (Coord.). *Responsabilidade civil*: novas tendências. Indaiatuba: Editora Foco Jurídico, 2017. p. 239.

As crises, além de profícuos espaços para criatividade, devem ser fontes de ensinamentos.

A partir dessa lógica e diante do contexto atual, marcado pelo estado de calamidade decorrente da pandemia do novo coronavírus, pensou-se em algumas possíveis lições que poderão ser extraídas desse momento tão difícil.

Referências

AGUIAR, Antonio Carlos; CALVET, Otavio Amaral. "Negociação" individual para redução de salário e jornada de trabalho. Publicado em 8 abr. 2020. Disponível em: https://www.conjur.com.br/2020-abr-08/aguiar-calvet-negociacao-individual-reducao-salario-jornada. Acesso em 22 abr. 2020.

BRASIL, Ministério da Saúde. Sobre a doença. O que é COVID-19. Disponível em: https://coronavirus.saude.gov.br/sobre-a-doenca#o-que-e-covid. Acesso em: 22 abr. 2020.

HUWS, Ursula. *A formação do cibertariado*. Trabalho virtual em um mundo real. Trad. de Murillo Van der Laan. Campinas: Editora Unicamp, 2017.

IBRAHIM, Fabio Zambite. *A previdência social no estado contemporâneo*: fundamentos, financiamento e regulação. Niterói: Impetus, 2011.

LEAL, Pastora do Socorro Teixeira. Dano Normativo ou de conduta pela violação de normas de proteção. In: ROSENVALD, Nelson; MILAGRES, Marcelo (Coord.). *Responsabilidade civil:* novas tendências. Indaiatuba: Editora Foco Jurídico, 2017.

MARQUES, Claudia Lima; BENJAMIN, Antônio Herman V.; MIRAGEM, Bruno. *Comentários ao Código de Defesa do Consumidor*. 2. ed., rev., atual. e ampl. São Paulo: Revista dos Tribunais, 2006.

MINISTÉRIO DA SAÚDE (Brasil). Portaria nº 188, de 3 de fevereiro de 2020. Declara Emergência em Saúde Pública de importância Nacional (ESPIN) em decorrência da Infecção Humana pelo novo Coronavírus (2019-nCoV). Diário Oficial da União, Brasília, DF, nº 24-A, Seção: 1-Extra. p. 1.

NERI, Marcelo C. A Escalada da Desigualdade – Qual foi o impacto da crise sobre distribuição de renda e pobreza? Rio de Janeiro. Agosto de 2019. FGV Social. Pesquisa Disponível em: http://cps.fgv.br/desigualdade. Acesso em: 22 abr. 2020.

RODRIGUEZ, Américo Plá. *Princípios de Direito do Trabalho*. Trad. de Wagner D. Giglio. 2. ed. São Paulo: LTr, 1993.

SENADO FEDERAL (Brasil). Decreto Legislativo nº 6, de 2020. Reconhece, para os fins do art. 65 da Lei Complementar nº 101, de 4 de maio de 2000, a ocorrência do estado de calamidade pública, nos termos da solicitação do Presidente da República encaminhada por meio da Mensagem nº 93, de 18 de março de 2020. Diário Oficial da União, Brasília, DF, Edição Extra nº 55-C. p. 1.

SEVERO, Valdete Souto. A hermenêutica trabalhista e o princípio do Direito do Trabalho. *In*: MAIOR, Jorge Luiz Souto; SEVERO, Valdete Souto (Coord.). Resistência: Aportes teóricos contra o retrocesso trabalhista. 1. ed. São Paulo: Editora Expressão Popular, 2017.

SOCIEDADE BRASILEIRA DE TELETRABALHO E TELEATIVIDADES. Pesquisa HOME OFFICE 2018. 2018. Disponível em: http://www.sobratt.org.br/index.php/01122018-pesquisa-home-office-2018/. Acesso em: 22 abr. 2020.

SOUZA, Bruno Stigert. *O constitucionalismo solidário*: responsabilidade, democracia e inclusão. Dissertação apresentada como requisito para obtenção do título de Mestre, ao Programa de Pós-Graduação em Direito, da Universidade do Estado do Rio de Janeiro, 2010.

TRIBUNAL SUPERIOR DO TRABALHO. Coordenadoria de Estatística e Pesquisa do TST. Recebidos e Julgados na Justiça do Trabalho em 2019. Disponível em: http://www.tst.jus.br/documents/18640430/e175064c-8e81-0e9e-6165-98886cb8511d. Acesso em: 22 abr. 2020.

Informação bibliográfica deste texto, conforme a NBR 6023:2018 da Associação Brasileira de Normas Técnicas (ABNT):

TUPINAMBÁ, Carolina; VALVERDE, Marina Novellino. Um novo normal para o Direito do Trabalho. *In*: TUPINAMBÁ, Carolina (Coord.). *As novas relações trabalhistas e o futuro do Direito do Trabalho:* novidades derivadas da pandemia Covid-19 e da crise de 2020. Belo Horizonte: Fórum, 2021. (Coleção Fórum As novas relações trabalhistas e o futuro do Direito do trabalho. Tomo I). p. 21-40. ISBN 978-65-5518-118-0.

PANORAMA DAS ALTERAÇÕES TRABALHISTAS DURANTE A PANDEMIA DA COVID-19

RODOLFO PAMPLONA FILHO

LEANDRO FERNANDEZ

> *"Nada do que foi será*
> *De novo do jeito que já foi um dia."*
> Lulu Santos

1 Introdução

A pandemia da covid-19, doença causada pelo coronavírus da espécie SARS-CoV-2, provocou, em curtíssimo intervalo de tempo, profundas alterações sociais e econômicas por todo o mundo.

Ao longo do período de desenvolvimento de estratégias de enfrentamento da emergência de saúde pública, o Direito do Trabalho tem sido, sem dúvidas, uma das áreas mais dramaticamente afetadas em dezenas de países.

Diante da profusão legislativa observada entre os meses de março e abril de 2020, este trabalho destina-se a apresentar ao público um panorama geral das alterações concernentes à seara juslaboralista no Brasil.

Conquanto sejam variadas as questões polêmicas envolvendo cada uma das recentes modificações legislativas, a pretensão dos autores, neste espaço, é exclusivamente oferecer ao leitor uma visão ampla da evolução da legislação de crise e do seu conteúdo.

O adequado desempenho da tarefa proposta exige, em um primeiro momento, a análise de uma espécie legislativa que, a despeito de não abordar matéria trabalhista, é indispensável para a compreensão do atual cenário normativo: o Decreto Legislativo nº 6/20, que reconheceu a ocorrência do estado de calamidade pública.

2 O Decreto Legislativo nº 06/20

Diversamente do estado de defesa e do estado de sítio, o estado de calamidade pública não está previsto na Constituição Federal. A figura jurídica encontra-se regulada no art. 65 da Lei Complementar nº 101/00 (Lei de Responsabilidade Fiscal).

De acordo com o citado dispositivo, durante o período de calamidade pública reconhecida pelo Congresso Nacional, no caso da União, ou pelas Assembleias Legislativas, na hipótese dos Estados e Municípios, serão observadas as seguintes medidas:

a) suspensão da contagem dos prazos e das disposições referentes a.1) às providências de controle da despesa com pessoal previstas no art. 23; a.2) à recondução da dívida a quadrimestres subsequentes (art. 31); a.3) à eliminação de excessos com despesas de pessoal em até dois exercícios;

b) dispensada do atingimento dos resultados fiscais e da limitação de empenho.

A gravidade da situação da pandemia conduziu à decretação de estado de calamidade pelas Assembleias Legislativas de inúmeros Estados e Municípios.

Interessa-nos, porém, de maneira mais próxima, a situação jurídica da União, já que, como se sabe, a competência legislativa em matéria trabalhista é reservada à esfera federal (CF/88, art. 22, I).

Por intermédio do Decreto Legislativo nº 6/20, o Congresso Nacional reconheceu a ocorrência do estado de calamidade pública, fixando sua duração até 31 de dezembro de 2020.

É importante observar que, *a priori*, todos os atos normativos editados em razão da pandemia da covid-19 consideram como referência temporal para sua incidência (e aplicação das respectivas medidas) o período determinado no decreto legislativo.

O primeiro dos diplomas merecedores de especial atenção é a Lei nº 13.979/20.

3 A Lei nº 13.979/20

A Lei nº 13.979/20 estabelece medidas gerais para o enfrentamento da emergência de saúde pública decorrente do vírus SARS-CoV-2.

Em consonância com seu propósito de regulamentação geral, o diploma veiculou dois conceitos essenciais no período da pandemia da covid-19, esclarecendo a distinção entre isolamento e quarentena: esta se dirige a pessoas *suspeitas* de contaminação, ao passo que aquele se destina a pessoas contaminadas ou doentes.

Assim, o *isolamento* consiste na "separação de pessoas doentes ou contaminadas, ou de bagagens, meios de transporte, mercadorias ou encomendas postais afetadas, de outros, de maneira a evitar a contaminação ou a propagação do coronavírus". Por sua vez, a *quarentena* é a "restrição de atividades ou separação de pessoas suspeitas de contaminação das pessoas que não estejam doentes, ou de bagagens, contêineres, animais, meios de transporte ou mercadorias suspeitos de contaminação, de maneira a evitar a possível contaminação ou a propagação do coronavírus" (art. 2º).

O art. 3º da Lei nº 13.979/2020 prevê uma série de medidas para o enfrentamento da emergência de saúde pública, a exemplo da adoção dos já citados isolamento e quarentena, da determinação compulsória de exames, testes e tratamentos, bem como da restrição ao trânsito interno e à entrada e saída do país. Em seu §3º, fixa-se que "será considerado falta justificada ao serviço público ou à atividade laboral privada o período de ausência decorrente das medidas previstas neste artigo".

Nessa ordem de ideias, não será o receio quanto a eventual possibilidade de contaminação o elemento autorizador da ausência ao serviço. A justificativa para a falta apenas estará presente no caso de encontrar-se o trabalhador sujeito a alguma das medidas arroladas no art. 3º da legislação em comento.

Em casos de locais de trabalho com potencial de exposição ao vírus, havendo recalcitrância do empregador em relação ao fornecimento de EPIs adequados e à adoção de providências para preservação da saúde dos trabalhadores (em razão, por exemplo, da inobservância de lei municipal que determine a utilização de máscaras), pode-se cogitar da recusa da prestação de serviços pelo obreiro, não por um receio abstrato de contaminação, mas pela concreta exposição a risco acentuado, em consonância com o art. 13 da Convenção nº 155 da Organização Internacional do Trabalho.

Interessa-nos, agora, avançar à sucessão de medidas provisórias específicas acerca do Direito do Trabalho no período do estado de calamidade pública, principiando pela MP nº 927/20.

4 A Medida Provisória nº 927/20

A Medida Provisória nº 927/20 prevê uma série de medidas que, em regra, podem ser estabelecidas unilateralmente pelo empregador, reconhecendo em seu favor amplos contornos ao *jus variandi* durante o estado de calamidade. Além disso, declara que, para fins trabalhistas, este se constitui em hipótese de força maior, nos termos do art. 501 da CLT.

O art. 2º da MP consagra ainda a polêmica possibilidade de prevalência da negociação individual sobre a legislação e as normas coletivas, respeitados os limites constitucionais. Medida assemelhada foi adotada na Reforma de 2017, mas apenas em relação ao empregado portador de diploma de nível superior e que perceba salário mensal igual ou superior a duas vezes o limite máximo dos benefícios do Regime Geral de Previdência Social (CLT, art. 444, parágrafo único), não sem a reprimenda de parcela expressiva da doutrina e a advertência da OIT quanto à violação das suas Convenções nº 98 e nº 154.

A *primeira* medida prevista na MP nº 927/20 é o *teletrabalho*. De acordo com seu art. 4º, o empregador poderá, a seu critério, "alterar o regime de trabalho presencial para o teletrabalho, o trabalho remoto ou outro tipo de trabalho a distância e determinar o retorno ao regime de trabalho presencial, independentemente da existência de acordos individuais ou coletivos, dispensado o registro prévio da alteração no contrato individual de trabalho". A providência é aplicável inclusive em relação a aprendizes e estagiários.

A modificação deve ser comunicada ao trabalhador com antecedência mínima de 48 horas, por meio eletrônico ou por escrito.

A regulamentação quanto à responsabilidade pela aquisição e manutenção de equipamentos e infraestrutura para a prestação de serviços e ao reembolso de despesas arcadas pelo trabalhador deverá constar de contrato escrito, celebrado previamente ou no prazo de 30 dias, contados da alteração do regime de trabalho.

Se o trabalhador não possuir os equipamentos e a infraestrutura necessários, o empregador poderá fornecê-los em regime de comodato, bem como pagar por serviços de infraestrutura, sem caracterização de natureza salarial de tais parcelas. Não sendo possível o oferecimento dos equipamentos em comodato, considerar-se-á que o trabalhador encontra-se à disposição do empregador, sendo normalmente computada a sua jornada.

Por fim, prevê a MP que o tempo de uso de aplicativos e programas de comunicação fora da jornada de trabalho normal do empregado não constitui tempo à disposição, regime de prontidão ou de sobreaviso, exceto se houver previsão em acordo individual ou coletivo. A regra é polêmica e demanda cuidadosa interpretação. Se o trabalhador estiver efetivamente prestando serviços por meio de tais aplicativos e programas após a sua jornada normal, não há dúvidas de que aquele período deverá ser computado como carga horária de labor.

A segunda medida é a *antecipação das férias individuais*, que deverá ser comunicada com antecedência mínima de 48 horas, por escrito ou por meio eletrônico, com a indicação do período a ser gozado pelo empregado, sendo vedada a concessão de férias em períodos inferiores a cinco dias corridos.

O empregador poderá conceder as férias ainda que o correspondente período aquisitivo não tenha sido concluído. Mais: poderá conceder férias relativas a períodos aquisitivos sequer iniciados. Neste caso, entretanto, exige-se a celebração de acordo individual escrito.

O pagamento das férias também recebeu tratamento específico, podendo ser efetuado até o quinto dia útil do mês subsequente ao início do gozo das férias. Já o terço constitucional de férias poderá ser pago após a sua concessão, até 20 de dezembro de 2020.

Em relação aos profissionais que desempenham funções essenciais, a MP autoriza a suspensão das férias ou de licença não remunerada, mediante comunicação formal, preferencialmente com antecedência de 48 horas.

A terceira providência prevista na MP é a *concessão de férias coletivas*. Para tanto, o diploma excepcionou o regramento contido na CLT, autorizando a comunicação ao conjunto de trabalhadores afetados com antecedência de, no mínimo, 48 horas, dispensada a comunicação prévia ao Ministério da Economia e ao sindicato da categoria profissional.

Uma quarta medida é o *aproveitamento e a antecipação de feriados*. O empregador está autorizado a antecipar o gozo de feriados não religiosos federais, estaduais, distritais e municipais, devendo notificar o conjunto de funcionários atingidos com antecedência de, no mínimo, 48 horas, apontando especificamente quais serão os funcionários aproveitados. Em genuflexão ao direito fundamental da liberdade religiosa, a antecipação de feriados religiosos depende da celebração de acordo individual escrito com o empregado.

Outra providência passível de adoção é o recurso a uma modalidade especial de *banco de horas*. Este peculiar regime admite a compensação de horas de trabalho no prazo de até dezoito meses, contados da data de encerramento do estado de calamidade pública (cuja duração foi estabelecida até 31.12.2020 pelo Decreto Legislativo nº 06/20).

A MP nº 927/20 também *suspendeu* a exigência de realização dos exames médicos ocupacionais, clínicos e complementares, exceto dos exames demissionais, bem como a obrigatoriedade de realização de treinamentos periódicos e eventuais dos atuais empregados, previstos em normas regulamentadoras de segurança e saúde no trabalho. A MP autorizou, ainda, a suspensão de processos eleitorais em curso nas comissões internas de prevenção de acidentes, com a manutenção dos atuais dirigentes durante o estado de calamidade.

O art. 18 da medida provisória previa uma figura altamente polêmica, a ponto de o dispositivo ter sido revogado já no dia seguinte, pela MP nº 928/20. De fato, a *suspensão contratual para qualificação profissional* permitiria o decurso de quatro meses sem obrigatoriedade de pagamento do salário, situação que evidentemente exporia o empregado a um estado de extrema fragilidade social.

A oitava medida prevista na MP é o *diferimento de recolhimentos do FGTS*, suspendendo a exigibilidade dos depósitos referentes aos meses de março a maio de 2020. O pagamento poderá ser realizado em seis parcelas, a partir de julho de 2020.

A medida provisória encerra-se com a autorização para adoção de algumas providências especialmente polêmicas:

a) escala de trabalho de até 24 horas em estabelecimentos de saúde, mesmo em locais insalubres;

b) prorrogação, por manifestação unilateral do empregador, de acordos coletivos e convenções coletivas de trabalho, pelo prazo de noventa dias;

c) restrição às atividades dos Auditores Fiscais do Trabalho, que, como regra geral, devem limitar-se à atuação orientadora;

d) convalidação das medidas trabalhistas adotadas por empregadores, no período dos trinta dias anteriores à data de entrada em vigor da MP, que não contrariem o disposto na Medida Provisória.

Dez dias depois do advento da MP nº 927/20, foi editada a MP nº 936/20, que será examinada adiante.

5 A Medida Provisória nº 936/20 e a Portaria nº 10.486/20

A Medida Provisória nº 936/20 instituiu o Programa Emergencial de Manutenção do Emprego e da Renda, fundado em *três eixos*: a) possibilidade de pactuação individual da redução da jornada e do salário; b) possibilidade de acordo individual para suspensão do contrato de trabalho; c) pagamento, pela União Federal, do Benefício Emergencial de Preservação do Emprego e da Renda.

O Benefício é devido a partir da data do início da redução da jornada de trabalho e de salário ou da suspensão do contrato, observado o seguinte: 1) caberá ao empregador informar ao Ministério da Economia acerca do acordo individual, no prazo de dez dias, contado da data da celebração do acordo, sob pena de arcar com a remuneração integral do período; 2) o pagamento do Benefício ocorre apenas durante o período de redução de jornada e salário ou suspensão do contrato; 3) a primeira parcela do Benefício será paga no prazo de trinta dias, contado da data da celebração do acordo, desde que informada no prazo de dez dias anteriormente mencionado.

O art. 7º MP autoriza a celebração de acordo individual para redução proporcional da jornada e do salário por até 90 dias. A redução poderá ser pactuada nos percentuais de 25%, 50% e 70%. É possível, ainda, a adoção da redução proporcional por intermédio de diploma coletivo, caso em que os percentuais poderão ser distintos.

Especificamente em relação aos trabalhadores com salário superior a R$ 3.135,00 e inferior a R$ 12.202,12, apenas a redução no percentual de 25% pode ser ajustada por acordo individual, exigindo-se a negociação coletiva para percentuais superiores.

Por sua vez, o art. 8º da MP franqueia a pactuação de suspensão temporária do contrato pelo prazo máximo de 60 dias, que pode ser fracionado em dois períodos de 30 dias. Durante o período de suspensão do contrato, o empregado fará jus a todos os benefícios concedidos pelo empregador e ficará autorizado a recolher para o Regime Geral de Previdência Social na qualidade de segurado facultativo.

A suspensão contratual deve ser levada a sério. Se houver prestação de serviços durante o período, ainda que por teletrabalho, sua pactuação será descaracterizada e o empregador será responsável pelo pagamento da remuneração e dos encargos sociais referentes a todo o período.

A MP reservou previsão específica em relação aos empregadores de maior porte. A empresa que tiver auferido, no ano-calendário de 2019, receita bruta superior a R$ 4.800.000,00 somente poderá suspender o contrato de trabalho de seus empregados mediante o pagamento de ajuda compensatória mensal no valor de 30% do valor do salário do empregado durante o respectivo período. Para as empresas com patamar inferior de faturamento, a ajuda compensatória mensal poderá ser ajustada no acordo individual ou na negociação coletiva.

Registre-se que, do ponto de vista global, o tempo máximo de redução proporcional de jornada e de salário e de suspensão temporária do contrato de trabalho, ainda que sucessivos, não poderá ser superior a noventa dias.

O trabalhador que houver pactuado a redução da jornada e salário ou a suspensão contratual será beneficiado por garantia provisória de emprego, que perdurará durante a redução ou suspensão e, após sua cessação, por período equivalente àquele acordado para a duração da medida.

No caso de redução de jornada e salário, o Benefício Emergencial de Preservação do Emprego e da Renda será calculado mediante a aplicação do mesmo percentual de redução sobre o valor que seria correspondente ao seguro-desemprego.

Na hipótese da suspensão temporária do contrato, o Benefício terá o mesmo valor do seguro-desemprego, exceto em relação aos casos dos trabalhadores de empresas com receita bruta superior a R$ 4.800.000,00. Neste caso, o Benefício equivalerá a 70% do seguro-desemprego.

A disciplina normativa do Benefício de Emergência foi detalhada na Portaria nº 10.486/20. Uma de suas regras merece destaque: o Benefício não será devido àquele que tiver o contrato de trabalho celebrado após a data de entrada em vigor da Medida Provisória nº 936/20. A previsão é polêmica e claramente inova ao restringir em nível infraconstitucional o rol de destinatários da parcela.

Por fim, registre-se que o Plenário do Supremo Tribunal Federal reconheceu, em juízo de cognição sumária a constitucionalidade da MP nº 936/20, ao apreciar, em 17.04.20, o pedido de medida liminar formulado na ADI nº 6.363, cassando decisão do Ministro Ricardo

Lewandowski, que exigia a negociação coletiva para convalidação do acordo individual.

6 A Medida Provisória nº 944/20

A Medida Provisória nº 944/20 não veiculou providências diretamente trabalhistas, mas de gestão financeira, instituindo o Programa Emergencial de Suporte a Empregos.

Por meio dele, empresários, sociedades empresárias e sociedades cooperativas com receita bruta anual superior a R$ 360.000,00 e igual ou inferior a R$ 10.000.000,00 podem obter linhas de crédito para custeio da folha de pagamento, pelo período de dois meses, limitadas ao valor equivalente a até duas vezes o salário-mínimo por empregado.

O crédito é concedido em condições especiais, com taxa de juros de 3,65% ao ano, prazo de trinta e seis meses para o pagamento e carência de seis meses para início do vencimento das parcelas, com capitalização de juros durante esse período.

Os beneficiários das linhas de crédito deverão observar algumas obrigações: o fornecimento de informações verídicas na transação, a impossibilidade de utilização dos recursos para finalidade distinta do pagamento de seus trabalhadores e a proibição de despedida sem justa causa dos empregados no período compreendido entre a data da contratação da linha de crédito e o sexagésimo dia após o recebimento da sua última parcela. O descumprimento de qualquer desses deveres importará em grave consequência: o vencimento antecipado da dívida assumida perante a instituição financeira.

A despeito de não abordar diretamente o Direito do Trabalho, a MP nº 944 está em consonância com as diretrizes da Organização Internacional do Trabalho relativas à preservação de empresas e postos de trabalho.

7 A Medida Provisória nº 945/20

A Medida Provisória nº 945/20 dirige-se especificamente aos trabalhadores do setor portuário.

Como providência de preservação da saúde do próprio indivíduo e de toda a coletividade envolvida com a atividade nos portos, a MP proíbe o Órgão Gestor de Mão de Obra (OGMO) de escalar portuários avulsos que apresentem sintomas típicos da covid-19, bem como aqueles situados em grupos de risco da doença.

O afastamento é medida indeclinável de cautela sanitária, mas provoca uma dramática consequência para a renda desses trabalhadores. Por isso, prevê o art. 3º da MP que, durante o período de proibição de escalação, o trabalhador terá direito ao recebimento de indenização compensatória mensal no valor correspondente a 50% sobre a média mensal recebida por ele por intermédio do OGMO entre 01.10.19 e 31.03.20.

O papel do Órgão Gestor de Mão de Obra será o de calcular, arrecadar e transferir aos trabalhadores o pagamento, mas a despesa será efetivamente arcada pelo operador portuário ou por qualquer tomador de serviço que requisitar trabalhador portuário avulso, proporcionalmente à quantidade de serviço demandado.

O art. 4º da MP nº 945/20 oferece uma saída para a hipótese de insuficiência de trabalhadores avulsos portuários para fazer frente às requisições de serviços, autorizando a livre contratação de trabalhadores com vínculo empregatício por tempo determinado para a realização de serviços de capatazia, bloco, estiva, conferência de carga, conserto de carga e vigilância de embarcações.

Finalmente, a MP consagra a utilização de meios eletrônicos para a escalação dos trabalhadores portuários avulsos, com o louvável propósito de evitar aglomerações.

8 A Medida Provisória nº 946/20

Por intermédio da Medida Provisória nº 946/2020, o Executivo federal extinguiu o Fundo PIS-Pasep, instituído pela Lei Complementar nº 26/75, promovendo o remanejamento dos seus recursos, estimados em mais de R$ 21 bilhões, ao Fundo de Garantia do Tempo de Serviço, disciplinado pela Lei nº 8.036/90.

O ato normativo preserva o patrimônio acumulado nas contas individuais dos participantes do Fundo PIS-Pasep, prevendo ainda que o agente operador do FGTS definirá os procedimentos operacionais para a transferência das suas informações cadastrais e financeiras. Assegura, também, em relação aos valores transferidos, a utilização dos critérios de remuneração aplicáveis às contas vinculadas do FGTS. A medida provisória prevê, ademais, a livre movimentação do patrimônio transferido, nos termos já consagrados na Lei Complementar nº 26/75.

Trata-se de providência destinada a assegurar maior liquidez ao Fundo de Garantia do Tempo de Serviço, que vem sendo utilizado, nos últimos anos, como verdadeira complementação de renda dos trabalhadores, especialmente em momentos de crise econômica. Sob essa perspectiva e considerando o estado de calamidade pública reconhecido pelo Decreto Legislativo nº 06/2020 e seus graves efeitos sociais, é salutar a adoção de medidas que concorram para o equilíbrio financeiro do Fundo de Garantia do Tempo de Serviço, tendo em vista as relevantes políticas públicas por ele financiadas.

Quanto aos aspectos jurídicos da Medida Provisória nº 946/2020, dois pontos devem ser objeto de atenção: a) a possibilidade ou não de extinção do Fundo PIS-Pasep por medida provisória; e b) a ocorrência ou não de efeitos deletérios sobre direitos sociais em decorrência da adoção da medida.

Em relação ao primeiro aspecto, não se visualiza inconstitucionalidade no diploma normativo *pelo simples fato de constituir-se em medida provisória* (CF/88, art. 62, §1º, III). O Fundo PIS-Pasep, concebido na LC nº 26/75 a partir dos recursos oriundos dos fundos criados pela LC nº 07/70 e pela LC nº 08/70, foi instituído por lei complementar, mas sua regulamentação (ou mesmo extinção) não figura como matéria constitucionalmente reservada a disciplina por intermédio de tal espécie legislativa. Essa interpretação é corroborada pela constatação da existência de jurisprudência sedimentada no Supremo Tribunal Federal no sentido da validade da alteração da LC nº 26/75 por medida provisória (RE 390.840, Relator Ministro Marco Aurélio; RE 511.581 AgR, Relator Ministro Eros Grau; AI 623.157 AgR, Relator Ministro Cezar Peluso).

Quanto ao segundo aspecto, é necessário breve esclarecimento histórico. A Constituição Federal de 1988, em seu art. 239, estabeleceu duas distintas providências em relação ao Programa de Integração Social e ao Programa de Formação do Patrimônio do Servidor Público: a) a consolidação e preservação dos valores arrecadados entre 1971 e outubro de 1988, que seriam liberados apenas nas hipóteses de saque previstas nas leis anteriormente mencionadas (exceto em relação ao saque por motivo de casamento, modalidade extinta com o advento da Carta de 1988) (art. 239, §2º); e b) a destinação dos valores das contribuições doravante arrecadadas para financiamento do programa do seguro-desemprego, do abono do PIS e de outras ações da previdência social (art. 239, *caput* e §3º).

Registre-se que, na atualidade, em conformidade com a Lei nº 7.998/90, o custeio do programa do seguro-desemprego, do abono salarial e de programas de educação profissional e tecnológica e de desenvolvimento econômico é realizado por meio do Fundo de Amparo ao Trabalhador, que *possui como uma de suas fontes de recursos o produto da arrecadação das contribuições devidas ao PIS e ao Pasep* (art. 11), em observância ao comando contido no *caput* do art. 239.

A MP nº 946/2020 não veicula qualquer regulamentação a respeito do abono salarial, do seguro-desemprego ou de programas de educação e desenvolvimento econômico, benefícios e medidas que não são, portanto, por ela afetadas. O objeto da MP é distinto, consistente na extinção do Fundo PIS-Pasep e no redirecionamento dos seus ativos e passivos para o Fundo de Garantia do Tempo de Serviço.

Sublinhe-se que o montante consolidado no Fundo PIS-Pasep refere-se aos valores arrecadados nos respectivos programas entre 1971 e outubro de 1988, que poderiam ser sacados pelos titulares ou por seus dependentes nas hipóteses legais, mas não o foram até o momento. É esse o montante que será transferido ao FGTS, sem, todavia, ensejar prejuízos a tais sujeitos, já que a medida provisória prevê a preservação do patrimônio acumulado nas contas (art. 1º, parágrafo único), com individualização dos valores transferidos e identificação de origem (art. 2º, §1º), assegurada a livre movimentação da conta pelo titular ou seus dependentes (art. 3º, II). Vale recordar, a propósito, que a Lei nº 13.932/19 alterou a redação do §1º do art. 4º da Lei Complementar nº 26/75 para tornar "disponível a qualquer titular da conta individual dos participantes do PIS-Pasep o saque integral do seu saldo a partir de 19 de agosto de 2019".

9 Conclusões

A pandemia da covid-19 provocou a inauguração de um cenário jurídico absolutamente excepcional no Direito do Trabalho brasileiro, franqueando o manejo de instrumentos e medidas pouco convencionais ou, mesmo, impensáveis em tempos de normalidade.

Nesse contexto, dois dos diplomas normativos editados durante o estado de calamidade pública assumem especial relevância: as Medidas Provisórias nº 927/20 e nº 936/20.

A primeira veiculou uma série de providências que, como regra, podem ser adotadas unilateralmente pelo empregador, nomeadamente o teletrabalho, a antecipação de férias, a concessão de férias coletivas, a antecipação de feriados e uma peculiar configuração do banco de horas.

A seu turno, a MP nº 936/20 consagrou duas delicadas possibilidades: a redução proporcional de jornada e de salário e a suspensão contratual. Os impactos financeiros sofridos pelo trabalhador serão minorados em razão do pagamento do Benefício Emergencial pela União Federal.

O Direito do Trabalho de crise, que emerge na atualidade, oferece a todos, empregadores, trabalhadores, sindicatos e operadores do Direito, desafios sem precedentes. Como na canção de Lulu Santos, "nada do que foi será de novo do jeito que já foi um dia".

Informação bibliográfica deste texto, conforme a NBR 6023:2018 da Associação Brasileira de Normas Técnicas (ABNT):

PAMPLONA FILHO, Rodolfo; FERNANDEZ, Leandro. Panorama das alterações trabalhistas durante a pandemia da covid-19. *In*: TUPINAMBÁ, Carolina (Coord.). *As novas relações trabalhistas e o futuro do Direito do Trabalho:* novidades derivadas da pandemia Covid-19 e da crise de 2020. Belo Horizonte: Fórum, 2021. (Coleção Fórum As novas relações trabalhistas e o futuro do Direito do trabalho. Tomo I). p. 41-53. ISBN 978-65-5518-118-0.

CORONAVÍRUS E MEIO AMBIENTE DE TRABALHO: DE PANDEMIAS, PANTOMIMAS E PANACEIAS

GUILHERME GUIMARÃES FELICIANO

PAULO ROBERTO LENGRUBER EBERT

Introdução

Nos primeiros dias de 2020, o mundo soube do surto endêmico de uma nova forma de coronavírus – o *SARS-CoV-2* –, *à* altura restrito *à* cidade de Wuhan, capital da província da China central, entrecortada pelos rios Yangtzé e Han. Ao contrário de seus análogos já conhecidos (a SARS e a MERS, p. ex.[1]), a doença provocada pelo *SARS-Cov-2* – conhecida como *covid-19* – tinha por características sintomáticas a

---

[1] Identificaram-se, até este momento, sete variedades de coronavírus humanos (HCoVs), entre eles o SARS-COV (causador da SARS, ou Síndrome Respiratória Aguda Grave), o MERS-COV (causador da MERS, ou Síndrome Respiratória do Oriente Médio) e o SARS-CoV-2 (vírus causador da covid-19). Cfr. "Folha informativa – covid 19", 14.5.2020. Disponível em: https://www.paho.org/bra/index.php?option=com_content&view=article&id=6101:covid19&Itemid=875. Acesso em: 14 maio 2020.

manifestação mais intensa e duradoura de coriza, febre, diarreia, vômito, falta de apetite, perda do olfato e do paladar, aguda dificuldade respiratória e dores no corpo que poderiam evoluir para um quadro de pneumonia grave.

Desde a fase epidêmica, combater o avanço da síndrome se tornou a preocupação prioritária da Organização Mundial da Saúde, que logo a classificou como "emergência de saúde pública de importância internacional" ("*public health emergency of international concern*", ou PHEIC), no mais elevado nível de alerta do Regulamento Sanitário Internacional. Na dicção de Tedros Adhanom Ghebreyesus (diretor-geral da OMS) e de Roberto Azevêdo (diretor-geral da OMC),

> [o] objetivo do Regulamento Sanitário Internacional é prevenir, proteger controlar e proporcionar uma resposta de saúde pública à disseminação internacional de doenças de modo proporcional aos riscos à saúde pública, com vista a minimizar a interferência no tráfego e no comércio internacionais. As regras da OMC fornecem aos governos as flexibilidades necessárias para enfrentar situações de escassez de suprimentos médicos essenciais e/ou desafios de saúde pública. No entanto, qualquer medida tomada para promover a saúde pública deve ser "direcionada, proporcional, transparente e temporária", em consonância com os recentes apelos dos líderes mundiais. Os governos devem evitar medidas que possam interromper as cadeias de fornecimento e impactar negativamente as pessoas mais pobres e vulneráveis, notadamente em países em desenvolvimento e menos desenvolvidos que são tipicamente dependentes de importações de medicamentos e equipamentos médicos (AZEVÊDO; GHEBREYESUS, 2020).[2]

A sigla covid-19 combina a expressão anglófona "*coronavirus disease*" com o ano de surgimento da moléstia (2019). Nas semanas e

---

[2] Disponível em: https://www.who.int/news-room/detail/20-04-2020-joint-statement-by-wto-director-general-roberto-azevêdo-and-who-director-general-tedros-adhanom-ghebreyesus. Acesso em: 15 maio 2020. No original em inglês: "The purpose of the International Health Regulations is to prevent, protect against, control and provide a public health response to the international spread of disease in ways that are commensurate with public health risks, with a view to minimizing interference with international traffic and trade. WTO rules provide governments with the flexibilities they may need to address essential medical supply shortages and/or public health challenges. But any measure taken to promote public health that restricts trade should be "targeted, proportionate, transparent and temporary", consistent with recent calls from world leaders. Governments need to avoid measures that can disrupt supply chains and negatively impact the poorest and most vulnerable, notably in developing and least developed countries that are typically reliant on imports of medicines and medical equipment". A declaração conjunta foi publicada após o reconhecimento do estado de pandemia global.

meses seguintes, o surto ganharia o *status* de epidemia, atingindo as demais metrópoles chinesas e extrapolando as fronteiras daquele País em direção ao Japão e à Coreia do Sul, para, então, se dispersar por todo o mundo, no embalo do frenético trânsito de pessoas e de bens a caracterizar a economia globalizada do século XXI. Em 11 de março de 2020, era reconhecida como uma *pandemia*: doença de alto poder de contágio, que se espalha velozmente ao longo das fronteiras nacionais, alcança vários Estados nacionais e tende à contaminação planetária (GREENBERG *et al.*, 2005, p. 18).[3]

No final de fevereiro, após a covid-19 se propagar em solo europeu, foram registrados os primeiros casos no Brasil. No decorrer do mês de março, os doentes já eram contados aos milhares e os mortos às centenas, restando ao Ministério da Saúde reconhecer – e anunciar – a ocorrência de transmissão comunitária em todo o território nacional. Em termos epidemiológicos, tal estágio é caracterizado pela dispersão autônoma da doença em uma determinada região geográfica e pela impossibilidade de identificação e de controle a respeito de sua cadeia de contágio.[4] No momento em que encerramos a redação deste artigo, o Brasil ultrapassa a marca dos sessenta e seis mil mortos pelo novo coronavírus.

---

[3] As pandemias – de que são (ou foram) exemplos a peste negra (século XIV, dizimando cerca de 200 milhões de pessoas em 10 anos), a gripe espanhola (que matou aproximadamente 50 milhões de pessoas entre 1918 e 1920) e a própria SIDA (modalidade de "pandemia duradoura", que já infectou 38 milhões de pessoas no mundo) – diferem conceituamente das epidemias, das endemias e dos surtos. A *epidemia* espalha-se dentro dos limites de um mesmo país, superando os números ordinários de contágio esperados pelas organizações nacionais de saúde. A *endemia* atinge determinada região com frequência (a chamada "faixa endêmica"), afetando basicamente os habitantes daquela região, não raro em condições de sazonalidade (*e.g.*, a febre amarela em municípios da região Norte do Brasil); nos termos do art. 20, II, §1º, "d", da Lei nº 8.213/1991, descaracteriza a patologia como doença do trabalho, "salvo comprovação de que é resultante de exposição ou contato direto determinado pela natureza do trabalho" (= demonstração/presunção de nexo etiológico). O *surto*, enfim, extrapola os números ordinários de contágio, mas alcança espaços geograficamente restritos e tende a ter curta duração, sem sazonalidades (*e.g.*, um surto de sarampo em determinado grupo escolar).

[4] Segundo o conceito epidemiológico definido pelo próprio Ministério da Saúde, a transmissão comunitária compreende "[a] incapacidade de relacionar casos confirmados através de cadeias de transmissão para um grande número de casos ou pelo aumento de testes positivos através de amostras sentinela (testes sistemáticos de rotina de amostras respiratórias de laboratórios estabelecidos)". Disponível em: http://maismedicos.gov.br/images/PDF/2020_03_13_Boletim-Epidemiologico-05.pdf. Acesso em: 28 mar. 2020.

1 A pandemia, a Constituição e o meio ambiente do trabalho. Coronavírus e poluição labor-ambiental. A pantomima: MO 927/2020

A partir do momento em que se reconhecia nacionalmente o fenômeno da transmissão comunitária, a dispersão do *novo coronavírus* adquiriu outro patamar, tornando-se uma questão efetivamente *ambiental*, na medida em que a circulação do micro-organismo nos espaços naturais e artificiais que abrigam a população em geral passou a consubstanciar *risco biológico sistêmico* e *agravado* (SOARES, 1995). No estágio de transmissão comunitária, qualquer indivíduo está sujeito, em maior ou menor grau, a adquirir a covid-19 nos lugares que frequenta; e, mais, a transportar o agente transmissor para outros espaços, de modo que o vírus passou a ser um vetor biológico de base antrópica (porque disseminado pelo ser humano) passível de interferir negativamente na qualidade de vida da coletividade e de seus integrantes.[5]

Nesse contexto, o *meio ambiente do trabalho*, a compreender o sistema formado pelas condições físicas, psíquicas e organizacionais que circundam os indivíduos no desempenho de suas atividades profissionais, passou a figurar como um possível espaço de entronização

---

[5] Sobre a correlação entre meio ambiente e qualidade de vida, Michel Prieur assevera que "[h]oje estamos em vias de consolidar as reflexões formuladas há muito pelos naturalistas e ecologistas, no sentido de que o homem enquanto espécie viva faz parte de um sistema complexo de relações e de interações com seu meio natural. Disso resulta que toda ação humana tem o condão de acarretar efeitos diretos e indiretos. Sendo assim, o meio ambiente é o conjunto de fatores que exercem influência sobre o meio em que vive o homem. [...] Esse termo genérico carece, no entanto, de ser aperfeiçoado e complementado por uma série de outros vocábulos usualmente empregados em sentidos frequentemente próximos, a saber, *ecologia, natureza, qualidade de vida* e *lugar de vida*.
[...] A expressão [*qualidade de vida*] tornou-se uma espécie de complemento necessário à própria definição de *meio ambiente*. Ela quer exprimir o desejo de se buscar os aspectos qualitativos da vida em detrimento dos aspectos quantitativos (nível de vida) e de exprimir, de modo claro, que o conceito de meio ambiente não diz respeito tão-somente à *natureza*, mas também ao homem no que concerne às suas relações sociais, de trabalho e de lazer" (PRIEUR, 2004, p. 1-4). No original: "Aujourd'hui éclate au grand jour ce qui résultait depuis fort longtemps des réflexions des naturalistes et écologues, à savoir que l'homme comme espèce vivante fait partie d'un système complexe de relations et d'interrelations avec son milieu naturel. Il en résulte que toute action humaine a des effets directs ou indirects insoupçonnés. De ce fait, l'environnement est l'ensemble des facteurs qui influent sur le milieu dans lequel l'homme vit. [...] Ce terme général mérite cependant d'être précisé et complété par une série d'autres vocables couramment utilisés dans sens souvent voisins : écologie, nature, qualité de la vie, cadre de vie. [...] La formule [qualité de la vie] est devenue une sorte de complément nécessaire à l'environnement. Elle veut exprimer la volonté d'une recherche du qualitatif après les déceptions du quantitatif (niveau de vie) et bien marquer que l'environnement concerne non seulement la nature mais aussi l'homme dans ses rapports sociaux, de travail, de loisirs".

e circulação do *novo coronavírus*, de modo que aquele risco agravado, presente na generalidade dos espaços naturais e artificiais, também passou a integrá-los e a condicionar decisivamente a qualidade de vida dos trabalhadores ali inseridos.[6]

Pode-se afirmar, portanto, que a entronização e a circulação do novo coronavírus nos espaços laborais constitui, em um contexto de transmissão comunitária de base antrópica (i.e., por meio de seres humanos), um nítido suposto de *poluição labor-ambiental*, na medida em que tal possibilidade acaba por instituir naqueles espaços um estado de "desequilíbrio sistêmico no arranjo das condições de trabalho [e] da organização do trabalho", de modo a ocasionar aos indivíduos ali ativados "riscos intoleráveis *à* segurança e *à* saúde física e mental [...] arrostando-lhes, assim, a sadia qualidade de vida" (MARANHÃO, 2017, p. 234). Ou, na esteira da Lei nº 6.938/1981 – como preferimos (de modo a evitar polêmicas conceituais[7]) –, um estado de "degradação da qualidade ambiental resultante de atividades que direta ou indiretamente

---

6 Segundo o conceito formulado por Norma Sueli Padilha, "[o] meio ambiente do trabalho compreende o habitat *laboral* onde o ser humano trabalhador passa a maior parte de sua vida produtiva provendo o necessário para a sua sobrevivência e desenvolvimento por meio do exercício de uma atividade laborativa [e] abrange a segurança e a saúde dos trabalhadores, protegendo-o contra todas as formas de degradação e/ou poluição geradas no ambiente de trabalho. [...] Na leitura principiológica dos valores protegidos pelo art. 225 do Texto Constitucional, não resta dúvida que entre 'todos', inclui-se o ser humano na sua qualidade de trabalhador, pois no exercício desta condição submete diariamente sua saúde e energia vitais a um ambiente que, embora artificialmente construído, deve também proporcionar-lhe sadia qualidade de vida, por meio de controle de agentes degradadores que possam afetar sua saúde em todos os seus múltiplos aspectos" (PADILHA, 2010, p. 373-375),

7 Em relação ao conceito de Ney Maranhão, p. ex., entendemos que a "intolerabilidade" dos riscos não pode ser um elemento do *conceito* de poluição labor-ambiental; antes, é uma *consequência* da configuração do estado labor-ambiental de degradação antrópica, na medida em que poderemos ter desequilíbrio labor-ambiental, com os efeitos do art. 14, parágrafo único, da Lei nº 6.938/1981 – responsabilidade civil objetiva –, *mesmo nos casos em que o empregador observe rigorosamente os limites de tolerância da legislação relativa à saúde e à segurança no trabalho* (CLT, decretos, NRs etc.), caso aos riscos artificialmente criados se somem, p. ex., riscos externos de origem natural (*e.g.*, na combinação deletéria entre as substâncias liberadas ou os materiais fornecidos, por um lado, e as condições atmosféricas do local, por outro). Cite-se, como exemplo, caso julgado pelo primeiro autor deste artigo, junto à 1ª Vara do Trabalho de Taubaté/SP, em que certo vigilante havia sido atingido por uma descarga elétrica atmosférica, durante ronda noturna externa, por conta – entre outros fatores – de botas com biqueiras de aço que lhe foram fornecidas pelo empregador. Nesse exemplo, não se pode afirmar que o fornecimento das botas tenha engendrado, por parte do empresário – o "sujeito poluidor" ao qual se imputa o resultado lesivo –, um risco "intolerável" para o empregado ou para o meio ambiente. Porque, todavia, houve a degradação das condições de segurança labor-ambiental com a *combinação* dos riscos internos e externos – e, logo, deu-se o estado de poluição –, é que se pode afirmar, *"a posteriori"* (e não *"a priori"*), que tais riscos *combinados* foram juridicamente intoleráveis. Essa objeção foi apresentada a Maranhão à altura da defesa de sua Tese de Doutorado (que originou o livro), em qualificada banca composta pela Universidade de São Paulo para esse fim.

[...] prejudiquem a saúde, a segurança e o bem-estar da população [e] criem condições adversas às atividades sociais e econômicas" (art. 3º, III, "a" e "b").

No ordenamento jurídico brasileiro, com efeito, *o direito ao meio ambiente equilibrado*, como consagrado pelo artigo 225, *caput*, da Constituição, abrange todos os aspectos naturais, artificiais e culturais – logo, físicos e imateriais – que circundam os seres humanos e que interferem na sua sadia qualidade de vida, incluindo-se aí aqueles que integram e condicionam o trabalho por eles desempenhado. Nesse sentido, o próprio Supremo Tribunal Federal já teve a oportunidade de reconhecer expressamente que "a existência digna [...] perpassa necessariamente pela defesa do meio ambiente (art. 170, VI, da CRFB/88), nele compreendido o meio ambiente do trabalho (art. 200, VIII, da CRFB/88)".[8]

E como corolário do direito ao meio ambiente do trabalho equilibrado (*"ex vi"* do artigo 225, *caput*, c.c. artigos 193 e 200, VIII, da Constituição Federal), a *Lex legum* consagrou, no seu artigo 7º, XXII, o direito social jusfundamental à "redução dos riscos inerentes ao trabalho", que *(a)* realiza no plano laboral o princípio jurídico-ambiental da melhoria contínua ou do *risco mínimo regressivo* (OLIVEIRA, 2011, p. 148), *(b)* é titularizado por todos os trabalhadores em atividade no território nacional (ou, fora dele, se em conexão com o ordenamento jurídico brasileiro[9]), sejam ou não subordinados, e *(c)* traduz-se, para os empresários, nos deveres de antecipação, de planejamento e de prevenção dos riscos labor-ambientais. Tais deveres demandam, em síntese, a adoção de todas as medidas e instrumentos disponíveis no mercado, de acordo com o estado da técnica, que sejam economicamente viáveis e tecnologicamente aptos a promover a eliminação ou a mitigação das ameaças à vida, à integridade psicofísica e à saúde dos trabalhadores, de modo a *precaver* e *prevenir* a ocorrência de quaisquer vicissitudes (WERNER, 2001, p. 335-340).

Em linha com tal diretriz constitucional, a Convenção nº 155 da OIT, ratificada pelo Brasil (Decreto nº 1.254/1994) – e, a nosso viso,

---

[8] BRASIL: SUPREMO TRIBUNAL FEDERAL. RECURSO EXTRAORDINÁRIO Nº 664.335/SC. RELATOR: Ministro Luiz Fux. Plenário. DJ: 12.2.2015.

[9] V., *e.g.*, Lei nº 7.064/1982, art. 3º, II. *In verbis*: "A empresa responsável pelo contrato de trabalho do empregado transferido [para o exterior] assegurar-lhe-á, independentemente da observância da legislação do local da execução dos serviços: [...] II - a aplicação da legislação brasileira de proteção ao trabalho, naquilo que não for incompatível com o disposto nesta Lei, quando mais favorável do que a legislação territorial, no conjunto de normas e em relação a cada matéria".

internalizada com força de *supralegalidade* (mercê da intelecção do RE nº 466.343 e do RE nº 349.703, entre outros[10]) –, estabelece em seus artigos 16 a 18 que as empresas são obrigadas a garantir a segurança de seus processos operacionais com relação à integridade psicofísica de seus trabalhadores, bem como a implementar todas as medidas cabíveis, segundo a melhor técnica disponível, para elidir ou minimizar os riscos existentes em seus ambientes de trabalho, incluindo-se, aí, a elaboração de procedimentos destinados a lidar com situações de urgência (BECHARA, 2019, p. 143).[11]

Logo, à luz do conceito de meio ambiente do trabalho contemplado pela Constituição Federal de 1988, bem como dos dispositivos constitucionais e convencionais que asseguram a sua higidez com vista ao resguardo da vida, da saúde e da segurança dos trabalhadores, convém repisar: *o ingresso do novo coronavírus nos locais de trabalho, em um contexto de transmissão comunitária, configura um efetivo risco a desestabilizar o equilíbrio das condições de trabalho e a qualidade de vida dos trabalhadores*, configurando típica hipótese de *poluição labor-ambiental* (CF, art. 200, VIII, c.c. Lei nº 6.983/1981, art. 3º, III, "a" e "b"), uma vez consumada a contaminação interna.

Note-se, ademais, que, de acordo com a mesma Lei nº 6.938/81, o *poluidor* é classificado em seu artigo 3º, IV, objetivamente, como "a pessoa física ou jurídica, de direito público ou privado, responsável, direta ou indiretamente, por atividade causadora de degradação ambiental". Daí por que, *oportunizando* a entronização e a circulação

---

[10] Ambos deram origem à Súmula Vinculante nº 25, pela qual "[é] ilícita a prisão civil de depositário infiel, qualquer que seja a modalidade de depósito". Tal como o art. 5º, LXVII, porém, o art. 7º, XXII, também se encontra no Título II da Constituição e encerra direito humano fundamental. No primeiro dos arestos citados (voto vencedor), lê-se o seguinte: "[...] diante do inequívoco caráter especial dos tratados internacionais que cuidam da proteção dos direitos humanos, não é difícil entender que a sua internalização no ordenamento jurídico, por meio do procedimento de ratificação previsto na CF/1988, tem o condão de paralisar a eficácia jurídica de toda e qualquer disciplina normativa infraconstitucional com ela conflitante. [...]" (RE 466.343, rel. Min. Cezar Peluso, voto do min. Gilmar Mendes, Plenário, j. 3.12.2008, *DJE* 104 de 5.6.2009, Tema 60).

[11] "Art. 16 - 1. Deverá ser exigido dos empregadores que, na medida em que for razoável e possível, garantam que os locais de trabalho, o maquinário, os equipamentos e as operações e processos que estiverem sob seu controle são seguros e não envolvem risco algum para a segurança e a saúde dos trabalhadores.
Art. 17 - Sempre que duas ou mais empresas desenvolverem simultaneamente atividades num mesmo local de trabalho, as mesmas terão o dever de colaborar na aplicação das medidas previstas na presente Convenção.
Art. 18 - Os empregadores deverão prever, quando for necessário, medidas para lidar com situações de urgência e com acidentes, incluindo meios adequados para a administração de primeiros socorros."

do *novo coronavírus* no meio ambiente artificialmente organizado, em condições de transmissão comunitária, há *risco proibido ou* "intolerável" – i.e., risco não inerente à atividade e desaprovado pela ordem jurídica – que convola o empregador em *poluidor*, para os fins do referido art. 3º, IV (ainda que *indiretamente*, à maneira das entidades financiadoras, licenciadoras ou "oportunizadoras" em geral[12]), haja ou não "culpa" no fato da contaminação interna. Daí por que os tomadores de serviços em geral se encontram obrigados, por força dos artigos 7º, XXII, e 225, *caput*, da Constituição Federal e dos artigos 16 a 18 da Convenção nº 155 da OIT, a *implementar programas e medidas concretas de prevenção destinadas a eliminar ou minimizar as ameaças derivadas do novo coronavírus*.

E, nessa precisa ordem de ideias, *entendíamos serem inconstitucionais, por malferimento ao art. 7º, XXII, da Constituição* (risco mínimo regressivo), *os artigos 15, 16, 17, 29 e 31 da Medida Provisória nº 927, de 22.3.2020*. O art. 29 da MP nº 927/2020, em particular, era a mais cintilante das pérolas que coroavam a *pantomima* ensaiada naquele diploma, quanto à finalidade de proteção do trabalhador (já que o objetivo de preservação do emprego, externado no *caput* do art. 1º, há de ser necessariamente o de preservar o emprego *decente*[13]) e de respeito à ordem constitucional (já que o art. 2º enuncia, como perímetro de validade para os acordos individuais escritos – e, supõe-se, para todas as possibilidades engendradas pela medida provisória – "os limites estabelecidos na Constituição").

Com efeito, se no início de março de 2020 o Ministério da Saúde reconhecia publicamente o estado de transmissão comunitária do SARS-Cov-II em todo o território nacional, como poderia ser razoável que o Poder Executivo federal editasse, no final do mesmo mês, um

---

[12] Poluidor indireto é aquele que "não executa a atividade diretamente causadora do dano", mas contribui para a lesão, desde que se vincule por um necessário "dever de segurança"; e tal será o caso, se entendermos que o empregador não "causa" a contaminação (porque o vírus já está circulando externamente, em condições de contaminação comunitária), mas a *oportuniza*, já que o meio ambiente de trabalho se transforma em uma "caixa de ressonância" contaminatória.

[13] E "trabalho decente", segundo a Organização Internacional do Trabalho, é todo trabalho produtivo e de qualidade, igualitariamente acessível e adequadamente remunerado, exercido em condições de liberdade, equidade, *segurança* e dignidade humana, apto a contribuir, qual condição fundamental, para a superação da pobreza, a redução das desigualdades sociais, a garantia da governabilidade democrática e o desenvolvimento sustentável. O conceito foi formalizado, na ordem jurídica internacional, em 1999, e depois reafirmado em 2008, na 97ª Conferência Internacional do Trabalho, com a aprovação da "Declaração da OIT sobre a justiça social para uma globalização equitativa" (Disponível em: https://www.ilo.org/wcmsp5/groups/public/---americas/---ro-lima/---ilo-brasilia/documents/genericdocument/wcms_336918.pdf. Acesso em: 15 maio 2020).

ato normativo apto a suspender "a obrigatoriedade de realização dos exames médicos ocupacionais, clínicos e complementares, exceto dos exames demissionais" (e esses, ademais, apenas se não houver exame demissional realizado há menos de cento e oitenta dias), consoante art. 15, *caput* e §3º, da MP nº 927/2020? Como tal suspensão – que aumenta sensivelmente os riscos de internalização do novo coronavírus nos ambientes corporativos (quando o comando constitucional vai na direção da *redução* de riscos) – poderia colaborar para com o achatamento das curvas de contaminação, cada vez mais exponenciais em todo o país (caminhando-se, como dissemos alhures, para ser o epicentro global da pandemia) (FELICIANO; TRINDADE, 2020)? O que dizer, nesse contexto, da responsabilidade do empregador que, dispensando o exame médico admissional – como autoriza o art. 15 –, vier a inserir, em seus quadros de pessoal, trabalhador contaminado pelo SARS-Cov-2 que, ao tempo da admissão, apresentava boa parte dos sintomas da covid-19? Poderá ulteriormente se eximir da responsabilidade civil derivada da contaminação dos demais empregados?

Entendemos que *não* (e, já por isso, a importância de que os coordenadores de PCMSO valham-se largamente da hipótese do art. 15, §2º). A MP nº 927/2020 não introduz qualquer "imunidade" contra a responsabilidade civil, ao contrário da recente MP nº 966/2020; e, a nosso ver, nem poderia fazê-lo, do ponto de vista constitucional, mercê da norma do art. 7º, XXVIII, 2ª parte, da CRFB ("[...] seguro contra acidentes de trabalho, a cargo do empregador, sem excluir a indenização a que este está obrigado [...]"). Se, ademais, a responsabilidade civil se estabelece em razão da degradação das condições de higiene e de segurança biológica do meio ambiente do trabalho – pela introdução furtiva do novo coronavírus, oportunizada pela ausência de exames médicos admissionais ou mesmo periódicos[14] –, não caberá discutir a culpa do empregador, *"ex vi"* do art. 14, §1º, da Lei nº 6.938/1981.[15] De

[14] Sustentávamos, ao revés, que as linhas de crédito abertas pela MP nº 944/2020 pudessem ser ampliadas para permitir que as empresas incorporassem, a seus programas de controle médico e saúde ocupacional (PCMSO), ao menos durante o estado de calamidade pública reconhecido pelo Decreto Legislativo nº 6/2020 (até 31.12.2020), *exames laboratoriais ou farmacêuticos de testagem* para identificação da covid-19 e/ou do novo coronavírus. Com essa medida, o Governo contribuiria efetivamente para com o achatamento das curvas de contaminação. Não é, porém, o direito posto.

[15] *In verbis:* "Sem obstar a aplicação das penalidades previstas neste artigo, é o poluidor obrigado, independentemente da existência de culpa, a indenizar ou reparar os danos causados ao meio ambiente e a terceiros, afetados por sua atividade. O Ministério Público da União e dos Estados terá legitimidade para propor ação de responsabilidade civil e criminal, por danos causados ao meio ambiente".

nada lhe valerá afirmar, portanto, que apenas dispensou os exames médicos porque "a lei" – *rectius:* a MP nº 927/2020 – autorizava-o a fazê-lo (embora o autorize, de fato e de direito, para fins administrativos). Afinal, como bem pondera Leme Machado, "pode haver poluição ainda que se observem os padrões ambientais", i.e., ainda que o sujeito cinja-se estritamente aos limites da lei (MACHADO, 1996, p. 358).

A ilicitude da poluição – inclusive a labor-ambiental – deriva do *fato* da degradação (Lei nº 6.938/1981, art. 3º, II: "alteração adversa das características do meio ambiente"), não apenas do descumprimento de leis, de atos normativos e/ou de posturas regulamentares e administrativas. E, por *potencializar* os contextos de degradação do meio ambiente de trabalho – opondo-se diametralmente, insista-se, às diretrizes normativas dos artigos 7º, XXII, e 225, *caput*, da CRFB –, os precitados artigos da MP nº 927/2020 (15, 16, 17, 29, 31) padeceriam de inconstitucionalidade *"tout court"* (ou, ao menos, desafiariam interpretações conforme a Constituição).

Nada obstante, o Supremo Tribunal Federal – a quem compete a função máxima de guardar a integridade do texto constitucional –, provocado a se manifestar sobre todos aqueles dispositivos, divisou inconstitucionalidade tão somente nos textos dos *artigos 29* e *31*; não nos demais preceitos. Com efeito, no último dia 29.4.2020, ao julgar a Medida Cautelar na ADI nº 6342-MC/DF (ajuizada pelo Partido Democrático Trabalhista), o Plenário do STF deliberou suspender tão somente a eficácia dos artigos 29 e 31 da MP nº 927/2020; quanto aos demais, referendou o indeferimento da medida cautelar, como pronunciado pelo Min. Marco Aurélio Mello em 26.3.2020. Assim, ainda que não concordemos com a decisão plenária – no que diz respeito aos artigos 15, 16 e 17 –, *"omnium earum iudicium habemus"* (ao menos neste momento).

2 Abandonando os claustros gramaticais e as cavernas semânticas: a panaceia jurídica trinária. Holismo, prevencionismo, solidarismo. Deveres e responsabilidades patronais

Como antecipamos – e ainda à luz da Convenção nº 155 da OIT –, as medidas a serem implementadas pelos empresários, no resguardo do meio ambiente laboral e da integridade psicofísica dos trabalhadores, não se limitam às determinações legais e regulamentares expedidas pelos governos federal, estadual, municipal e/ou distrital, abrangentes das medidas concretas esperadas para este momento crítico.

Tampouco há plena exoneração de responsabilidades (especialmente as administrativas e civis) apenas porque tais determinações foram observadas. Noutras palavras, será equivocado qualquer apego ao legalismo formal estrito – ensejador, nesta espécie, de um censurável *reducionismo jurídico* –, como será equivocado, para mais, propalar que somente as condutas positivadas de forma expressa nos textos normativos seriam exigíveis, ou ainda advogar a carência de respaldo legal para que se imponham quaisquer outras condutas de prevenção/precaução, mais abrangentes que as descritas (aliás, *não* descritas) na MP nº 927/20202 e na legislação correlata, aos empregadores e tomadores de serviços. Semelhante entendimento, típico das "síndromes de avestruz" que sazonalmente acomete lideranças brasileiras, não faz qualquer sentido em um ordenamento jurídico que reconhece força normativa aos princípios.[16]

Bem ao revés, o que os artigos 16 a 19 da Convenção nº 155 da OIT (que, aliás, também é "lei" em sentido material) impõem aos empresários – com respaldo, igualmente, nos artigos 7º, XXII, e 225, *caput*, da Constituição Federal – é o *dever geral de proteção, de prevenção* (= prevenção/precaução) e/ou de *indenidade labor-ambiental*, pelo(s) qual(is) compete aos gestores dos riscos das atividades econômicas (i.e., aos empresários e afins) o planejamento, a antecipação e a implementação das medidas que se mostrem necessárias, diante dos casos concretos, para evitar ou minimizar as situações de potencial contágio dos trabalhadores pelo novo coronavírus.[17] Essas obrigações derivam, ademais, do princípio

---

[16] Conforme assinala Gustavo Zagrebelsky, "[l]os principios (...) no imponen una acción conforme con el supuesto normativo, como ocurre con las reglas, sino una <<toma de posición>> conforme con su *ethos* en todas las no precisadas ni predecibles eventualidades concretas de la vida en las que se puede plantear, precisamente, una <<cuestión de principio>>. Los principios, por ello, no agotan en absoluto su eficacia como apoyo de las reglas jurídicas, sino que poseen una autónoma razón de ser frente a la realidad. [...] La realidad, al ponerse en contacto con el principio, se vivifica, por así decirlo, y adquiere valor. En lugar de presentarse como materia inerte, objeto meramente pasivo de la aplicación de las reglas, caso concreto a encuadrar en el supuesto de hecho normativo previsto en la regla – como razona el positivismo jurídico –, la realidad iluminada por los principios aparece revestida de cualidades jurídicas propias. El valor se incorpora al hecho e impone la adopción de <<tomas de posición>> jurídica conformes con él (al legislador, a la jurisprudencia, a la administración, a los particulares y, en general, a los intérpretes del derecho. El <<ser>> iluminado por el principio aún no contiene en sí el <<deber ser>>, la regla, pero sí indica al menos la dirección en la que debería colocarse la regla para no contravenir el valor contenido en el principio" (ZAGREBELSKY, 2005, p. 118).

[17] Nas palavras de Carlos Hugo Preciado Domènech, "[n]o sólo la libertad de organización del empresario, sino que también la libertad de emprender actividades peligrosas y la libertad de especificación de la prestación laboral y el poder de dirección del empresario se ven fuertemente limitados por la normativa de prevención de riesgos laborales.

constitucional da *solidariedade*, gerador de responsabilidades recíprocas entre as pessoas (CF, art. 3º, I e IV, 1ª parte), de deveres universais de proteção em relação aos sujeitos vulneráveis (CF, art. 3º, III, 1ª parte) e do reconhecimento da diversidade e da pluralidade social (CF, art. 3º, III, 2ª parte, e IV); tudo isso se projeta, no plano jurídico-ambiental, como compartilhamento dos deveres de defesa e de preservação do meio ambiente – inclusive o do trabalho – para as presentes e futuras gerações, nos quais são solidários o Poder Público e a *coletividade* (CF, art. 225, *caput*), incluindo empregados e empregadores (CASALI, 2006, p. 236-237).[18]

Formuladas tais premissas, pode-se afirmar, em termos gerais, que a primeira obrigação dos empresários em face dos riscos de introdução e proliferação do novo coronavírus nos locais de trabalho consiste na elaboração de um plano abrangente, no âmbito do respectivo PCMSO, capaz de *(i)* antecipar e registrar as possibilidades de ingresso daquele micro-organismo em seus estabelecimentos; e *(ii)* prever as medidas coletivas e individuais de urgência a serem implementadas nas unidades produtivas com vista a debelar ou minimizar as possibilidades de contágio pelo SARS-Cov-2 por parte dos trabalhadores, na linha do que preleciona o artigo 18 da Convenção nº 155 da OIT.

Nessa alheta, a NR-1 do extinto Ministério do Trabalho (e, atualmente, "da" Secretaria Especial de Previdência e Trabalho do Ministério da Economia), já com a nova redação conferida pela Portaria nº 6.730, publicada no Diário Oficial da União de 9.3.2020, estabelece textualmente, em seu item 1.4.1, que os empresários estão obrigados a avaliar e antecipar de maneira adequada e realista os riscos ambientais presentes nos locais de trabalho, bem como agir concretamente para elidir ou minimizar tais riscos, por intermédio *(i)* da reorganização dos fatores de produção; *(ii)* do estabelecimento de medidas de proteção coletiva e *(iii)* do fornecimento de equipamentos de proteção individual.[19]

[…] La prevención de riesgos se integra de esta forma en la adopción de toda decisión empresarial (…), y a todos los niveles de decisión y gestión de la empresa (…), por lo que se integra – limitándola – en el núcleo mismo de la libertad organizativa de la empresa" (DOMENECH, 2018, p. 534).

[18] Disponível em: http://siaibib01.univali.br/pdf/guilherme%20%20machado%20casalli%20revista%20de%20direiro.pdf. Acesso em: 16 maio 2020.

[19] "1.4.1 Cabe ao empregador: a) cumprir e fazer cumprir as disposições legais e regulamentares sobre segurança e saúde no trabalho; [...] e) determinar procedimentos que devem ser adotados em caso de acidente ou doença relacionada ao trabalho, incluindo a análise de suas causas; [...] g) implementar medidas de prevenção, ouvidos os trabalhadores, de acordo com a seguinte ordem de prioridade: I. eliminação dos fatores de risco; II. minimização e controle dos fatores de risco, com a adoção de medidas de proteção coletiva; III. minimização

Em segundo lugar, o dever geral de indenidade labor-ambiental subjacente aos sobreditos dispositivos constitucionais e convencionais impõe aos empresários a implementação "intramuros" das medidas comezinhas de planejamento emergencial nacionalmente preconizadas para toda a população, em observância às recomendações técnicas emanadas das autoridades sanitárias para o combate à proliferação do novo coronavírus. Isso significa adaptar, às necessidades e às condições labor-ambientais concretas, as orientações voltadas para o público em geral, uma vez que os riscos gerais de contaminação (= risco geral da vida) *incrementam-se* nos espaços coletivos de trabalho, onde os indivíduos partilham da mesma geografia e se valem de equipamentos e de insumos coletivos durante longos períodos. Nesse sentido, são plenamente válidas para os locais de trabalho as seguintes diretrizes sanitárias de aplicação universal:

(a) o uso de equipamentos coletivos e individuais de segurança biológica, específicos para os riscos da pandemia, como são, notadamente, a instalação de recipientes fixos ou móveis de álcool gel (para uso coletivo) e o fornecimento de máscaras de proteção (não necessariamente de tipo cirúrgico) para o convívio em grupo;
(b) o distanciamento mínimo de, aproximadamente, dois metros entre os trabalhadores, a fim de evitar a aspiração das gotículas de saliva e de coriza exaradas em tosses, espirros ou mesmo na expiração do ar;[20]
(c) a instalação e a disponibilização massiva de equipamentos e insumos destinados à lavagem frequente das mãos (basicamente, pias, torneiras com água corrente, sabão e toalhas descartáveis);

---

e controle dos fatores de risco, com a adoção de medidas administrativas ou de organização do trabalho; e IV. adoção de medidas de proteção individual".

[20] Veja-se, a propósito, que essas duas primeiras medidas configuram, para o Centro de Controle e de Prevenção de Doenças dos Estados Unidos da América (*Center for Disease Prevention and Control – CDC)*, a principal medida de combate ao novo coronavírus, conforme se lê no respectivo portal: "Não há, atualmente, vacina disponível para prevenir a doença ocasionada pelo Coronavírus (covid-19). [...] A melhor maneira de prevenir tal doença é evitar a exposição ao vírus. [...] O vírus costuma se espalhar de indivíduo para indivíduo: - Entre pessoas que estão em contato próximo umas com as outras (dentro de uma distância de 6 pés – equivalente a 1,83 metros). - Por intermédio de gotículas aspiráveis produzidas quando uma pessoa infectada tosse ou espirra. Essas gotículas podem aterrissar nas bocas e nos narizes das pessoas que estiverem próximas ou possivelmente inaladas em direção aos pulmões". No original:
"There is currently no vaccine to prevent coronavirus disease 2019 (covid-19). [...] The best way to prevent illness is to avoid being exposed to this virus. [...] The virus is thought to spread mainly from person-to-person.
Between people who are in close contact with one another (within about 6 feet). Through respiratory droplets produced when an infected person coughs or sneezes. These droplets can land in the mouths or noses of people who are nearby or possibly be inhaled into the lungs." Disponível em: https://www.cdc.gov/coronavirus/2019-ncov/prepare/prevention.html. Acesso em: 24 mar. 2020.

(d) a ventilação dos ambientes e a otimização da circulação do ar, evitando-se o confinamento dos indivíduos em espaços enclausurados;
(e) a higienização constante das bancadas, dos equipamentos de uso coletivo e dos instrumentos individuais utilizados no desempenho das atividades regulares;[21]
(f) o afastamento imediato dos sujeitos integrantes dos chamados "grupos de risco" (portadores de comorbidades, pessoas com idade superior a sessenta anos, gestantes, diabéticos etc.);[22] e
(g) o afastamento imediato dos sujeitos portadores de sintomas que permitam razoavelmente supor a contaminação pelo SARS-Cov-2 (e por isso seriam tão relevantes os exames médicos admissionais, periódicos e complementares, como apontado supra).[23]

Ainda sobre essa gama de cuidados labor-ambientais indispensáveis (e, em particular, quanto à necessária higienização habitual dos equipamentos coletivos e individuais de trabalho), a Organização Internacional da Saúde destaca, em sua publicação dedicada à adequação dos locais de trabalho aos riscos advindos do novo coronavírus ("*Getting your workplace ready for covid-19*"), que as pessoas podem se infectar, no meio ambiente do trabalho, a partir das gotículas de saliva ou de corrimento nasal depositadas no maquinário e no mobiliário de uso comum ou simplesmente por sua aspiração ainda no ar, o que reforça a necessidade do distanciamento de segurança entre os trabalhadores.[24]

---

21 De acordo com as orientações preventivas da Fundação Oswaldo Cruz (FIOCRUZ) para o combate ao novo coronavírus (relativamente à população em geral), deve-se: "- Lavar as mãos principalmente antes de comer e após tossir ou espirrar; - Se não tiver água e sabão, usar desinfetante para as mãos a base de álcool; - Evitar tocar nos olhos, nariz e boca com as mãos não lavadas; - Usar lenço descartável para higiene nasal; - Cobrir nariz e boca ao espirrar ou tossir com um lenço de papel descartável ou com a parte interna do cotovelo (nunca as mãos); - Não compartilhar objetos de uso pessoal, como talheres, pratos, copos ou garrafas; - Manter os ambientes bem ventilados; - Limpar e desinfetar objetos e superfícies tocados com frequência, como celulares; - Evitar contato com pessoas que apresentem sinais da doença; - Evitar sair de casa; - Evitar locais de muita aglomeração; - Pessoas doentes devem permanecer em casa e, caso a doença se agrave, procurar a unidade básica de saúde; - Grupos vulneráveis, como idosos, crianças, gestantes, pessoas com doenças crônicas ou com imunodeficiência, devem ficar mais atentos às manifestações clínicas; - Profissionais de saúde devem utilizar medidas de precaução padrão, de contato e de gotículas (máscara cirúrgica, luvas, avental não estéril e óculos de proteção)". Disponível em: https://portal.fiocruz.br/pergunta/como-se-prevenir-contra-o-coronavirus. Acesso em: 27 mar. 2020.

22 Vide nota n. 33, *supra*.

23 Vide nota n. 33, *supra*.

24 "*Como a covid-19 se propaga*. Quando as pessoas infectadas com covid-19 tossem ou exalam ar, eles soltam gotículas de fluido infectado. Muitas dessas gotículas caem em superfícies próximas e em objetos – tais como escrivaninhas, mesas ou telefones. As pessoas podem adquirir a covid-19 ao tocarem nas superfícies ou nos objetos contaminados e quando tocam, na sequência, os olhos, nariz ou a boca. Se elas estão situadas em distância situada

Em respaldo às imposições descritas – que, insista-se, deixam de ser meras "recomendações" sanitárias e se convolam em genuínas *obrigações jurídicas* para o empregador,[25] mercê do risco profissional engendrado no interesse da atividade econômica (princípio da alteridade: CLT, art. 2º, *caput*) e do seu dever de garante do equilíbrio labor-ambiental (CRFB, arts. 7º, XXII, 225 e 200, VIII) –, a Organização Internacional do Trabalho editou, recentemente, o informe intitulado "*Las normas de la OIT y el covid-19 (Coronavirus)*", em que reitera as obrigações emanadas da Convenção nº 155 no sentido de que os empresários devem *(i)* implementar todas as medidas possíveis, segundo a melhor técnica, para reduzir ao mínimo os riscos inerentes à exposição ocupacional ao novo coronavírus, inclusive por intermédio do fornecimento de equipamentos de proteção individual; *(ii)* proporcionar aos trabalhadores as informações adequadas sobre tais riscos; *(iii)* estabelecer procedimentos de urgência para a situação geral da pandemia (ou, acrescentamos, para casos especiais concretamente identificados de contaminação comunitária intramuros); e *(iv)* notificar os casos de contaminação às autoridades sanitárias.[26]

---

no raio de um metro de alguém com covid-19 elas podem ser contaminadas através da aspiração das gotículas exaradas com a tosse e a respiração do doente. Em outras palavras, a covid-19 se propaga do mesmo modo que a gripe comum". No original: "*How covid-19 spreads*. When someone who has covid-19 coughs or exhales they release droplets of infected fluid. Most of these droplets fall on nearby surfaces and objects – such as desks, tables or telephones. People could catch covid-19 by touching contaminated surfaces or objects – and then touching their eyes, nose or mouth. If they are standing within one meter of a person with covid-19 they can catch it by breathing in droplets coughed out or exhaled by them. In other words, covid-19 spreads in a similar way to flu". Disponível em: https://www.who.int/docs/default-source/coronaviruse/getting-workplace-ready-for-covid-19.pdf. Acesso em: 24 mar. 2020.

[25] Entenda-se bem essa afirmação: ainda que não haja dispositivo de lei estabelecendo textualmente que os locais de trabalho devem conter pias com água encanada e sabão ou equivalente para que os trabalhadores façam a higiene das mãos, ou tampouco impondo a obrigação patronal de fornecer máscaras de proteção contra gotículas de saliva, casos de contaminação pelo SARS-Cov-2 no meio ambiente de trabalho – que poderão ser inclusive *presumidos* (assim, p. ex., ante a existência de outros empregados já contaminados no mesmo ambiente), notadamente após a oportuna suspensão da eficácia do art. 29 da MP nº 927/2020 nos autos da ADI 6342-MC/DF – possivelmente levarão à *responsabilidade civil do empregador* pelos danos morais e materiais derivados daquela contaminação. Ao reconhecê-la, o que os juízes do trabalho estarão afirmando, nas entrelinhas de seus julgados – ou mesmo textualmente, como parece ser o caso – é que *o dever geral de proteção **incluía** tais obrigações*, conquanto não expressas na legislação específica, qual deveres acessórios do contrato individual do trabalho (à maneira de outros tantos que a doutrina e a jurisprudência já conhecem bem, para empregado e/ou empregador, conquanto tampouco constem de cláusulas contratuais ou de dispositivos legais: o dever de informação, o dever de lealdade, o dever de não concorrência etc.).

[26] "*Seguridad y salud en el trabajo.* ¿Qué deberían hacer los empleadores durante el brote? [...] Los empleadores tendrán la responsabilidad global de asegurarse de que se adopten

Nesse mesmo sentido, a *Occupational Safety and Health Administration* (OSHA-US), agência responsável pelas políticas de saúde e segurança do trabalho nos Estados Unidos da América, publicou diretrizes destinadas a promover a organização dos locais de trabalho diante dos riscos ocupacionais representados pelo novo coronavírus. Relevante notar que a referida agência aponta, como etapas para a prevenção, exatamente *(i)* o "desenvolvimento de um plano de prontidão e resposta a doenças infecciosas" e *(ii)* "a implementação de medidas básicas de prevenção de infecções" com base nas orientações emanadas das autoridades sanitárias,[27] na linha do que foi abordado

todas las medidas de prevención y protección factibles para reducir al mínimo los riesgos profesionales (Convenio sobre seguridad y salud de los trabajadores, 1981 (núm. 155). Los empleadores tienen la responsabilidad de suministrar, cuando sea necesario y en la medida en que sea razonable y factible, ropas y equipos de protección apropiados sin costo alguno para el trabajador. Los empleadores tienen la responsabilidad de proporcionar información adecuada y una formación apropiada en el ámbito de la SST; de consultar a los trabajadores sobre aspectos de SST relacionados con su trabajo; de prever medidas para hacer frente a situaciones de urgencia; y de notificar los casos de enfermedad profesional a la inspección del trabajo" (ORGANIZACIÓN INTERNACIONAL DEL TRABAJO, 2020). Disponível em: https://www.ilo.org/wcmsp5/groups/public/---ed_norm/---normes/documents/publication/wcms_739939.pdf. Acesso em: 28 mar. 2020).

27 Segundo as diretrizes da OSHA: "Se ainda não existir, [o empregador deve] desenvolver um plano de preparação e resposta a doenças infecciosas que possa ajudar a orientar ações de proteção contra o covid-19. [...] Fique a par das orientações das agências de saúde federais, estaduais, locais, tribais e/ou territoriais e considere como incorporar essas recomendações e recursos nos planos específicos do local de trabalho. [...] Siga as recomendações federais e estaduais, locais, tribais e/ou territoriais (SLLT) relativas ao desenvolvimento de planos de contingência para situações que possam surgir como resultado de surtos como: Aumento da taxa de absenteísmo dos trabalhadores.

A necessidade de distanciamento social, turnos de trabalho escalonados, operações de redução de tamanho, prestação de serviços remotamente e outras medidas de redução de exposição. Opções para a realização de operações essenciais com uma força de trabalho reduzida, incluindo treinamento cruzado de trabalhadores em diferentes tarefas, a fim de continuar as operações ou prestar serviços de pico. Cadeias de suprimentos interrompidas ou atrasos nas entregas. [...]

Para a maioria dos empregadores, a proteção dos trabalhadores dependerá da ênfase em medidas básicas de prevenção de infecções. Conforme apropriado, todos os empregadores deverão implementar boas práticas de higiene e controle de infecções, incluindo: Promover a lavagem frequente e completa das mãos, inclusive o fornecimento aos trabalhadores, clientes e visitantes do local de trabalho de um local para lavar as mãos. Caso o sabão e água corrente não estejam disponíveis imediatamente, fornecer esfregões para as mãos à base de álcool que contenham pelo menos 60% de álcool. Incentivar os trabalhadores a ficarem em casa se estiverem doentes. Incentivar a etiqueta respiratória, incluindo em relação a tosses e espirros. Fornecer aos clientes e ao público tecidos e recipientes para lixo.

Os empregadores devem explorar se podem estabelecer políticas e práticas, como locais de trabalho flexíveis [...] e horários flexíveis de trabalho (por exemplo, turnos alternados), para aumentar a distância física entre funcionários e entre os funcionários e outras pessoas, se as autoridades de saúde estaduais e locais recomendarem o uso de estratégias de distanciamento social. [...] Manter práticas regulares de limpeza, incluindo a limpeza e desinfecção de rotina de superfícies, equipamentos e outros elementos do ambiente de trabalho. [...] Espera-se que anteriormente, como decorrência – entre nós – dos artigos 7º, XXII, e 225, *caput*, c.c. art. 200, VIII, da Constituição Federal, ou ainda da Convenção nº 155 da OIT.

Voltamos, pois, às considerações que vínhamos de apresentar no tópico anterior, à luz da gestão jurídica dos riscos e das consequentes responsabilidades. Caso tais obrigações essenciais não sejam observadas pelos empresários, ter-se-á a instalação de *risco proibido* nos ambientes de trabalho por eles administrados, com degradação ambiental de base antrópica que permite considerá-los *poluído* – inclusive para os efeitos da Lei nº 6.938/1981 –, comprometendo potencialmente a vida, a saúde, a integridade psicofísica e/ou o bem-estar não apenas dos trabalhadores (subordinados ou não), mas também de toda a comunidade de entorno, mormente no atual contexto de transmissão comunitária do novo coronavírus.[28] Os estabelecimentos de empresa não podem se transformar em "caixas de ressonância" infectológicas (v. nota nº 19, *supra*); ou tampouco em "criadouros de vírus", na expressão mais comum dos sanitaristas.[29] E a responsabilidade primeira por essa condição geral de assepsia, especialmente do ponto de vista jurídico,

---

os produtos [...] sejam eficazes contra o SARS-CoV-2 com base em dados para vírus mais difíceis de matar. Siga as instruções do fabricante para usar todos os produtos de limpeza e desinfecção (por exemplo, concentração, método de aplicação e tempo de contato, EPI). [...] Os empregadores deverão desenvolver políticas e procedimentos para que os funcionários relatem quando estão doentes ou apresentem sintomas do covid-19. Onde apropriado, os empregadores deverão desenvolver políticas e procedimentos para isolar imediatamente as pessoas que apresentam sinais e/ou sintomas do covid-19 e treinar os trabalhadores para implementá-los. [...] Tomar medidas para limitar a disseminação das secreções respiratórias de uma pessoa que pode que pode ter covid-19. Forneça uma máscara facial, se possível e disponível, e peça à pessoa para que a use. [...] Proteger os trabalhadores em contato próximo (ou seja, a menos de um metro e oitenta) com uma pessoa doente ou que tenha contato prolongado/repetido com essas pessoas. [...] Instalação de filtros de ar de alta eficiência. Aumento das taxas de ventilação no ambiente de trabalho.
Instalação de barreiras físicas, como proteções de plástico transparente" (OCCUPATIONAL SAFETY AND HEALTH ADMINISTRATION, 2020, p. 9-14).

[28] Sobre o dever geral de proibição de exposição de terceiros aos riscos, Karl Larenz assim o conceitua: "A la transgresión de un derecho ajeno, particularmente a la lesión corporal o de la salud de otro (mediante acto positivo) se equipara la *no evitación de un daño* cuando se da o existe un deber jurídico de evitar su causación (…). El daño producido ha de imputarse objetivamente al obligado, como 'consecuencia' de su inactividad, siempre que hubiese podido evitarse si él hubiese actuado conforme a su deber. No existe un deber general a preservar a otros ante daños posibles, ya que un deber tan amplio no podría prácticamente cumplirse; sería ilimitado. (…) En cambio, sí existe un deber de evitar un riesgo allí donde alguien está obligado por la ley (p. ej., al cuidado de ciertas personas) o por medio de contrato a la protección y vigilancia de otro (como, p. ej., el profesor de natación, el enfermero, la directora de un colegio de párvulos)" (LARENZ, 1959, p. 591-592).

[29] Cfr., *e.g.*, https://www.em.com.br/app/noticia/bem-viver/2020/04/07/interna_bem_viver,1136140/em-tempos-de-pandemia-do-coronavirus-tapete-pode-ser-criadouro-do-mic.shtml. Acesso em: 15 maio 2020.

é precisamente do *empresário* (ou de quem a ele esteja equiparado: art. 2º, §1º, da CLT).

Nessa esteira, como dizíamos, a omissão patronal no que concerne à antecipação, à prevenção e ao combate efetivo dos riscos representados pela entronização do novo coronavírus em seus estabelecimentos – e isso se aplica a *todas as atividades* que envolvam trabalhadores, sejam ou não empresariais[30] – sujeita-os, nos termos do artigo 14, §1º, da Lei nº 6.938/81, à *responsabilização objetiva* (i.e., independentemente da existência ou comprovação da culpa subjetiva de prepostos do empregador) por todos os danos físicos e psíquicos que, por conta da covid-19, vierem a acometer os trabalhadores contagiados com o SARS-Cov-2, inclusive em função da inobservância das diretrizes sanitárias amplamente divulgadas para a contenção dos contágios.

Um obstáculo relevante para a aferição dessa responsabilidade apresentou-se com teor do artigo 29 da MP nº 927/2020, ao estabelecer que "os casos de contaminação pelo coronavírus (covid-19) não serão considerados ocupacionais, exceto mediante comprovação do nexo causal". Criava-se uma inexplicável inversão do ônus da prova em desfavor do trabalhador, na contramão da tendência universal do Direito Previdenciário (cada vez mais permeável às presunções de causalidade, como se vê, p. ex., no art. 21-A da Lei nº 8.213/1991, que trata do nexo técnico epidemiológico). Mas, como esclarecido, a sua eficácia foi suspensa pelo Excelso Pretório, em sessão do último dia 29 de abril, exatamente porque fugiria da finalidade maior da MP nº 927/2020 – na dicção do Min. Alexandre de Moraes, "compatibilizar o valor social do trabalho, perpetuando o vínculo trabalhista, com a livre iniciativa, mantendo, mesmo que abalada, a saúde financeira de milhares de empresas" – e engendraria injustificáveis dificuldades para trabalhadores dos mais diversos segmentos, inclusive os ativados em atividades essenciais (Decreto nº 10.282/2020), constantemente expostos a intensos riscos de contaminação. Em termos conceituais e práticos, todavia, o referido art. 29 em nada obstaria a aplicação do art. 14, §1º, da Lei nº 6.938/1981, já que esse último dispositivo diz com a inexigibilidade forense de se demonstrar o elemento subjetivo da ação ou omissão do imputado (= dolo ou culpa por negligência, imperícia ou imprudência), não com a questão do nexo de causalidade (ou, mais

[30] A Convenção OIT nº 155 aplica-se a todas as áreas de atividade econômica (art. 1.1); e, nos termos do seu art. 3.a, "a expressão 'áreas de atividade econômica' abrange todas as áreas em que existam trabalhadores empregados, inclusive a administração pública".

largamente, com o nexo de imputação normativa) (JOSSERAND, 1897, p. 7-53).

Quanto ao nexo causal propriamente dito, uma vez suspensa a eficácia do precitado art. 29, remanesce o regime probatório anterior, que bem pode deitar raízes, a nosso ver, no art. 20, §1°, "d", da Lei n° 8.213/1991, para efeitos previdenciários ou trabalhistas. Por esse derradeiro dispositivo, não se considera doença do trabalho, para os fins do art. 20, II, da Lei n° 8.213/1991, "a doença endêmica adquirida por segurado habitante de região em que ela se desenvolva, *salvo comprovação de que* é *resultante de exposição ou contato direto determinado pela natureza do trabalho*" (g.n.). A premissa tem plena aplicação ao caso de *pandemias*, que afinal não diferem ontologicamente das endemias, se não pelas dimensões geográfica e temporal (vide nota n° 5, *supra*): *"ubi eadem ratio ibi idem ius"*. Daí que, havendo evidências de que o trabalhador infectado com o SARS-Cov-2 expôs-se à contaminação em função do seu trabalho – pense-se, *e.g.*, na condição de médicos, enfermeiros e técnicos ou auxiliares de enfermagem, na linha de frente do combate ao coronavírus (Decreto n° 10.282/2020, art. 3°, §1°, I) ou mesmo na situação de trabalhadores ativados em empresas nas quais já se detectou a contaminação comunitária intramuros –, pode-se desde logo *presumir* o nexo de causalidade entre a afecção e a atividade laboral (CLT, art. 818, §1°), cabendo ao empregador fazer a prova contrária.

De outra parte, a ausência de cuidados objetivos por parte dos empresários pode sujeitá-los, no plano pessoal, até mesmo à responsabilidade penal, por incursos, *e.g.*, nos tipos penais dos artigos 267 e 268 do Código Penal, que tratam respectivamente dos crimes de "causar epidemia, mediante a propagação de germes patogênicos" e de "infringir determinação do poder público, destinada a impedir introdução ou propagação de doença contagiosa", ou ainda na contravenção penal do art. 19, §2°, da Lei n° 8.213/1991 ("[...] deixar a empresa de cumprir as normas de segurança e higiene do trabalho") (FELICIANO, 2009, p. 339-375). Nessas hipóteses, por evidente, à condenação criminal antepõem-se algumas garantias típicas do Direito Penal e Processual Penal, como as da taxatividade penal (*"nullum crimen, nulla poena sine lege certa"*), da proibição de analogia *"in malam partem"* (*"nullum crimen, nulla poena sine lege stricta"*) (TOLEDO, 1991, p. 171), da personalidade da pena e do *"favor rei"* (*"in dubio pro reo"*, inclusive no campo probatório: CPP, art. 486, VII). Mas, ainda assim, a possibilidade jurídica da reprimenda penal é inegável para os casos extremos em que os empresários intencionalmente se recusam a implementar medidas comezinhas destinadas a minimizar os riscos de propagação do novo coronavírus ou a providenciar o fechamento compulsório de seus estabelecimentos em hipóteses de risco grave e iminente.

E, na mesma ordem de ideias, diante de quadros críticos de franca contaminação comunitária intramuros e/ou de risco grave e iminente para a vida, a saúde e/ou a integridade física dos trabalhadores, a *suspensão de atividades empresariais*, imposta administrativa (CLT, art. 161, *caput*) ou mesmo judicialmente (Enunciado nº 60 da I Jornada de Direito Material e Processual do Trabalho[31]), é medida que se impõe, encontrando respaldo não apenas no precitado artigo 161 consolidado, como também no artigo 14, IV, da Lei nº 6.938/81 e, acima deles, no próprio artigo 170 da Constituição Federal, a estruturar a ordem econômica brasileira sobre os princípios do "valor social do trabalho", da "função social da propriedade" e da "defesa do meio ambiente", e a lhe atribuir, como finalidade precípua, não a mera obtenção de resultados financeiros à custa da vida e da segurança dos trabalhadores e da coletividade em geral, mas sim a *existência digna* de todos.[32]

Por fim, convém recordar que a Convenção nº 155 da OIT, em resguardo aos relevantíssimos bens jurídicos por ela protegidos (e igualmente tutelados pelos artigos 7º, XXII, e 225, *caput*, da Constituição Federal), legitima a *paralisação do trabalho* por parte dos próprios obreiros, *"ex vi"* de seus artigos 13 e 19, "f", ante a constatação de um risco grave

---

[31] "60. INTERDIÇÃO DE ESTABELECIMENTO E AFINS. AÇÃO DIRETA NA JUSTIÇA DO TRABALHO. REPARTIÇÃO DINÂMICA DO ÔNUS DA PROVA. I – A interdição de estabelecimento, setor de serviço, máquina ou equipamento, assim como o embargo de obra (artigo 161 da CLT), podem ser requeridos na Justiça do Trabalho (artigo 114, I e VII, da CRFB), em sede principal ou cautelar, pelo Ministério Público do Trabalho, pelo sindicato profissional (artigo 8º, III, da CRFB) ou por qualquer legitimado específico para a tutela judicial coletiva em matéria labor-ambiental (artigos 1º, I, 5º e 21 da Lei nº 7.347/85), independentemente da instância administrativa. II – Em tais hipóteses, a medida poderá ser deferida [a] "inaudita altera parte", em havendo laudo técnico preliminar ou prova prévia igualmente convincente; [b] após audiência de justificação prévia (artigo 12, caput, da Lei nº 7.347/85), caso não haja laudo técnico preliminar, mas seja verossímil a alegação, invertendo-se o ônus da prova, à luz da teoria da repartição dinâmica, para incumbir à empresa a demonstração das boas condições de segurança e do controle de riscos". A redação original do enunciado fora proposta, à altura, pelo primeiro autor do presente artigo.

[32] Sobre o dispositivo constitucional em apreço, Ana Frazão observa que "[a] função social da empresa é um conceito que foi consolidado não apenas para impedir o exercício antissocial da atividade empresarial, mas para direcioná-lo ao atendimento das finalidades sociais, inclusive mediante a imposição de deveres à empresa. (...) A função social da empresa traz em si uma proposta de reumanização, a fim de que os indivíduos possam ser reconhecidos como valores supremos e não como meros instrumentos da atividade econômica. [...] A função social da empresa é o corolário de uma ordem econômica que, embora constituída por vários princípios, possui a finalidade comum de assegurar a todos uma existência digna, conforme os ditames da justiça social. Daí por que diz respeito à responsabilidade da empresa não apenas perante seus concorrentes e os consumidores, mas também perante a sociedade como um todo" (LOPES, 2006, p. 183-281).

e iminente à sua vida ou à sua saúde. É também o que reza, no Estado de São Paulo, o art. 229, §2º, da Constituição estadual. Será justamente esse o caso se os trabalhadores estiverem diante do risco iminente de transmissão comunitária do coronavírus no meio ambiente de trabalho, dada a inegável gravidade da covid-19 (seja pelas altíssimas taxas de transmissibilidade, seja pela relativa letalidade – especialmente nos grupos de risco –, seja ainda pela inexistência de vacina conhecida).

Esse direito de resistência, se exercido coletivamente, configurará clara hipótese de *greve ambiental, à* qual não se aplica a regra do art. 7º, *caput*, *in fine*, da Lei nº 7.783/1989, eis que assegurados aos trabalhadores a integralidade dos direitos trabalhistas do período ("sem prejuízo de quaisquer direitos"), independentemente de negociação coletiva ou do exercício do poder normativo da Justiça do Trabalho. A greve ambiental é, nessa vereda, a manifestação coletiva de um direito constitucional de resistência que "tem por finalidade resguardar a segurança, a saúde e a higiene do trabalhador em face da degradação ambiental" (ARAÚJO; YAMAMOTO, 2017, p. 296).

Conclusão

Por tudo o que se viu, é certo que o contágio pelo SARS-Cov-2 e o consequente acometimento pela covid-19 configuram, no atual contexto de transmissão comunitária e de circulação irrestrita do vírus, um *novo risco biológico e social,* que interfere sistematicamente no equilíbrio do meio ambiente humano, tanto em sua dimensão natural como em sua dimensão artificial (e, portanto, também no meio ambiente do trabalho). Essa nova realidade demanda dos empregadores, gestores que são de seus próprios espaços produtivos, a implementação de todas as medidas antecipatórias destinadas a neutralizar ou minimizar os impactos do novo coronavírus. Eis o seu dever de indenidade labor-ambiental, inexo aos contratos individuais de trabalho.

Por outro lado, internalizado o SARS-Cov-2 no meio ambiente de trabalho, transformando o estabelecimento em uma caixa de ressonância infectológica, configura-se um estado de degradação labor-ambiental, originado pelo elemento humano (= base antrópica), que a legislação define como *poluição* (Lei nº 6.938/1981, art. 3º). Sob tais circunstâncias, o empregador passa a responder civilmente pelos danos experimentados por seus trabalhadores, caso desenvolvam a covid-19, independentemente da existência ou da prova de culpa *"lato sensu"* (= responsabilidade civil objetiva, *ut* art. 14, §1º, da Lei nº 6.938/1981); e, havendo dolo ou culpa, poderá responder pessoalmente até mesmo por ilícitos penais. Na esfera administrativa, ademais, abrem-se ensanchas para a interdição do estabelecimento (CLT, art. 161); e, na esfera coletiva, para a chamada greve ambiental (Convenção OIT nº 155, arts. 13 e 19, "f").

Para evitar tais consequências, empregadores em geral devem lançar mão de medidas de planejamento e de ação tão excepcionais e ingentes quanto a própria pandemia, transcendendo a lógica do custo-benefício (monetização) para colimar sobretudo o resguardo, na maior medida possível, da vida, da saúde e da integridade psicofísica dos seus trabalhadores (WALKER, 2020)

Resta encerrar com John F. Kennedy, que em certa ocasião atribuiu a Dante Alighieri – equivocadamente – a afirmação de que, na arquitetura do inferno, "os lugares mais quentes são reservados àqueles que escolheram a neutralidade em tempo de crise". Não há, na "A Divina Comédia", uma passagem com essas exatas características; há, sim, referência ao vestíbulo onde ficariam os que, no episódio da rebelião de Lúcifer, não se rebelaram, nem foram fiéis a Deus (*"non furon ribelli né fur fedeli"*). De todo modo, a frase passou à posteridade e merece a nossa reflexão.

Ante a laicidade do Estado, cidadãos devem ser sobretudo fiéis à Constituição; e, a partir dela, compreender as leis e organizar deontologicamente a realidade. As famílias do mundo choram, neste momento (julho de 2020), cerca de quinhentos e cinquenta mil mortos. Em alguns países – como o Brasil –, a pandemia sequer chegou a seu "pico". Outros milhares de mortes virão. Neste momento, não cabem atalhos de neutralidade. A vontade primígena das constituições democráticas é a promoção da dignidade humana; e, portanto, a preservação da vida. Tempos de crise não são tempos para o arrefecimento de direitos fundamentais; antes, são tempos para a sua redobrada afirmação.[33]

---

[33] "[...] Vale ressaltar que, embora se compreenda a insistência governamental e de certos setores econômicos em acelerar os acordos individuais, superestimando supostas consequências deletérias decorrentes da liminar concedida, em especial o "engessamento" das negociações, o fato é que constituiria precedente perigosíssimo afastar a vigência de normas constitucionais asseguradoras de direitos e garantias fundamentais, diante do momento de calamidade pública pelo qual passamos. Isso só poderia ocorrer – e mesmo assim em escala limitada e sob supervisão do Congresso Nacional – durante a decretação dos Estados de Defesa ou de Sítio, escrupulosamente delimitados nos art. 136e 137 da Lei Maior. [...] Ora, a experiência tem demonstrado que *justamente nos momentos de adversidade é que se deve conferir a máxima efetividade às normas constitucionais, sob pena de graves e, não raro, irrecuperáveis retrocessos.* De forma tristemente recorrente, a história da humanidade tem revelado que, precisamente nessas ocasiões, *surge a tentação de suprimir – antes mesmo de quaisquer outras providências – direitos arduamente conquistados ao longo de lutas multisseculares. Primeiro, direitos coletivos, depois sociais e, por fim, individuais. Na sequência, mergulha-se no caos! [...] A Constituição – é claro – não*

Juristas e tribunais devem compreender essa fatídica verdade, porque a utilidade última do Direito é mesmo a perpetuação da vida e do nosso modo de ser. E a alternativa aos resistentes será, o mais das vezes, o recolhimento prematuro aos vestíbulos da obsolescência.

Referências

ARAÚJO, Fernando Silva de; YAMAMOTO, Paulo de Carvalho. Greve ambiental e direito de resistência: a autotutela dos trabalhadores em defesa da sanidade no ambiente de trabalho. *In:* FELICIANO, Guilherme Guimarães *et al. Direito ambiental do trabalho*. Apontamentos para uma teoria geral. Volume 3. São Paulo: LTr, 2017.

AZEVÊDO, Roberto; GHEBREYESUS. Tedros Adhanom. Joint statement. 20.4.2020. Disponível em: https://www.who.int/news-room/detail/20-04-2020-joint-statement-by-wto-director-general-roberto-azevêdo-and-who-director-general-tedros-adhanom-ghebreyesus.

BANDEIRA DE MELLO, Celso Antônio. *Curso de Direito Administrativo*. 22. ed. São Paulo: Malheiros, 2007.

BECHARA, Erika. A responsabilidade civil do poluidor indireto e a obrigação *propter rem* dos proprietários de imóveis ambientalmente degradados. *In*: *Cadernos Jurídicos da Escola Paulista da Magistratura*, São Paulo, ano 20, n. 48, mar./abr. 2019.

BENJAMIN, Antônio Herman. Responsabilidade pelo dano ambiental. *In*: *Revista de Direito Ambiental*. São Paulo, n. 9, jan./mar. 2019.

CASALI, Guilherme Machado. O princípio da solidariedade e o artigo 3º da Constituição da República Federativa do Brasil. *In*: *Revista Eletrônica Direito e Política*, Itajaí, vol. 1. n. 1, set./dez. 2006. Disponível em: http://siaibib01.univali.br/pdf/guilherme%20%20machado%20casalli%20revista%20de%20direiro.pdf. Acesso em: 16 maio 2020.

DINIZ, Maria Helena. *Curso de Direito Civil brasileiro*. 7. ed.. vol. 7. São Paulo: Saraiva, 1993.

DOMÈNECH, Carlos Hugo Preciado. *Teoría general de los derechos fundamentales en el contrato de trabajo*. Pamplona: Aranzadi, 2018.

FELICIANO, Guilherme G. Meio ambiente do trabalho: aspectos gerais e propedêuticos. *In*: *Revista do Tribunal Regional do Trabalho da Décima Quinta Região*, São Paulo, n. 20, 2002.

FELICIANO, Guilherme G. Saúde e segurança no trabalho: o meio ambiente do trabalho e a responsabilidade civil patronal. *In*: THOME, Candy Florencio; SCHWARZ, Rodrigo Garcia (Org.). *Direito Individual do Trabalho*: curso de revisão e atualização. São Paulo: Elsevier, 2011.

---

foi pensada para vigorar apenas em momentos de bonança. Ao contrário, o seu fiel cumprimento se faz ainda mais necessário em situações de crise, nas quais, na feliz metáfora de Jon Elster, ela serve como o mastro a que se prendeu Ulisses para que não se perdesse em meio ao canto das sereias, pois representa a derradeira barreira de proteção dos valores básicos da sociedade contra paixões ou interesses de uma maioria ocasional (Ulisses liberto: estudos sobre racionalidade, pré-compromisso e restrições. São Paulo: UNESP, 2009)" (STF, ADI 6363 MC-ED/DF, rel. Min. Ricardo Lewandowski, j. 13.4.2020 – *g.n.*).

FELICIANO, Guilherme G. Refundando o Direito Penal do Trabalho: Primeiras Aproximações. *In*: *Revista da Faculdade de Direito da Universidade de São Paulo*, São Paulo, v. 104, jan./dez. 2009.

FELICIANO, Guilherme G.; TRINDADE. Rodrigo. covid-19 e direitos humanos: sob as luzes de Filadélfia. *Migalhas*, 10.5.2020. Disponível em: https://www.migalhas.com.br/depeso/326480/covid-19-e-direitos-humanos-sob-as-luzes-de-filadelfia. Acesso em: 15 maio 2020.

GREENBERG, Raymond S.; DANIELS, Stephen R.; FLANDERS, W. Dana; ELEY, John William; BORING III, John R. *Epidemiologia Clínica*. Trad. Jussara Burnier. 3. ed. Porto Alegre: Artmed, 2005.

JOSSERAND, Louis. *De la responsabilité du fait des choses inanimés*. Paris: Arthur Rousseau Éditeur, 1897.

LARENZ, Karl. *Derecho de obligaciones*. Tomo II. Trad. Jaime Santos Briz. Madrid: Editorial Revista de Derecho Privado, 1959.

LOPES, Ana Frazão de Azevedo. *Empresa e Propriedade*. Função Social e Abuso de Poder Econômico. São Paulo: Quartier Latin, 2006.

MACHADO, Paulo Affonso Leme. *Direito Ambiental brasileiro*. 6. ed. São Paulo: Malheiros Editores, 1996.

MARANHÃO, Ney. *Poluição labor-ambiental*. Rio de Janeiro: Lumen Juris, 2017.

OCCUPATIONAL SAFETY AND HEALTH ADMINISTRATION. Diretrizes para a preparação dos locais de Trabalho para o covid-19. Trad. SINAIT (Sindicato Nacional dos Auditores Fiscais do Trabalho). Brasília: SINAIT, 2020.

OLIVEIRA, Sebastião Geraldo. *Proteção Jurídica* à *Saúde do Trabalhador*. 6. ed. São Paulo: LTr, 2011.

ORGANIZACIÓN INTERNACIONAL DEL TRABAJO. Las normas de la OIT y el covid-19. Ginebra: OIT, 2020.

PADILHA, Norma Sueli. *Fundamentos constitucionais do direito ambiental brasileiro*. Rio de Janeiro: Elsevier, 2010.

PRIEUR, Michel. *Droit de l'environnement*. 5. ed. Paris: Dalloz, 2004.

QUEVEDO, Luiz Fernando. A contenção ao coronavírus e o factum principis no direito do trabalho. *Consultor Jurídico*, 4.4.2020. Disponível em: https://www.conjur.com.br/2020-abr-04/contencao-coronavirus-ofactum-principisno-direito-trabalho. Acesso em: 16 maio 2020.

ROCHA, Júlio César de Sá. *Direito ambiental do trabalho*. Mudanças de paradigma na tutela à saúde do trabalhador. 2. ed. São Paulo: Atlas, 2013.

SALEILLES, Raymond. *Les accidents de travail et la responsabilité civile*. Essai d'une théorie objective de la responsabilité délictuelle. Paris: Arthur Rousseau Éditeur, 1897.

SOARES, Guido Fernando Silva. *As Responsabilidades no Direito Internacional do Meio Ambiente*. Campinas: Komedi Editores, 1995.

TOLEDO, Francisco de Assis. *Princípios Básicos de Direito Penal*. 4. ed. São Paulo: Saraiva, 1991.

WALKER, Patrick *et al.* The Global Impact of covid-19 and Strategies for Mitigation and Suppression. Abdul Latif Jameel Institute for Disease and Emergency Analytics, Imperial College London (2020).

WERNER, Sascha. Das Vorsorgeprinzip: Grundlagen, Maßstäbe und Begrenzungen. *In: Umwelt- und Planungsrecht*. Heidelberg: Verlagsgruppe Hüthig Jehle Rehm, 2001. Band 21. n. 9.

ZAGREBELSKY, Gustavo. *El derecho dúctil*. Ley, derechos, justicia. Trad. Marina Gascón. 6. ed. Madrid: Trotta, 2005.

Informação bibliográfica deste texto, conforme a NBR 6023:2018 da Associação Brasileira de Normas Técnicas (ABNT):

FELICIANO, Guilherme Guimarães; EBERT, Paulo Roberto Lengruber. Coronavírus e meio ambiente de trabalho: de pandemias, pantomimas e panaceias. *In*: TUPINAMBÁ, Carolina (Coord.). *As novas relações trabalhistas e o futuro do Direito do Trabalho:* novidades derivadas da pandemia Covid-19 e da crise de 2020. Belo Horizonte: Fórum, 2021. (Coleção Fórum As novas relações trabalhistas e o futuro do Direito do trabalho. Tomo I). p. 55-79. ISBN 978-65-5518-118-0.

ASPECTOS POLÊMICOS DO TELETRABALHO EM MEIO À PANDEMIA DO CORONAVÍRUS (COVID-19)

PLATON TEIXEIRA DE AZEVEDO NETO

RAFAEL LARA MARTINS

Introdução

O mundo foi afetado pela covid-19, uma doença causada pelo coronavírus SARS-Cov-2. Segundo informações internacionais ainda questionadas por diversos países (ante uma alegada ausência de transparência do governo chinês), o vírus teria surgido em dezembro de 2019 na cidade de Wuhan, na China, e rapidamente se alastrou para o restante do mundo graças à sua tão divulgada facilidade de contaminação.

Tamanha a velocidade de contágio entre as pessoas, a Organização Mundial da Saúde (OMS) declarou que o surto da doença causada constituía uma "Emergência de Saúde Pública de Importância Internacional" – o mais alto nível de alerta da Organização, conforme previsto no Regulamento Sanitário Internacional já em 30 de janeiro de 2020. Não demorou muito para que a doença se alastrasse para diversos países do mundo até que em 11 de março de 2020 finalmente fosse declarada a covid-19 como uma pandemia pela OMS.[1]

Em sua declaração oficial sobre o tema, Tedras Adhanom Ghebreyesus (diretor geral da OMS) foi firme ao informar a gravidade da situação:

> Nas últimas duas semanas, o número de casos de covid-19 fora da China aumentou 13 vezes e o número de países afetados triplicou.
> Atualmente, existem mais de 118 mil casos em 114 países e 4.291 pessoas perderam a vida.
> Outros milhares estão lutando por suas vidas em hospitais.
> Nos próximos dias e semanas, esperamos ver o número de casos, o número de mortes e o número de países afetados aumentar ainda mais.
> A OMS está avaliando esse surto 24 horas por dia e nós estamos profundamente preocupados com os níveis alarmantes de disseminação e gravidade e com os níveis alarmantes de falta de ação.
> Portanto, avaliamos que a covid-19 pode ser caracterizada como uma pandemia.
> Pandemia não é uma palavra a ser usada de forma leviana ou descuidada. É uma palavra que, se mal utilizada, pode causar medo irracional ou aceitação injustificada de que a luta acabou, levando a sofrimento e morte desnecessários.
> Descrever a situação como uma pandemia não altera a avaliação da OMS sobre a ameaça representada por esse vírus. Não altera o que a OMS está fazendo e nem o que os países devem fazer.
> Nunca vimos uma pandemia provocada por um coronavírus. Esta é a primeira pandemia causada por um coronavírus.
> E nunca vimos uma pandemia que, ao mesmo tempo, pode ser controlada.[2]

No Brasil, as notícias iniciais foram de que a doença teria chegado no mês de fevereiro. Mas tempos depois, já no mês de abril, o Ministério da Saúde identificou a existência de um caso já em 23 de janeiro de 2020, demonstrando que o vírus já estava no país muito antes do que

---

[1] OMS afirma que COVID-19 é agora caracterizada como pandemia. *OPAS/OMS Brasil*, Brasil, 11 de mar. de 2020. Disponível em: https://www.paho.org/bra/index.php?option=com_content&view=article&id=6120:oms-afirma-que-covid-19-e-agora-caracterizada-como-pandemia&Itemid=812. Acesso em: 17 abr. 2020.

[2] WHO Director-General's opening remarks at the media briefing on COVID-19. *WHO*, Estados Unidos, 11 de mar. de 2020. Disponível em: https://www.who.int/dg/speeches/detail/who-director-general-s-opening-remarks-at-the-media-briefing-on-covid-19---11-march-2020 . Acesso em: 17 abr. 2020.

se imagina. Segundo declarações do secretário de Vigilância em Saúde, Wanderson de Oliveira, essa identificação posterior de existência prévia de vírus seria comum e o mesmo também teria acontecido com o zika vírus, quando que se imaginou que ele teria chegado ao Brasil em abril de 2015 e tempos depois se constatou sua presença em banco de sangue na região amazônica desde abril de 2014.[3]

Como se percebe, as notícias são inseguras e o momento é de cautela e desconhecimento. Não é exagero afirmar que se está diante de uma condição nunca antes vivida no país ou no mundo, absolutamente sem precedentes.

O mais recente precedente comparativo – a gripe espanhola (causada pelo vírus *influenza* e que infectou 500 milhões de pessoas, cerca de um quarto da população mundial na época, durante os anos de 1918 a 1920[4]) – não se equipara à covid-19. Primeiro em razão dos avanços tecnológicos de comunicação e divulgação da doença, segundo em razão do encurtamento das distâncias e mundialização das comunidades. Uma mesma pessoa pode estar em diferentes países do mundo a trabalho em um espaço muito curto de tempo, podendo ser agente transmissor da doença.

Essa percepção de ineditismo é, de fato, mundial. Em publicação internacional no sítio eletrônico do Centro de Direito Público da Bélgica, a mesma afirmação de ineditismo recheia os argumentos expostos no texto: "*La période de confinement que traversent actuellement la Belgique et la plus part des pays est inédite* à *bien des* égards",[5] que, em tradução livre, afirma justamente que o período de confinamento em que atravessa a Bélgica e a maior parte dos países não tem precedentes.

E é justamente nesse cenário de excepcionalidade que vieram as medidas legislativas do governo brasileiro a respeito da covid-19 e as consequências desta nas diversas relações sociais e jurídicas do país. O isolamento social e a quarentena exigiram textos regulatórios emergenciais.

---

3 Ministério da Saúde descobre que coronavírus chegou ao Brasil em janeiro. *O Globo*, Brasil, 02 abr. 2020. Disponível em: https://oglobo.globo.com/sociedade/ministerio-da-saude-descobre-que-coronavirus-chegou-ao-brasil-em-janeiro-1-24347029. Acesso em: 17 abr. 2020.

4 Gripe espanhola. *Wikipédia*, Brasil, 02 abr. 2020. Disponível em: https://pt.wikipedia.org/wiki/Gripe_espanhola. Acesso em: 17 abr. 2020.

5 Cahier de crise #19 du 23 avril2020: Le Covid-19 ne suspend pas le droit de la santé au travail. Il en renforce les exigences. *Centre de droit public*, Bruxelas, 23 abr. 2020. Disponível em: https://droit-public.ulb.ac.be/cahier-de-crise-19-du-23-avril-2020-le-covid-19-ne-suspend-pas-le-droit-de-la-sante-au-travail-il-en-renforce-les-exigences. Acesso em: 25 abr. 2020.

De forma específica, um dos textos regulatórios criados para enfrentar o momento inesperado da covid-19 é a Medida Provisória nº 927/2020, a qual trouxe regulação especial do teletrabalho nos artigos 4º e 5º da legislação em questão.

1 A contextualização legislativa da MP nº 927 ante o cenário da covid-19

Sem fazer uma análise de conveniência, oportunidade e acerto das medidas legislativas tomadas pelo governo brasileiro em razão da covid-19, é importante, antes de se adentrar nas medidas legislativas trabalhistas – objeto central da presente análise, realizar um breve resgate da história recente de normas frente à pandemia.

A primeira iniciativa legislativa foi a Portaria nº 188, de 03 de fevereiro de 2020 – data que, até então, não se acreditava (ao menos publicamente) que o vírus havia chegado ao Brasil – ao declarar "Emergência em Saúde Pública de importância Nacional (ESPIN) em decorrência da Infecção Humana pelo novo Coronavírus (2019-nCoV)". Na "exposição de motivos da portaria" (na verdade não se trata de uma exposição de motivos legislativa propriamente dita, mas a utilização de "considerandos" diversos antes do início do texto se equipara a uma) o então Ministro da Saúde, em atenção à "Declaração de Emergência em Saúde Pública de Importância Internacional pela Organização Mundial da Saúde em 30 de janeiro de 2020", disse:

> Considerando que o evento é complexo e demanda esforço conjunto de todo o Sistema Único de Saúde para identificação da etiologia dessas ocorrências e adoção de medidas proporcionais e restritas aos riscos;
> Considerando que esse evento está sendo observado em outros países do continente americano e que a investigação local demanda uma resposta coordenada das ações de saúde de competência da vigilância e atenção à saúde, entre as três esferas de gestão do SUS;
> Considerando a necessidade de se estabelecer um plano de resposta a esse evento e também para estabelecer a estratégia de acompanhamento aos nacionais e estrangeiros que ingressarem no país e que se enquadrarem nas definições de suspeitos e confirmados para Infecção Humana pelo novo Coronavírus (2019-nCoV); e
> Considerando que a situação demanda o emprego urgente de medidas de prevenção, controle e contenção de riscos, danos e agravos à saúde pública, resolve...

Com essa portaria estaria aberta a "pandemia legislativa"[6] brasileira. Logo após, no dia 06 de fevereiro, era publicada a Lei nº 13.979/2020 – a primeira lei relativa à medida em questão – e no mesmo dia a MP nº 921/2020, a primeira das muitas medidas provisórias decorrentes da covid-19 no país. Entre os dias 03 de fevereiro e 24 de março foram editados 52 (cinquenta e dois) atos normativos pelo país, entre leis, medidas provisórias, decretos e portarias, segundo o site oficial do Planalto para esse acompanhamento[7] – o qual não acompanhou as medidas a partir dessa data.

Entre os diversos atos normativos, destaca-se, após a Lei nº 13.979/2020, o Decreto Legislativo nº 6/2020, de 20 de março de 2020, que reconheceu a ocorrência do estado de calamidade pública no país. O referido reconhecimento legislativo tem repercussões econômicas nas finanças públicas (nos termos da Lei Complementar nº 101/2000), mas também inaugura um universo de possibilidades para medidas jurídicas de exceção.

Devidamente contextualizado de forma geral o início e o contexto da "pandemia legislativa" nacional, passamos a fazer o recorte das medidas legislativas trabalhistas escolhidas pelo governo como resposta à grave crise de saúde pública perpetrada.

Importante contextualizar, antes de tudo, que a Lei nº 13.979/2020 – ainda na fase legislativa inaugural da covid-19 – traz as definições e as situações em que se realizaria isolamento e quarentena como medida de proteção da coletividade. Essas possibilidades são absolutamente relevantes para compreensão e análise das medidas trabalhistas tomadas em seguida. Diz o art. 2º da lei em questão:

> Para fins do disposto nesta Lei, considera-se:
> I - isolamento: separação de pessoas doentes ou contaminadas, ou de bagagens, meios de transporte, mercadorias ou encomendas postais afetadas, de outros, de maneira a evitar a contaminação ou a propagação do coronavírus; e
> II - quarentena: restrição de atividades ou separação de pessoas suspeitas de contaminação das pessoas que não estejam doentes, ou de bagagens, contêineres, animais, meios de transporte ou mercadorias suspeitos

---

[6] Expressão cunhada por diversos professores de Direito em diversas manifestações em redes sociais, palestras on-line (nas popularizadas "lives") de impossível definição de sua criação.

[7] Legislação COVID-19. *Planalto*, Brasil, 25 abr. 2020. Disponível em: http://www4.planalto.gov.br/legislacao/portal-legis/legislacao-covid-19#wrapper. Acesso em: 25 abr. 2020.

de contaminação, de maneira a evitar a possível contaminação ou a propagação do coronavírus.

Foi justamente com base nessa previsão legal que diversos atos dos governos federais, estaduais e municipais passaram a restringir o próprio funcionamento das empresas, determinando que as pessoas ficassem isoladas em casa. As empresas ficaram proibidas de exercer grande parte de suas atividades (com exceção das essenciais e aquelas possíveis de serem realizadas remotamente) e, com isso, iniciaram-se as consequências da covid-19 nas relações trabalhistas.

A partir daí, diversos Estados começaram imediatamente a restringir atividades. Exemplificativamente, no Estado de Goiás, o primeiro decreto publicado foi o de número 9.633/2020, que data de 13 de março de 2020. No Espírito Santo, as medidas restritivas de funcionamento do comércio iniciaram no dia 17 de março. Essas medidas traziam graves reflexos econômicos e nas relações laborais.

E foi nesse contexto que o governo federal editou – "somente" no dia 22 de março de 2020 – a MP nº 927. Isso significa que se passou uma semana num cenário de absoluta insegurança legislativa trabalhista – prazo este que, em situações normais, seria absolutamente razoável, mas, em um contexto de pandemia e sem horizonte de retorno breve de atividades, era injustificável.

A MP nº 927/2020 acaba, finalmente, por dispor "sobre as medidas trabalhistas para enfrentamento do estado de calamidade pública reconhecido pelo Decreto Legislativo nº 6, de 20 de março de 2020, e da emergência de saúde pública de importância internacional decorrente do coronavírus (covid-19), e dá outras providências". A partir de sua própria apresentação já está claro o intuito normativo de se definir regras para a situação emergencial.

O texto legislativo traz medidas trabalhistas para o contexto da calamidade pública em seus artigos. Em resumo, as medidas enfrentadas pela MP nº 927 que têm relação direta com os trabalhadores referem-se ao teletrabalho (artigos 4º e 5º), antecipação de férias individuais e férias coletivas (artigos 6º a 12), aproveitamento e antecipação de feriados (artigo 13), banco de horas (artigo 14) e os dispositivos mais polêmicos, quais sejam, a suspensão de exigências administrativas em segurança e saúde no trabalho (artigos 15 a 17) e a prevalência do acordo individual sobre o legislado ou negociado (art. 2º).

Com relação ao recorte de estudo do presente artigo, apresenta-se a íntegra da redação dos artigos 4º e 5º, que tratam especificamente do teletrabalho:

Art. 4º Durante o estado de calamidade pública a que se refere o art. 1º, o empregador poderá, a seu critério, alterar o regime de trabalho presencial para o teletrabalho, o trabalho remoto ou outro tipo de trabalho a distância e determinar o retorno ao regime de trabalho presencial, independentemente da existência de acordos individuais ou coletivos, dispensado o registro prévio da alteração no contrato individual de trabalho.
§1º Para fins do disposto nesta Medida Provisória, considera-se teletrabalho, trabalho remoto ou trabalho a distância a prestação de serviços preponderante ou totalmente fora das dependências do empregador, com a utilização de tecnologias da informação e comunicação que, por sua natureza, não configurem trabalho externo, aplicável o disposto no inciso III do caput do art. 62 da Consolidação das Leis do Trabalho, aprovada pelo Decreto-Lei nº 5.452, de 1943.
§2º A alteração de que trata o caput será notificada ao empregado com antecedência de, no mínimo, quarenta e oito horas, por escrito ou por meio eletrônico.
§3º As disposições relativas à responsabilidade pela aquisição, pela manutenção ou pelo fornecimento dos equipamentos tecnológicos e da infraestrutura necessária e adequada à prestação do teletrabalho, trabalho remoto ou trabalho a distância e ao reembolso de despesas arcadas pelo empregado serão previstas em contrato escrito, firmado previamente ou no prazo de trinta dias, contado da data da mudança do regime de trabalho.
§4º Na hipótese de o empregado não possuir os equipamentos tecnológicos e a infraestrutura necessária e adequada à prestação do teletrabalho, do trabalho remoto ou do trabalho a distância:
I - o empregador poderá fornecer os equipamentos em regime de comodato e pagar por serviços de infraestrutura, que não caracterizarão verba de natureza salarial; ou
II - na impossibilidade do oferecimento do regime de comodato de que trata o inciso I, o período da jornada normal de trabalho será computado como tempo de trabalho à disposição do empregador.
§5º O tempo de uso de aplicativos e programas de comunicação fora da jornada de trabalho normal do empregado não constitui tempo à disposição, regime de prontidão ou de sobreaviso, exceto se houver previsão em acordo individual ou coletivo.

Art. 5º Fica permitida a adoção do regime de teletrabalho, trabalho remoto ou trabalho a distância para estagiários e aprendizes, nos termos do disposto neste Capítulo.

Passemos a alguns pontos polêmicos dessa modalidade de trabalho.

2 Jornada de trabalho

A MP nº 927 reforça a aplicação do artigo 62, III, da CLT, em seu parágrafo primeiro, artigo 4º. Embora saibamos ser natural a liberdade na realização do trabalho por parte do teletrabalhador, que possui, muitas vezes, autonomia para produzir nos horários que lhe for mais conveniente, nem sempre isso ocorre. Se considerarmos que, em razão da pandemia, muitos foram levados ao teletrabalho por necessidade imperiosa em razão do isolamento social, pode haver situações em que o obreiro é obrigado a participar de longas reuniões durante o dia ou estar conectado em horários predeterminados pela empresa, inclusive sendo controlado por programas que permitem registro de entrada e saída do sistema (*login* e *logout*). Assim, nesses casos, é possível que o teletrabalhador faça jus a horas extras, a despeito de a CLT dispor que o empregado, em regime de teletrabalho, está excluído da proteção do capítulo da duração do trabalho.

A Jurisprudência antes da Reforma Trabalhista caminhava nesse sentido e a lógica permanece a mesma. Vale mencionar, a título de exemplo, decisão do Tribunal Regional do Trabalho da 3ª Região, que assegurou o direito à percepção de horas extras a empregado em razão de controle da jornada:

> HORAS EXTRAS. TELETRABALHO. Como corolário do desenvolvimento das tecnologias de informação e comunicação, constata-se a evolução nos modos de prestação do trabalho e, num misto de vantagens e desvantagens sob a ótica jus trabalhista, surgiu o teletrabalho. Assim, havendo a menor possibilidade de aferição da jornada trabalhada por esse empregado, ainda que de forma mista (em ambiente institucional e home office), as horas prestadas em sobrejornada devem ser devidamente remuneradas, na forma do art. 7º, XVI, da Constituição da República (TRT-3 - RO: 0010132-05.2016.5.03.0178, Segunda Turma).

Nessa mesma trilha, pode ser mencionado o Enunciado nº 71, extraído da 2ª Jornada de Direito Material e Processual do Trabalho, realizada para tratar das mudanças da Reforma Trabalhista:

> TELETRABALHO: HORAS EXTRAS. São devidas horas extras em regime de teletrabalho, assegurado em qualquer caso o direito ao repouso semanal remunerado. Interpretação do art. 62, III e do parágrafo único do art. 6º da CLT conforme o art. 7º, XIII e XV, da Constituição da República, o artigo 7º, "e", "g" e "h" do Protocolo Adicional à Convenção Americana sobre Direitos Humanos em matéria de direitos econômicos, sociais e

culturais ("Protocolo de San Salvador", promulgado pelo Decreto 3.321, de 30 de dezembro de 1999, e a Recomendação 116 da OIT).

Assim, durante o teletrabalho realizado em pandemia, conquanto a regra seja a da liberdade de horário e ausência de controle, havendo fiscalização e qualquer forma de aferição da jornada (o que, inclusive, se discute se isso retira a essência do teletrabalho), é devida a remuneração da jornada extraordinária caso se extrapole a duração legal máxima do trabalho.

3 Mudança do regime presencial para o teletrabalho e vice-versa

Diante da abrupta necessidade de mudança do regime presencial para o teletrabalho, provocada pela pandemia do coronavírus e a consequente urgência no isolamento social, a MP nº 927 flexibilizou a regra de alteração do regime presencial para o teletrabalho, que antes necessitava de mútuo acordo e registrado em aditivo contratual (75-C, §1º, da CLT), e durante a vigência da medida provisória pode ser alterado a critério do empregador, dispensado o registro prévio, devendo a comunicação ser feita em 48 horas.

Contudo, imagina-se que maiores discussões virão quando houver o retorno do teletrabalho para o regime presencial. Conforme o disposto na MP e, também, na CLT, o retorno ao regime presencial pode se dar a critério (ou por determinação) do empregador, não havendo, em regra, direito subjetivo do teletrabalhador em permanecer laborando a distância. No entanto, em certos casos pode-se pretender assegurar a permanência no regime de teletrabalho.

Antes da MP e com a regulamentação dada pela reforma trabalhista, a Justiça do Trabalho garantiu o teletrabalho em situações específicas, como se pode observar exemplificativamente:

> MANDADO DE SEGURANÇA. DENEGAÇÃO. AUSÊNCIA DE ILEGALIDADE OU ABUSIVIDADE NA DECISÃO QUE, EM SEDE DE TUTELA DE URGÊNCIA, DETERMINA A ADOÇÃO DE REGIME DE TELETRABALHO PARA EMPREGADA COM DEFICIÊNCIA FÍSICA. Não há ilegalidade ou abusividade no ato de Juiz que, no exercício da faculdade assegurada pelos artigos 300 a 302 do CPC e ante a demonstração da presença dos requisitos legais ali estabelecidos, determina, em sede de Tutela de Urgência, mediante decisão juridicamente fundamentada, a adoção de regime de teletrabalho para empregada

> cuja deficiência física impede o comparecimento à empresa, mas não impossibilita o desempenho de suas atribuições profissionais, inerentes à função de Advogada, lotada no Setor de Consultoria. (TRT-7 - AGR: 00803052420185070000, Relator: PAULO REGIS MACHADO BOTELHO, Data de Julgamento: 09/04/2019, Data de Publicação: 09/04/2019).

> AUTORIZAÇÃO PARA O EXERCÍCIO DO REGIME DE TELETRABALHO NO EXTERIOR. ACOMPANHAMENTO DE FILHO COM DEFICIÊNCIA. COMPATIBILIDADE DAS ATRIBUIÇÕES DO CARGO COM O TRABALHO À DISTÂNCIA. Em regra, não é dado ao Poder Judiciário interferir nos atos de gestão administrativa, imiscuindo-se na discricionariedade do ente privado para impor a liberação do trabalhador para o regime de teletrabalho, sobretudo quando a lei disciplina textualmente se tratar de faculdade do empregador a realização do trabalho à distância. Ocorre que, quando se está diante de situações excepcionalíssimas de tensão envolvendo o (des) cumprimento de direitos fundamentais, especialmente com risco à garantia da proteção da pessoa com deficiência, não é dado ao Poder Judiciário omitir-se na tarefa de fazer prevalecer o interesse público e a eficácia integrativa dos direitos outorgados aos cidadãos, devendo ser criados os pressupostos fáticos necessários ao exercício dos direitos garantidos no ordenamento jurídico. Com efeito, ante a plena compatibilidade da atividade do autor com o trabalho desenvolvido remotamente, e não havendo outras razões minimamente razoáveis que desaconselhassem a liberação do reclamante para trabalhar à distância, a recusa imotivada não pode impedir esta Justiça Especializada de buscar o equilíbrio necessário entre a livre iniciativa e o valor social do trabalho, garantindo ao autor a possibilidade de destinar os esforços necessários aos cuidados de seu filho autista, sem trazer prejuízos para o tomador dos seus serviços. (TRT 17ª R., ROT 0001208-69.2018.5.17.0008, Divisão da 2ª Turma, DEJT 17/12/2019). (TRT-17 - ROT: 00012086920185170008, Relator: DESEMBARGADORA WANDA LÚCIA COSTA LEITE FRANÇA DECUZZI, Data de Julgamento: 05/12/2019, Data de Publicação: 17/12/2019).

Assim, como regra, tem-se que o retorno ao regime presencial, que ocorrerá com muitos empregados após o fim da pandemia, dar-se-á por determinação do empregador, conforme se observa neste julgado, exemplificativamente:

> TELETRABALHO. RETORNO AO REGIME PRESENCIAL. PODER DIRETIVODO EMPREGADOR. A determinação de retorno ao regime de trabalho presencial encontra-se inserida no poder diretivo do empregador, sem qualquer necessidade de consentimento do empregado, nos termos do artigo 75-C, parágrafo 2º, da CLT, incluído pela Reforma

> Trabalhista. E, nem se alegue violação ao artigo 468, da CLT, eis que o artigo 75-C, da CLT trata-se de norma específica ao teletrabalho. (TRT-2 10001000720195020384 SP, Relator: IVETE BERNARDES VIEIRA DE SOUZA, 17ª Turma - Cadeira 4, Data de Publicação: 06/03/2020).

Portanto, não existe, a princípio, direito de oposição do empregado, caso não haja circunstância excepcional que justifique a permanência, salvo se por razão devidamente justificada e houver compatibilidade com as atividades empresariais.

4 A responsabilização pelas despesas decorrentes do teletrabalho

A legislação brasileira resguardava, mesmo que de forma não expressa, os direitos trabalhistas dos teletrabalhadores, por se tratar de uma realidade já faticamente consolidada. Originalmente, as hipóteses estavam previstas na redação do art. 62, I, e do art. 83 da CLT, que tratavam de "atividade externa" e de trabalho "executado na habitação do empregado ou em oficina da família, por conta de empregador que o remunere". Da mesma forma, desde a promulgação da Lei nº 12.551/2011, que alterou a redação do artigo 6º da CLT e criou-lhe o parágrafo único, a legislação passou a prever trabalho subordinado por meios telemáticos e informatizados.

Especificamente quanto ao tema recortado do presente trabalho, foi estabelecido pelo artigo 75-D, da CLT, que especificou acerca da responsabilidade pela aquisição, manutenção e fornecimento dos equipamentos, bem como pela infraestrutura essencial à prestação do teletrabalho e eventual reembolso, que deverão ter previsão no contrato.

O chamado "Quarteto Trabalhista" já advertia que a opção pela modalidade de teletrabalho (normalmente vantajosa ao patrão) não retirava do empregador a responsabilidade de arcar com as despesas para instalações e manutenções de equipamentos, incluindo computadores e conexão à internet se necessário. Entretanto, discute-se a responsabilidade sobre o pagamento das contas de casa se o labor é realizado, preponderantemente, na residência do empregado.[8] A lógica permanece a mesma em meio à pandemia. Porém, agora não se tem mais uma simples "opção" – considerando as vantagens casuísticas dos

---

[8] SOUZA JÚNIOR, Antonio Umberto; SOUZA, Fabiano Coelho de; MARANHÃO, Ney; AZEVEDO NETO, Platon Teixeira de. *Reforma Trabalhista:* análise comparativa e crítica da Lei nº 13.467/2017 e da Med. Prov. nº 808/2017. 2. ed. São Paulo: Rideel, 2018, p. 110.

partícipes da relação laboral em cada situação específica – e sim uma necessidade imperativa, diante do forçoso isolamento social, que acaba, em muitos casos, possibilitando uma única saída para a continuidade das tarefas profissionais.

Evidentemente que todas essas questões devem fazer parte do pacto, principalmente considerando seu aspecto solene. Contudo, intencionalmente, ou não, deixou o legislador de explicar a quem cabe assumir tais despesas, indispensáveis à atuação do sujeito subordinado na relação sob modalidade a distância (KROST, 2018,[9] p. 112).

O que se espera e parece ser razoável é que não se transfira ao trabalhador o ônus da atividade empresarial. A utilização de recursos ordinários do trabalhador – como sua internet doméstica, já existente quando da contratação do teletrabalho – é razoável prever em seu pacto que será suportada pelo trabalhador. Já a necessidade de contratação de maior velocidade ou até mesmo de contratar serviço (ainda que básico) até então inexistente deve ser suportado pelo empregador, ainda que por meio de pagamento de ajuda de custo específica para este fim.

E é exatamente para questões como estas que o parágrafo único do artigo 75-D da CLT prevê que não integram remuneração do trabalhador as utilidades fornecidas pelo empregador. Sendo assim, não resta dúvida que a concessão de *smartphones*, *notebooks*, acesso à internet ou qualquer outra utilidade voltada ao exercício da atividade – ainda que estes equipamentos sejam também utilizados na vida privada do trabalhador – estas não serão consideradas, de forma alguma, salário ao trabalhador.

É importante destacar, nesse contexto específico, que a legislação celetista específica exigia de forma expressa a contratação prévia e formal ao prever no art. 75-C que "a prestação de serviços na modalidade de teletrabalho deverá constar expressamente do contrato individual de trabalho" e no art. 75-D quando diz que as questões relativas à responsabilidade econômica "serão previstas em contrato escrito".

Especificamente quanto a essa matéria, a MP nº 927 trouxe expressamente a previsão do art. 4º, parágrafos terceiro e quarto, nesses termos:

> Art. 4º (...)
> §3º As disposições relativas à responsabilidade pela aquisição, pela manutenção ou pelo fornecimento dos equipamentos tecnológicos e

[9] KROST, Oscar. *Reforma Trabalhista comentada por juízes do trabalho*: artigo por artigo. Organizadores: Daniel Lisbôa e José Lucio Munhoz. São Paulo: LTr, 2018.

> da infraestrutura necessária e adequada à prestação do teletrabalho, trabalho remoto ou trabalho a distância e ao reembolso de despesas arcadas pelo empregado serão previstas em contrato escrito, firmado previamente ou no prazo de trinta dias, contado da data da mudança do regime de trabalho.
> §4º Na hipótese de o empregado não possuir os equipamentos tecnológicos e a infraestrutura necessária e adequada à prestação do teletrabalho, do trabalho remoto ou do trabalho a distância:
> I - o empregador poderá fornecer os equipamentos em regime de comodato e pagar por serviços de infraestrutura, que não caracterizarão verba de natureza salarial; ou
> II - na impossibilidade do oferecimento do regime de comodato de que trata o inciso I, o período da jornada normal de trabalho será computado como tempo de trabalho à disposição do empregador.

De forma inicial, importa apontar qual a efetiva diferença entre a regra geral do teletrabalho e a prevista na MP nº 927. Especificamente, a alteração significativa é justamente a ausência de contratação prévia com relação à responsabilidade econômica quanto aos ônus do teletrabalho.

A MP trouxe uma solução emergencial, em atenção às medidas já contextualizadas, de transferência em caráter precário ao teletrabalho. Para tanto, essa transferência poderia ser realizada de forma unilateral pelo empregador com aviso de apenas 48 horas de antecedência. De toda forma, a MP traz uma exceção legislativa do pacto a respeito das responsabilidades econômicas: "serão previstas em contrato escrito, firmado previamente ou no prazo de trinta dias, contado da data da mudança do regime de trabalho".

Diante disso temos as seguintes reflexões: quais despesas podem ser atribuídas aos empregados? O que acontece em caso de não atribuição dessas despesas em contrato no prazo estabelecido pela medida provisória?

É importante destacar que a medida provisória traz regras excepcionais para tempos emergenciais. E em decorrência disso o legislador, cônsul das situações emergenciais, flexibilizou o quanto foi possível as regras contratuais a respeito. Uma regra excepcional, flexibilizada, deve ser cumprida – o que gera uma análise mais criteriosa de um potencial descumprimento do prazo contratual.

Dessarte, caso o empregado já possuísse infraestrutura necessária para o exercício de suas atividades em casa (como mobília, computador, celular e acesso à internet), há justificativa razoável para que seja atribuída ao próprio empregado a responsabilidade pelo custeio desses itens. Sabe-se que o custo da internet doméstica não se modifica quanto a tráfego regular de informações.

Por outro lado, caso o trabalhador precise de equipamentos mais modernos ou internet em velocidade mais veloz que a atualmente utilizada, não há razoabilidade em transferência do ônus da mudança da atividade do empregador para a casa do trabalhador.

Outra análise é se a energia elétrica despendida com o trabalho remoto poderia ser suportada pelo trabalhador, já que se espera um aumento do consumo regular doméstico do trabalhador nesse período. Nesse particular, em que pese a lógica de impossibilidade de transferência do ônus da atividade ao trabalhador, parece-nos razoável eventual transferência desse ônus ante outros ganhos indiretos do trabalhador no desempenho de sua atividade no ambiente doméstico. De forma direta, pode-se vislumbrar a economia com combustível (se o trabalhador não utiliza transporte público), vestuário e até itens de uso pessoal como maquiagem, desodorante, perfume e outros que – apesar de não contabilizados, são custos indiretos com a necessidade social de ir ao trabalho e que são, indubitavelmente, compensados com os eventuais custos de aumento de consumo de energia elétrica.

A questão deixa de ser simples se o empregador, em tempos de pandemia, se esquecer de contratar tais circunstâncias com o trabalhador transferido para o teletrabalho. A absoluta ausência de pactuação deveria gerar presunção favorável ao empregado no sentido de que nenhum custo poderia ser a ele transferido?

Acaso validada essa hipótese, o teletrabalhador poderia pleitear de seu empregador pelo período de teletrabalho: locação de seus equipamentos (computador e celular); custeio parcial de sua internet doméstica e custeio do aumento do custo de consumo de energia elétrica de sua residência. Seria tal medida razoável?

Se o empregado não teve custo direto de aquisição de equipamentos e se estes não ficaram integralmente à disposição do empregador (afinal, continuam à disposição do uso privado e doméstico), não haveria que se falar em qualquer valor a ser custeado ou indenizado, sob pena de locupletamento ilícito. O mesmo raciocínio poderia ser estendido ao consumo de internet se o plano não foi alterado. Restaria a transferência – com toda sua dificuldade de aferição – do custo de energia elétrica ao empregado. Nesses casos, a Justiça do Trabalho pode arbitrar valor de reembolso, se acionada, que, como tal, não será considerado como salário-utilidade.

5 Saúde física e mental do teletrabalhador

Como último tópico deste breve texto, trataremos *en passant* de questões relacionadas à saúde física e mental do teletrabalhador. Como se sabe, a MP nº 927/2020 não tratou da prevenção das doenças e dos acidentes que o obreiro em tal regime pode ser acometido. Permanece, assim, inalterada a regra do art. 75-E da CLT: "O empregador deverá instruir os empregados, de maneira expressa e ostensiva, quanto às precauções a tomar a fim de evitar doenças e acidentes de trabalho. Parágrafo único. O empregado deverá assinar termo de responsabilidade comprometendo-se a seguir as instruções fornecidas pelo empregador".

Isso não significa que o empregador está desobrigado, a partir da assinatura do termo de responsabilidade, de cuidar do cumprimento de normas de saúde e segurança do trabalho. Cuidados com a ergonomia no meio ambiente de trabalho, por meio de orientações sobre o mobiliário adequado, postura, atenções com a visão, a fim de evitar doenças, são essenciais para evitar interrupções em razão de afastamentos.

Se, por um lado, o teletrabalho pode reduzir o absenteísmo porque acaba por reduzir riscos de problemas quanto ao deslocamento e permite ao trabalhador, por exemplo, cuidar de parentes enfermos e conciliar os afazeres domésticos, por outro, pode gerar transtornos psicológicos se não observada a necessária desconexão.

De tal forma, resta imprescindível um maior planejamento empresarial, com periódicas orientações acerca dos cuidados com a saúde física e mental, com o fito de evitar adoecimentos, mormente porque o teletrabalho provoca distanciamento, o que pode gerar problemas de convívio social, acabando por implicar depressão e outros tipos de transtornos à saúde.

Enfim, se comprovação de culpa do empregador, por omissão na observância de normas de saúde e segurança do trabalho, é possível impor indenização, seja por acidente típico, ainda que em *home office*, seja pela ocorrência de doença ocupacional.

Conclusões

O estado de excepcionalidade causado pela pandemia do coronavírus exigiu dos atores das relações laborais adaptações condizentes com a nova realidade. A MP nº 927 trouxe medidas alternativas para o enfrentamento do período de isolamento, de modo a preservar, sempre que possível, o emprego e a renda.

O teletrabalho acabou se tornando uma das mais benéficas condições disponíveis dentro do período de afastamento social, sobretudo na modalidade de *home office*, pois permite a continuação das atividades profissionais por meio do uso de tecnologias de informação e de comunicação, permitindo que o trabalhador fique em casa e aufira renda.

Sendo regra a liberdade de horário, de forma que o teletrabalhador consiga conciliar a vida familiar com a atividade profissional, caso haja, eventualmente, alguma forma de controle, e restando demonstrada a extrapolação de jornada, é possível haver o deferimento de horas extras, em caso de demanda na Justiça do Trabalho.

Em relação à alteração do regime presencial para o teletrabalho e vice-versa, a regra é que a mudança ocorra, no período de pandemia, a critério do empregador, no entanto situações podem haver que o empregado tenha o direito à permanência, se for para preservar direito fundamental, e desde que haja compatibilização com as atividades empresariais.

No tocante à responsabilização pelas despesas com equipamentos e quanto aos gastos pela manutenção da infraestrutura necessária à prestação do teletrabalho e no caso das figuras análogas acrescentadas pela lei do trabalho remoto e do trabalho a distância, a medida provisória examinada neste estudo estabeleceu a necessidade de previsão em contrato escrito, previamente assinado ou elaborado no prazo de trinta dias, contados a partir da mudança do regime de trabalho. Em nossa visão, se o empregado já tinha, antes da mudança de regime, infraestrutura necessária em sua residência para realização das tarefas, sem que acarrete aumento de despesas, não é razoável impor gasto extra ao empregador, pois a atividade a partir de casa se trata de uma necessidade imperiosa por questão de saúde pública, além das vantagens pessoais que o trabalhador tem ao permanecer sem se deslocar para a empresa. Assim também, caso não haja incremento de despesas, seja por uso de internet ou mesmo da conta de energia, não parece plausível onerar o empregador com esses gastos. Evidentemente, ao contrário, se houve ampliação dos custos ou se tiver havido necessidade de aquisição de equipamentos, essas despesas devem correr por conta do empregador.

Quanto à preservação da saúde física e mental do teletrabalhador, se houver prova de responsabilidade patronal por omissão em relação às normas de saúde e segurança do trabalho, é possível atribuir-se indenização, seja na ocorrência de acidente típico, seja em caso de doença ocupacional.

Enfim, o teletrabalho, antes meramente opcional, surge agora como uma ótima modalidade de labor para as empresas que possuem condições de continuar com suas atividades a distância, mas é preciso que fiquem claras as responsabilidades pelo custo do trabalho, preferencialmente estabelecidas de forma expressa em contrato escrito entre as partes, de modo justo e razoável, a fim de evitar eventuais discussões na Justiça do Trabalho sobre a matéria.

Referências

BRASIL. Decreto-Lei nº 5452, de 1º de maio de 1943. Consolidação das Leis do Trabalho. *Diário Oficial dos Estados Unidos do Brasil*, Poder Executivo, Rio de Janeiro, DF, 9 ago. 1943.

BRASIL. Lei nº 13.647, de 13 de julho de 2017. Disponível em: http://www.planalto.gov.br/ccivil_03/_ato2015-2018/2017/lei/L13467.htm. Acesso em: 12 set. 2018.

Cahier de crise #19 du 23 avril 2020: Le covid-19 ne suspend pas le droit de la santé au travail. Il em renforce les exigences. Centre de droit public, Bruxelas, 23 de abr. de 2020. Disponível em: https://droit-public.ulb.ac.be/cahier-de-crise-19-du-23-avril-2020-le-covid-19-ne-suspend-pas-le-droit-de-la-sante-au-travail-il-en-renforce-les-exigences. Acesso em: 25 abr. 2020.

DAMASCENO, Kleber Ricardo. Aspectos Prático-Processuais do Teletrabalho. *In*: COLNAGO, Lorena de Mello; CHAVES JUNIOR José Eduardo de Resende; PINO ESTRADA, Manuel Martín (Coord.). *Teletrabalho*. São Paulo: LTr, 2017.

DELGADO, Mauricio Godinho. *Curso de Direito do Trabalho*. 16. ed. rev. e ampl. São Paulo: LTr, 2017.

GARCIA, Gustavo Filipe Barbosa. *Curso de Direito do Trabalho*. 11. ed., rev., atual. e ampl. Rio de Janeiro: Forense, 2017.

Gripe espanhola. *Wikipédia*, Brasil, 02 de abr. de 2020. Disponível em: https://pt.wikipedia.org/wiki/Gripe_espanhola. Acesso em: 17 abr. 2020.

HOFFMANN, Fernando. O Teletrabalho e a Nova Competência da Justiça do Trabalho: um desafio aos Direito Material e Processual do Trabalho. *In*: COLNAGO, Lorena de Mello; CHAVES JUNIOR José Eduardo de Resende; PINO ESTRADA, Manuel Martín (Coord.). *Teletrabalho*. São Paulo: LTr, 2017.

KROST, Oscar. *Reforma Trabalhista comentada por juízes do trabalho*: artigo por artigo. Organizadores: Daniel Lisbôa e José Lucio Munhoz. São Paulo: LTr, 2018.

Legislação covid-19. *Planalto*, Brasil, 25 de abr. de 2020. Disponível em: http://www4.planalto.gov.br/legislacao/portal-legis/legislacao-covid-19#wrapper. Acesso em: 25 abr. 2020.

Ministério da Saúde descobre que coronavírus chegou ao Brasil em janeiro. *O Globo*, Brasil, 02 de abr. de 2020. Disponível em: https://oglobo.globo.com/sociedade/ministerio-da-saude-descobre-que-coronavirus-chegou-ao-brasil-em-janeiro-1-24347029. Acesso em: 17 abr. 2020.

MIZIARA, Raphael. *Novo regime jurídico do teletrabalho no Brasil*. Disponível em: https://juslaboris.tst.jus.br/bitstream/handle/20.500.12178/116314/2017_miziara_raphael_novo_regime.pdf?sequence=1&isAllowed=y. Acesso em: 26 abr. 2020.

OMS afirma que covid-19 é agora caracterizada como pandemia. *OPAS/OMS Brasil*, Brasil, 11 de março de 2020. Disponível em: https://www.paho.org/bra/index.php?option=com_content&view=article&id=6120:oms-afirma-que-covid-19-e-agora-caracterizada-como-pandemia&Itemid=812. Acesso em: 17 abr. 2020.

SOUZA JÚNIOR, Antonio Umberto; GASPAR, Danilo Gonçalves; COELHO, Fabiano; MIZIARA, Raphael. *Medida Provisória nº 927/2020*: comentada artigo por artigo. Disponível em: https://www.thomsonreuters.com.br/content/dam/openweb/documents/pdf/Brazil/white-paper/10056-medida-provisoria-927-comentada.pdf. Acesso em: 26 abr. 2020.

SOUZA JÚNIOR, Antonio Umberto; SOUZA, Fabiano Coelho de; MARANHÃO, Ney; AZEVEDO NETO, Platon Teixeira de. *Reforma Trabalhista:* análise comparativa e crítica da Lei nº 13.467/2017 e da Med. Prov. nº 808/2017. 2. ed. São Paulo: Rideel, 2018.

Teletrabalho carece de legislação para garantir o direito à desconexão. Disponível em: http://www.conjur.com.br/2016-jun-15/gustavo-garcia-teletrabalho-direito-desconexao. Acesso em: 18 jun. 2017.

WHO Director-General's opening remarks at the media briefing on covid-19. *WHO*, Estados Unidos, 11 de mar. de 2020. Disponível em: https://www.who.int/dg/speeches/detail/who-director-general-s-opening-remarks-at-the-media-briefing-on-covid-19---11-march-2020. Acesso em: 17 abr. 2020.

Informação bibliográfica deste texto, conforme a NBR 6023:2018 da Associação Brasileira de Normas Técnicas (ABNT):

AZEVEDO NETO, Platon Teixeira de; MARTINS, Rafael Lara. Aspectos polêmicos do teletrabalho em meio à pandemia do coronavírus (covid-19). *In*: TUPINAMBÁ, Carolina (Coord.). *As novas relações trabalhistas e o futuro do Direito do Trabalho:* novidades derivadas da pandemia Covid-19 e da crise de 2020. Belo Horizonte: Fórum, 2021. (Coleção Fórum As novas relações trabalhistas e o futuro do Direito do trabalho. Tomo I). p. 81-98. ISBN 978-65-5518-118-0.

A IMPORTÂNCIA DOS DIREITOS FUNDAMENTAIS DE SEGUNDA DIMENSÃO EM TEMPOS DE CRISE

SAMUEL LEVY PONTES BRAGA MUNIZ

CARLOS HENRIQUE BEZERRA LEITE

1 Introdução

No final do ano de 2019 o mundo foi pego de surpresa por uma terrível doença: o novo coronavírus (covid-19). No corrente ano, a patologia já matou milhares de pessoas e contaminou milhões de outras, espalhando-se numa velocidade que a todos alarmou. Em março, a Organização Mundial da Saúde (OMS) declarou a doença provocada pelo vírus como uma pandemia. A doença tem como sintomas mais comuns: febre, tosse seca e cansaço. Os sintomas mais graves são: dificuldade de respirar ou falta de ar, dor ou pressão no peito e perda de fala ou movimento. No Brasil, dezenas de milhares de pessoas já perderam a vida e as expectativas são de um exponencial aumento do número de mortes ainda em 2020. A principal medida adotada até o momento para o combate ao vírus foi o isolamento social, visando a que o ritmo de contaminados seja o menor possível, possibilitando, assim, aos sistemas públicos e privados de saúde terem a estrutura para cuidar dos pacientes em estado mais crítico, sem entrarem em colapso. Num país como o nosso, com uma distribuição tão injusta das riquezas e hiatos econômicos tão abismais entre as pessoas, a existência do sistema público de saúde evidencia a importância dos direitos fundamentais de segunda dimensão, é dizer, os direitos fundamentais sociais.

Nos últimos anos assistimos ao crescimento de discursos políticos populistas ou de extrema direita, com tendências ideológicas neoliberais para a economia. A Itália, a Inglaterra, os Estados Unidos da América e, recentemente, o Brasil, fazem parte do rol de democracias do capitalismo central governadas atualmente por defensores da menor intervenção estatal na vida das pessoas, o chamado "Estado Mínimo". Ocorre que, no atual contexto de avanço da doença provocada pelo novo coronavírus, a necessidade do Estado e de políticas públicas intervencionistas nunca foi tão evidente.

O presente trabalho objetiva fazer um apanhado histórico dos chamados direitos fundamentais de segunda dimensão e da sua importância na construção de sociedades mais justas e igualitárias, com base na experiência constitucional do Ocidente. Primeiramente faremos uma exposição acerca do surgimento dos direitos fundamentais após as revoluções liberais do final do século XXIII, com destaque para a Revolução Francesa e a independência dos Estados Unidos da América. Num segundo momento investigaremos o princípio da igualdade em dois contextos distintos: no Estado Liberal e no Estado Social. Por fim, tentaremos evidenciar a essencialidade, histórica e atual, da intervenção estatal positiva na sociedade e na economia, através de políticas públicas de saúde e de microssistemas jurídicos como o trabalhista e previdenciário.

2 Breve história dos direitos fundamentais

Marmelstein define os direitos fundamentais previstos nas modernas Constituições como as "normas jurídicas, intimamente ligadas à ideia de dignidade da pessoa humana e de limitação do poder, positivadas no plano constitucional de determinado Estado Democrático de Direito, que, por sua importância axiológica, fundamentam e legitimam todo o ordenamento jurídico".[1] Os direitos fundamentais,

---

[1] MARMELSTEIN, George. *Curso de direitos fundamentais*. 6. ed. São Paulo: Atlas, 2016, p. 18.

portanto, estão no topo hierárquico das normas estatais. Tendo em vista a importância das funções de tais direitos, necessário se faz questionar qual o seu conteúdo jurídico. Virgílio Afonso da Silva aponta que o conteúdo essencial dos direitos fundamentais, atualmente, se divide nas dimensões objetiva e subjetiva, nos seguintes termos:

> A partir de uma dimensão estritamente objetiva, o conteúdo essencial de um direito fundamental deve ser definido com base no significado desse direito para a vida social como um todo. Isso significaria dizer que proteger o conteúdo essencial de um direito fundamental implica proibir restrições à eficácia desse direito que o tornem sem significado para todos os indivíduos ou para boa parte deles. [...] Se se pretende, com o recurso à garantia de um conteúdo essencial dos direitos fundamentais, proteger tais direitos contra uma restrição excessiva e se os direitos fundamentais, ao menos em sua função de defesa, têm como função proteger sobretudo condutas e posições jurídicas individuais, não faria sentido que a proteção se desse apenas no plano objetivo. Isso porque é perfeitamente possível – e provável – que uma restrição, ou até mesmo uma eliminação, da proteção de um direito fundamental em um caso concreto individual não afete sua dimensão objetiva, mas poderia significar uma violação ao conteúdo essencial daquele direito naquele caso concreto. Contra esse enfoque subjetivo seria possível argumentar que em vários casos concretos é possível que nada reste de um direito fundamental, sem que isso deva ser considerado como algo a ser rechaçado. Exemplos não faltam: pena de morte (no Brasil, em caso de guerra declarada) elimina por completo o direito à vida daquele que é condenado; qualquer pena de reclusão elimina por completo a liberdade de ir e vir do condenado (mesmo que com determinada limitação temporal); a desapropriação elimina por completo o direito à propriedade daqueles que têm seus imóveis desapropriados. Com base nisso, aqueles que defendem um enfoque meramente objetivo argumentam que o enfoque subjetivo não teria como lidar com tais situações, enquanto a resposta a partir de uma dimensão objetiva seria clara: em nenhum desses casos o conteúdo essencial desses direitos, em sua função para toda a vida social, foi atingido.[2]

Além disso, os direitos fundamentais não possuem conteúdo estático no tempo e espaço. Para tanto, basta verificar que a primeira Constituição brasileira, de 1824, possuía em seu corpo previsão expressa

---

[2] SILVA, Virgílio Afonso da. *Direitos fundamentais*: conteúdo essencial, restrições e eficácia. 2. ed. São Paulo: Malheiros, 2017, p. 185-187.

do direito fundamental à liberdade[3] e ainda assim permitia a escravidão de seres humanos. A Constituição dos Estados Unidos da América, no seu preâmbulo,[4] enaltece a liberdade como um valor essencial desde a independência, porém tal texto era vazio de significado para os homens e mulheres sequestrados na África e levados à força àquele país para servir como mão de obra escrava. Não só a liberdade, mas também a ideia de democracia, modernamente alavancada à categoria de princípio fundamental, sofreram alterações ao longo do tempo. Durante o período histórico que os estudiosos ocidentais convencionaram chamar de antigo, na Cidade-Estado grega de Atenas, berço das civilizações europeia e americana, os cidadãos, homens livres, eram tratados de maneira isonômica, ou seja, em igualdade de condições perante as leis, como pressuposto para a existência de um governo democrático.[5] Ocorre que essa primeira concepção de igualdade política possuía um conteúdo muito distinto da igualdade que vigora nas democracias do século XXI, conforme crítica de Bonavides:

> A escura mancha que a crítica moderna viu na democracia dos antigos veio porém da presença da escravidão. A democracia, como direito de participação no ato criador da vontade política, era privilégio de ínfima minoria de homens livres apoiados na esmagadora maioria de homens escravos. De modo que autores mais rigorosos asseveram que não houve na Grécia democracia verdadeira, mas aristocracia democrática, o que evidentemente traduz um paradoxo. Ou democracia minoritária, como quer Nitti, reproduzindo aquele pensamento célebre de Hegel, em que o filósofo compendiou, com luminosa clareza, o progresso qualitativo e quantitativo da civilização clássica, tocante à conquista da liberdade humana. Com efeito, disse Hegel que o Oriente fora a liberdade de um

---

3 "Art. 179. A inviolabilidade dos Direitos Civis, e Politicos dos Cidadãos Brazileiros, que tem por base a liberdade, a segurança individual, e a propriedade, é garantida pela Constituição do Imperio, pela maneira seguinte." BRASIL. Constituição Política do Império do Brazil de 1824. Disponível em: http://www.planalto.gov.br/ccivil_03/constituicao/constituicao24.htm. Acesso em: 24 maio 2020, 15:29.

4 "We the People of the United States, in Order to form a more perfect Union, establish Justice, insure domestic Tranquility, provide for the common defense, promote the general Welfare, and secure the Blessings of Liberty to ourselves and our Posterity, do ordain and establish this Constitution for the United States of America." United States of America. Constitution of the United States. Disponível em: https://www.senate.gov/civics/constitution_item/constitution.htm. Acesso em: 24 maio 2020, 15:37.

5 "Dispensava a ordem jurídica aí o mesmo tratamento a todos os cidadãos, conferindo-lhes iguais direitos, punindo-os sem foro privilegiado. Toda discriminação de ordem jurídica em proveito de classes ou grupos sociais, diz ainda Nitti, equivaleria à quebra do princípio da isonomia". BONAVIDES, Paulo. *Ciência política*. 17. ed. São Paulo: Malheiros Editores, 2010, p. 291.

só, a Grécia e Roma a liberdade de alguns, e o mundo germânico, ou seja, o mundo moderno, a liberdade de todos.[6]

Os direitos fundamentais surgiram após a derrocada do antigo regime nos países europeus. Os monarcas detentores de poder absoluto controlavam todos os aspectos das vidas das pessoas por meio de ordenamentos jurídicos arbitrários, de imposição da religião oficial adotada pelo Estado, por um sistema político que não permitia a escolha de representantes pelo próprio povo e por um modelo econômico/tributário que obrigava que a maior parte da população arcasse com os custos dos privilégios concedidos à nobreza e ao clero.[7] Nesse cenário, em que as pessoas eram tidas como instrumentos de manutenção da vontade política exclusiva de uma pequena casta e de seus privilégios oficiais, ocorreram revoltas e ânsia por mudanças nos mais diversos aspectos da vida social.

Em primeiro lugar, no campo da economia, vingaram as inovadoras ideias de Adam Smith, que defendia que o mercado tinha capacidade de se autorregular, cabendo ao Estado não interferir nas relações econômicas, mas apenas assegurar o direito de propriedade dos indivíduos.[8] As ideias de Smith passaram a fazer parte da agenda da burguesia, até então detentora de poder econômico, mas ainda desprovida de influência política direta. Os primeiros países a questionarem com sucesso o antigo regime foram os Estados Unidos da América e a França: aquele se libertando dos grilhões coloniais britânicos e este por meio de uma guerra civil que culminou com a queda da monarquia absoluta. Nascia assim o Estado democrático de direito sobre as cinzas do Estado absoluto. Após as revoluções do final do século XVIII, as emergentes democracias carregavam como bandeira os valores daquela que viria a se tornar a nova classe dominante: a burguesia.

---

6 BONAVIDES, Paulo. Obra citada, p. 288-289.

7 MARMELSTEIN, George. Obra citada, p. 41.

8 "De grande influência também, especialmente no campo das ideias econômicas, foi o pensamento de Adam Smith que, no seu famoso livro *A riqueza das nações*, publicado em 1776, desenvolveu a ideia da 'mão invisível' do mercado. Para Smith, o Estado não deveria intervir na economia, pois o mercado seria capaz se de autorregular. Disso resultou a chamada doutrina do *laissez-faire, laissez-passer* ('deixar fazer, deixar passar') em que a função do Estado seria somente a de proteger a propriedade e garantir a segurança dos indivíduos, permitindo que as relações sociais e econômicas se desenvolvessem livremente, sem qualquer interferência estatal". MARMELSTEIN, George. Obra citada, p. 43.

Os primeiros direitos conquistados com a ruína das monarquias absolutas estavam relacionados à liberdade: os direitos civis e políticos.[9] Aqueles relativos à liberdade de credo, propriedade, liberdade contratual e ausência de ingerência estatal nas relações econômicas estabelecidas pelos indivíduos; e estes relacionados à participação das pessoas na administração da coisa pública, ou seja, na efetivação da democracia. Tais direitos, nascidos das revoluções liberais, ficaram conhecidos como direitos fundamentais de primeira dimensão. Na atual Constituição brasileira os direitos civis foram positivados a partir do 5ºartigo.[10] Os direitos políticos essenciais do cidadão brasileiro estão no artigo 14 e seguintes do Texto Constitucional.[11]

Após o fim do antigo regime em parte do mundo, grandes mudanças socioeconômicas se deram em decorrência da Revolução Industrial, que, apesar de ter nascido no século XVIII, sofreu grandes e estruturais transformações ao longo do século XIX. Começada na Inglaterra, rapidamente se espalhou pela Europa continental e pelos Estados Unidos da América. A industrialização passou do desenvolvimento de técnicas de manufaturas mais avançadas para novos processos de produção de ferro, de máquinas, de produtos químicos e marcadamente pela substituição da madeira pelo carvão como combustível. No século XIX os grandes impérios europeus e os EUA já estavam comprometidos com a agenda da burguesia industrial

---

[9] "A teoria liberal dos direitos fundamentais, ou teoria burguesa, segue os postulados clássicos do Estado liberal, de limitação do poder do Estado e de valorização da liberdade individual em sentido negativo, liberdade como ausência de impedimentos impostos pelo poder público. Trata-se de concepção teórica surgida nos primórdios do constitucionalismo, período histórico em que sobrelevava o desiderato burguês de pôr fim ao absolutismo estatal, maior inimigo das liberdades do indivíduo. De acordo com a teoria liberal os direitos fundamentais teriam a estrutura de direitos de defesa perante o Estado. Consistem nos chamados direitos de liberdade, ou de primeira geração, responsáveis pela formação da primeira dimensão dos direitos fundamentais do constitucionalismo atual. (...) A respeito da característica dos direitos fundamentais na concepção liberal, Böckenförde destaca dois aspectos relevantes. A liberdade seria conferida aos indivíduos em si mesma, não se vinculando a quaisquer fins, como a liberdade positiva, de participação nos destinos da comunidade política. Ademais, nessa perspectiva, cumpriria aos titulares dos direitos de liberdade, não ao Estado, a busca pela conversão da liberdade abstrata em liberdade real". MOTA, Marcel Moraes. Teorias axiológicas dos direitos fundamentais e hermenêutica constitucional. *In*: MATIAS, João Luis Nogueira (Coord.). *Neoconstitucionalismo e direitos fundamentais*. São Paulo: Atlas, 2009, p. 90.

[10] "Todos são iguais perante a lei, sem distinção de qualquer natureza, garantindo-se aos brasileiros e aos estrangeiros residentes no País a inviolabilidade do direito à vida, à liberdade, à igualdade, à segurança e à propriedade, nos termos seguintes". Constituição Federal de 1988.

[11] "Art. 14. A soberania popular será exercida pelo sufrágio universal e pelo voto direto e secreto, com valor igual para todos, e, nos termos da lei, mediante".

e o Estado se abstinha ao máximo de interferir nas relações privadas dos cidadãos. Ocorre que, apesar do grande desenvolvimento econômico decorrente das novas tecnologias, a inércia estatal acabou polarizando as sociedades em dois grandes extremos: de um lado uma minoria privilegiada detentora dos meios de produção, que vivia luxuosamente, de outro uma esmagadora maioria de trabalhadores que vivia em precárias condições sociais, tendo como contraprestação econômica pelo seu trabalho apenas míseros salários. Os trabalhadores, chamados outrora de proletariados, também não tinham acesso à educação, saúde, sistema previdenciário, saneamento básico e tantas outras condições assecuratórias de uma vida minimamente digna. Nesse contexto, em que cabia ao Estado não interferir nas relações entre particulares, mas apenas assegurar o direito de propriedade, houve massiva insatisfação dos trabalhadores, que passaram a se unir na luta por melhores condições de trabalho e vida em sociedade.

Percebe-se que os direitos fundamentais de primeira dimensão se revelaram como instrumentos inadequados para a solução dos conflitos que surgiram entre a classe trabalhadora e a detentora dos meios de produção, e entre aquela e o próprio Estado. As democracias liberais então reformulam suas Cartas Políticas para assegurar às pessoas economicamente mais frágeis uma atuação positiva do Estado, por meio de direitos trabalhistas mínimos, assistência social, saúde, educação, moradia, dentre outros.[12]

A este conjunto de direitos prestados por meio de uma atuação positiva do Estado os juristas deram o nome de direitos fundamentais de segunda dimensão. Se os direitos de primeira dimensão foram conquistas da luta por liberdade, pode-se dizer que os de segunda foram resultado do combate popular por igualdade, não a isonomia formal prevista nas constituições liberais, mas a igualdade real ou material.[13]

O ambiente socioeconômico brasileiro do final do século XIX era diverso do europeu e norte-americano, o outrora Império do

---

12 MARMELSTEIN, George. Obra citada, p. 47-48.

13 "Conforme as teorias do Estado Social, os direitos fundamentais abrangem, além dos direitos de defesa, os direitos de prestações a serem exigidas do Estado, que assume a incumbência de promover a justiça social e corrigir os desequilíbrios sociais, com o intuito de permitir aos titulares de direitos fundamentais não apenas liberdades abstratas, mas liberdades reais, concretas. Com base no princípio da socialidade do Estado, que compreende uma série de valores sociais fundamentais, os direitos fundamentais ganham uma nova dimensão, a segunda, de cunho positivo, de que compartilham os direitos sociais fundamentais, os quais permitem aos seus titulares tomar parte dos bens produzidos pela sociedade (Teilhaberechte), mediante intervenção estatal". MOTA, Marcel Moraes. Obra citada, p. 91-92.

Brasil ainda manteve a escravidão até a publicação da Lei Áurea[14] e o país ainda possuía uma economia predominantemente agrícola. O processo de industrialização brasileira só se deu ao longo do século XX, especialmente após a crise internacional de 1929, quando muitos produtores de café, principal produto de exportação nacional, vieram a falir após a quebra da bolsa de valores de Nova Iorque.

A primeira Constituição brasileira a prever direitos sociais foi a de 1934, que assegurava o direito à sindicalização, salário mínimo, jornada de trabalho não excedente a oito horas, proibição de trabalho a menores de idade, repouso semanal remunerado, férias, indenização por dispensa sem justa causa, previdência social e outros (artigos 120 e 121).[15] A atual Constituição brasileira possui rol de direitos sociais já em seu início, com destaque para o artigo 6º, que enumera como direitos fundamentais sociais os seguintes: a educação, a saúde, a alimentação, o trabalho, a moradia, o transporte, o lazer, a segurança, a previdência social, a proteção à maternidade e à infância e a assistência aos desamparados.

Por último, os direitos fundamentais que receberam a qualificação de terceira dimensão são os representativos da fraternidade do brado revolucionário francês, que também se baseiam na ideia de solidariedade. As organizações internacionais, especialmente a Organização das Nações Unidas – ONU, após o encerramento da Segunda Grande Guerra, passaram a defender a ideia de uma sociedade global, sem fronteiras, com valores éticos universais a serem compartilhados e defendidos por todos e para todos os seres humanos do planeta Terra.[16]

Não basta que o Estado seja assegurador de igualdade formal entre as pessoas, que permita participação política representativa, que atue positivamente prestando serviços essenciais e que interfira nas relações privadas nalguns casos, como as trabalhistas. As ideias de fraternidade e solidariedade impõem também ao Estado e à sociedade deveres de assegurar um meio ambiente saudável para as presentes e futuras gerações, direito à paz, direito ao desenvolvimento, dentre outros

[14] "Art. 1º: É declarada extincta desde a data desta lei a escravidão no Brazil". BRASIL. Lei nº 3.353, de 13 maio 1888. Disponível em: http://www.planalto.gov.br/ccivil_03/leis/lim/LIM3353.htm. Acesso em: 29 maio 2020, 14:17.

[15] BRASIL. Constituição da República dos Estados Unidos do Brasil (de 16 de julho de 1934). Disponível em: http://www.planalto.gov.br/ccivil_03/Constituicao/Constituicao34.htm. Acesso em: 29 maio 2020, 14:19.

[16] ZAVASCKI, Teori Albino. Direitos Fundamentais de Terceira Geração. *Revista da Faculdade de Direito da UFRGS*, v. 15, p. 230-231, 1998. Disponível em: http://www.seer.ufrgs.br/index.php/revfacdir/article/view/70414/39985. Acesso em: 28 maio 2020, 11:07.

direitos essencialmente coletivos destinados à humanidade como um todo.[17] A Constituição Brasileira de 1988 prevê expressamente alguns direitos que se enquadram como de terceira dimensão, com destaque para o meio ambiente saudável.[18] No século XXI, os Estados devem buscar a união harmônica dos direitos representativos da liberdade, igualdade e fraternidade, para que a dignidade humana seja um valor universalmente consagrado e respeitado sob múltiplos vieses.[19]

Feito um breve estudo acerca da história dos direitos fundamentais e visto que atualmente estes ocupam o topo da pirâmide hierárquica das normas estatais, passa-se nos próximos tópicos a analisar a espécie de direito fundamental de maior relevância para os objetivos do presente trabalho: o princípio da igualdade.

3 A igualdade no Estado liberal

A igualdade prevista nos ordenamentos jurídicos dos Estados liberais, proposta pelos contratualistas, era um direito natural[20] derivado da razão humana. As constituições liberais advindas das revoluções do final do século XVIII possuíam dois objetivos centrais: limitar a atuação do Estado na vida privada das pessoas e efetivar a democracia representativa.

Quanto ao primeiro objetivo, a Revolução Francesa acabou com os privilégios oficiais dados pelo Estado a algumas famílias e instaurou um sistema de igualdade formal na qual todos se tornaram iguais perante a lei. O princípio isonômico, nesse primeiro momento, objetivava que o Estado desse aos seus cidadãos um tratamento uniforme e igualitário, indistintamente. Tal tratamento se dava de forma omissiva, ou seja, o Estado não concederia mais privilégios e não iria interferir nas relações entre particulares.

---

[17] ZAVASCKI, Teori Albino. Obra citada.

[18] "Art. 225. Todos têm direito ao meio ambiente ecologicamente equilibrado, bem de uso comum do povo e essencial à sadia qualidade de vida, impondo-se ao Poder Público e à coletividade o dever de defendê-lo e preservá-lo para as presentes e futuras gerações". Constituição Federal de 1988.

[19] MARMELSTEIN, George. Obra citada, p. 55-58.

[20] "Art. 2º - A finalidade de toda associação política é a preservação dos direitos naturais e imprescritíveis do homem. Esses direitos são a liberdade, a prosperidade, a segurança e a resistência à opressão". França. Declaração dos Direitos do Homem e do Cidadão. Disponível em: https://br.ambafrance.org/A-Declaracao-dos-Direitos-do-Homem-e-do-Cidadao. Acesso em: 26 maio 2020, 16:51.

Sabe-se que durante o período exatamente anterior às revoluções burguesas, os monarcas do antigo regime geriam o Estado sem limitações e arbitrariamente, uma vez que o fundamento do seu poder estava em algo intangível e inquestionável: Deus e o direito divino. Logo, outra preocupação da ascendente classe burguesa revolucionária era limitar a atuação estatal por algo que fosse humanamente controlável: leis. O Direito burguês tinha como dogma o princípio da legalidade, que subordinava as pessoas aos comandos contidos no ordenamento jurídico, estando a legislação legitimada pelo sistema de representatividade democrática.[21]

Rousseau acreditava que a igualdade jurídica, representada pelo fim dos privilégios estatais concedidos à nobreza, teria o condão de estabelecer uma real isonomia entre os cidadãos, uma vez que a coletividade partilharia de interesses comuns. O filósofo do iluminismo teorizou acerca duma vontade unificada partilhada pelo povo e que esse espírito coletivo não permitiria a existência de hiatos econômicos tão profundos entre as pessoas. Os princípios da liberdade e da igualdade foram valores defendidos na filosofia contratualista de Rousseau e posteriormente adotados pelas constituições liberais.[22]

Ocorre que a igualdade estritamente formal gerou distorções sociais inaceitáveis. A abstinência estatal asseguradora da isonomia permitiu que o detentor do capital subordinasse o trabalhador a condições indignas: jornadas de trabalho exaustivas de mais de 12 horas

---

21 "Art. 4º - A liberdade consiste em poder fazer tudo o que não prejudique o próximo: assim, o exercício dos direitos naturais de cada homem não tem por limites senão aqueles que asseguram aos outros membros da sociedade o gozo dos mesmos direitos. Estes limites só podem ser determinados pela lei.
Art. 5º - A lei não proíbe senão as ações nocivas à sociedade. Tudo o que não é vedado pela lei não pode ser obstado e ninguém pode ser constrangido a fazer o que ela não ordene.
Art. 6º - A lei é a expressão da vontade geral. Todos os cidadãos têm o direito de concorrer, pessoalmente ou através de mandatários, para a sua formação. Ela deve ser a mesma para todos, seja para proteger, seja para punir. Todos os cidadãos são iguais a seus olhos e igualmente admissíveis a todas as dignidades, lugares e empregos públicos, segundo a sua capacidade e sem outra distinção que não seja a das suas virtudes e dos seus talentos". Declaração dos Direitos do Homem e do Cidadão.

22 "Se quisermos saber em que consiste precisamente o maior bem de todos, que deve ser a finalidade de cada sistema de legislação, veremos que ele se reduz a estes dois objetos principais, a liberdade e a igualdade. A liberdade porque toda dependência particular equivale a retirar força do corpo do Estado; a igualdade porque a liberdade não pode subsistir sem ela. Já afirmei o que é a liberdade civil; com relação à igualdade, não se deve entender por essas palavras que os graus de poder e de riqueza sejam absolutamente os mesmos, mas que, quanto ao poder, esteja abaixo de toda violência e nunca se exerça senão em virtude da ordem e das leis; quanto à riqueza, que nenhum cidadão seja bastante opulento para poder comprar um outro e nenhum bastante pobre para ser forçado a vender-se". ROUSSEAU, Jean-Jacques. *O contrato social*. Tradução de Paulo Neves. Porto Alegre: L&PM, 2009, p. 67.

diárias, trabalho infantil, ambientes extremamente insalubres e perigosos nas fábricas, ausência de um sistema de seguridade e assistência social, dentre outras degradantes condições laborais. A não interferência do Estado nas relações privadas coisificou o ser humano, que passou a ser tão descartável como qualquer engrenagem ou roldana dos maquinários contidos nas fábricas, como tão bem ficou retratado no filme Tempos Modernos,[23] de Chaplin. Segue a crítica de José Afonso da Silva:

> O *direito de igualdade* não tem merecido tantos discursos como a *liberdade*. As discussões, os debates doutrinários e até as lutas em torno desta obnubilaram aquela. É que a *igualdade* constitui o signo fundamental da democracia. Não admite os privilégios e distinções que um regime simplesmente liberal consagra. Por isso é que a burguesia, cônscia de seu privilégio de classe, jamais postulou um regime de igualdade tanto quanto reivindicara o de liberdade. É que um regime de igualdade contraria seus interesses e dá à liberdade sentido material que não se harmoniza com o domínio de classe em que assenta a democracia liberal burguesa.[24]

No Estado burguês, a liberdade sem dúvida alguma se sobrepôs à ideia de igualdade, este último valor só foi adotado nas constituições liberais como norma de conteúdo programático e como diretriz ética genericamente considerada. Porém o princípio isonômico não possuía força jurídica para limitar as concessões arbitrárias estatais como a escravidão, não foi reconhecido como valor capaz de corrigir as gritantes injustiças derivadas das relações privadas, especialmente as trabalhistas, em tempos de rápida industrialização e por fim não servia de suporte axiológico para que o Estado atuasse de forma positiva, prestando assistência básica às pessoas por meio de serviços de saúde, educação, saneamento urbano, moradia e outros direitos sociais.

Apesar de ter gerado enormes distorções econômicas entre as pessoas, a liberdade e a igualdade, elevadas à categoria de direitos fundamentais pelas revoluções liberais, representaram importante avanço civilizatório no campo jurídico, pois foi a doutrina utilizada pela ascendente burguesia para atacar o antigo regime. Foi por meio

---

[23] Modern Times (Tempos Modernos) é um filme de 1936 do ator, escritor, diretor e produtor Charles Spencer Chaplin. O filme retrata (de maneira bem-humorada) a história de um homem que tenta sobreviver no mundo industrializado. É tido como uma forte crítica ao capitalismo industrial da primeira metade do século XX.

[24] SILVA, José Afonso da. *Curso de direito constitucional positivo*. 32. ed. São Paulo: Malheiros, 2009, p. 211.

dos ideais iluministas que se pôs fim a um aparelho estatal que mais pertencia ao patrimônio jurídico de uma família que ao povo. As revoluções burguesas tiveram o mérito de limitar o poder do Estado e obrigar esta entidade política a assegurar às pessoas um conjunto mínimo de direitos inalienáveis: liberdade, propriedade e segurança.

Quanto ao segundo objetivo das constituições liberais, de efetivar a democracia representativa, apesar de o brado revolucionário ter tantas vezes exaltado a igualdade política como bandeira, na realidade as democracias burguesas nascidas com a queda do absolutismo só davam acesso ao sufrágio a uma pequena parcela da população: homens de maior capacidade econômica.[25] Dessa forma, os detentores do capital asseguraram durante mais de cem anos sua hegemonia política. O movimento feminista dos primeiros anos do século XX foi marcado por intensa luta pela igualdade: o objetivo central era garantir às mulheres o direito ao voto. As tecelãs e fiandeiras das fábricas de Lancashire na Grã-Bretanha, as revolucionárias socialistas russas, as mulheres emancipadas da sociedade parisiense e as militantes dos direitos femininos da Alemanha enfrentaram sociedades dominadas por homens. Algumas dessas corajosas sufragistas deram a própria vida, perderam a liberdade e foram brutalmente agredidas por forças policiais pela causa, num momento em que o liberalismo político e econômico já não mais se sustentava como modelo adequado às novas demandas sociais.[26] Na seara do Direito Eleitoral, ao longo do século XX, os Estados ocidentais foram gradativamente substituindo a igualdade geométrica, critério aristotélico ou diferenciador, pela igualdade aritmética ou absoluta, na medida em que os grupos que não possuíam participação política passaram a lutar por isonomia material. Segundo Bonavides:

---

[25] "A modalidade de sufrágio introduzida e acolhida pelo Estado liberal fez-se ilustrativa de uma concepção de igualdade política em moldes exatamente aristotélicos, a saber, uma igualdade relativa ou proporcional. A ideologia liberal, de caráter aristocrático, entendia legítimas e essenciais as distinções que fazia heterogênea a sociedade, pela educação, renda, patrimônio, capacidade intelectual, aptidão de seus membros. A igualdade expressava-se, assim, mediante um critério diferenciador, que institucionalizava e mantinha distinções reconhecidas na época por justas ou relevantes, no interesse evidente do predomínio da ordem constitucional burguesa. Disso resultou a inegável consagração, no domínio político, de um sufrágio restrito ou limitado, traduzido, por exemplo, na admissão do voto plural, que poderia favorecer em distintos sistemas estatais certas categorias de pessoas, em razão da instrução, bens materiais, sexo ou idade". BONAVIDES, Paulo. O princípio da igualdade como limitação à atuação do Estado. *Revista brasileira de direito constitucional*, 2003. Disponível em: http://www.esdc.com.br/seer/index.php/rbdc/article/view/47. Acesso em: 29 maio 2020, 14:35.

[26] BLOM, Philipp. *Os anos vertiginosos*: mudança e cultura no Ocidente, 1900-1914. Tradução de Clóvis Marques. Rio de Janeiro: Record, 2015, p. 291-327.

> O direito eleitoral contemporâneo traduz com toda clareza o que essa nova concepção igualitária significa relativamente ao voto. Sem ela não teríamos chegado nunca ao sufrágio universal. Ao princípio da igualdade política, concebida aritmeticamente, *one person, one vote*, deparou-se-lhe também uma técnica de sufrágio do mais refinado sentido democrático e igualitário, que é o sistema do voto proporcional, por onde resulta não só a atomização do sufrágio, senão também, em termos de valor, uma projeção axiológica absolutamente igualitária do elemento democrático. O Estado Social da democracia absoluta ou da democracia de massas consagrou, por inteiro, essa forma aritmética de igualdade política.[27]

O Estado liberal percorreu e prevaleceu no século XIX a duras custas, os grupos dominantes foram aos poucos abrindo mão de seus privilégios institucionais e alargando o conceito de igualdade: os grilhões dos homens e mulheres africanos foram quebrados na América, o movimento sindical passou a ser tolerado nalguns rincões da civilização e alguns direitos trabalhistas foram conquistados. A igualdade formal prevista nas constituições liberais, no início do século XX, já não atendia aos novos anseios sociais. O Estado absenteísta ruiu e, atendendo às novas demandas e ampliando o princípio isonômico, passou a receber a denominação de social.

4 A igualdade no Estado social

Ao longo da maior parte do século XIX muito conveniente foi para os detentores dos meios de produção, e representantes do Estado, pregarem as ideias de intangibilidade das liberdades individuais e não ingerência estatal nas relações privadas, pois assim asseguraram por décadas como sua única obrigação o pagamento de míseros salários aos seus empregados. A partir do momento em que o Estado interfere nas relações privadas, especialmente garantindo aos trabalhadores melhores condições e, em contrapartida, ampliando as obrigações dos empregadores, está o princípio da igualdade sendo realizado sob o viés material em detrimento da plena liberdade individual pregada pelo liberalismo.[28]

---

27 BONAVIDES, Paulo. Obra citada.

28 "Partindo da noção de que os direitos sociais básicos não são direitos básicos genuínos, mas direitos de conteúdo variável e relativo, mensuráveis por determinadas exigências materiais imposta pelo grau histórico de desenvolvimento de cada sociedade, Leibholz não só os coloca numa esfera relativa como supõe, ao mesmo passo, haver descoberto a chave da tensão que se estabelece entre eles e os direitos básicos liberais, pois representam,

A justificativa jurídica para a não interferência do Estado nas relações privadas era o direito fundamental à liberdade que, formalmente, era a mesma entre empregados e empregadores, mas que, na prática, fazia da relação de trabalho um simples contrato de adesão do trabalhador a péssimas condições laborais: jornadas excessivas e extenuantes, falta de segurança no ambiente de trabalho, ausência de períodos de descanso remunerado, falta de proteção previdenciária, dentre outras.

Na esfera da autonomia privada, pode-se afirmar que os direitos sociais, baseados no princípio fundamental da igualdade, limitam a liberdade individual. Para tanto basta pensar nos direitos trabalhistas, que se apresentam como cláusulas contratuais mínimas irrenunciáveis pelo trabalhador e que são normas de cumprimento obrigatório por qualquer pessoa, física ou jurídica, que tome serviços realizados por mão de obra subordinada. A primeira Constituição brasileira a prever direitos sociais foi a de 1934. O artigo 115 da extinta Carta Política determinava que a economia nacional deveria se estruturar de modo a possibilitar a todas as pessoas uma vida digna, sendo tal comando uma limitação da liberdade econômica.[29]

Do mesmo modo, a liberdade pregada pela burguesia industrial também serviu como suporte jurídico para o absenteísmo estatal quanto à concessão de direitos sociais mínimos, pois, se todos são igualmente livres, que cada um busque sua sobrevivência e felicidade pelos meios de que dispõe. O Estado social, pautado no princípio da igualdade, atuou também conforme a máxima aristotélica de tratar igualmente os iguais e desigualmente os desiguais, na medida das suas desigualdades. Isto significa atuar de forma positiva, prestando assistência direta ou indireta às pessoas socialmente mais frágeis, por meio de políticas públicas direcionadas à saúde, assistência social, educação, moradia, dentre outros direitos. O artigo 3º da CF/88 positivou os objetivos essenciais da nação, dentre eles "erradicar a pobreza e a marginalização e reduzir as desigualdades sociais e regionais", bem como "promover o bem de todos, sem preconceitos de origem, raça, sexo, cor, idade e quaisquer outras formas de discriminação".

---

os primeiros, mais a segurança da sociedade do que a liberdade do indivíduo, aferida pelo conceito do liberalismo. Uma vez estabelecido o conflito entre ambos, o Estado tende a limitar a liberdade para afiançar o direito social, inclinando-se por uma opção democrática em favor do valor igualdade contra o valor liberdade". BONAVIDES, Paulo. Obra citada.

29 "Art. 115 - A ordem econômica deve ser organizada conforme os princípios da Justiça e as necessidades da vida nacional, de modo que possibilite a todos existência digna. Dentro desses limites, é garantida a liberdade econômica".

Da experiência histórica resultante das tentativas estatais de efetivar os direitos fundamentais da liberdade e da igualdade nos períodos posteriores às revoluções burguesas, percebe-se que quanto mais livres forem os homens mais desiguais serão na mesma proporção, sendo também correta a afirmação inversa: quanto mais limitados forem os homens pela atuação estatal fundamentada no princípio isonômico, mais igualitária será a sociedade. A efetivação do princípio igualitário não pode ocorrer de forma absoluta, pois nos Estados Democráticos de Direito os princípios fundamentais limitam uns aos outros dialeticamente. Nas contemporâneas democracias do século XXI, os princípios fundamentais da liberdade e da igualdade se harmonizam, conforme lição de Bonavides:

> O princípio da igualdade deve limitar materialmente a atuação do Estado. Desaparece, pois, se nos for lícito o emprego da imagem ousada, a figura do legislador *Legibus solutus*, isto é, absoluto, cuja criação normativa, em nome inclusive do princípio da separação de Poderes, não se sujeitava a nenhum controle de teor material, valorativo ou substancial. A eficácia dessa limitação é que faz o Estado Social ser um Estado de Direito, em inteira harmonia com o princípio da liberdade, o que não ocorre com o Estado Social dos ordenamentos totalitários.[30]

O Brasil historicamente atravessou múltiplos períodos ditatoriais, tendo como frequentes consequências o abuso do poder político e a supressão de direitos fundamentais, razão pela qual optou o legislador constituinte originário por descrever na Constituição um extenso rol de direitos e garantias fundamentais. A igualdade é um dos direitos fundamentais positivados na Carta Magna de acentuada relevância jurídica, razão pela qual é expressamente consignada em múltiplos dispositivos. Apesar de o preâmbulo da vigente Constituição brasileira não ser dotado de força normativa,[31] seu texto apresenta algumas diretrizes e valores supremos para o Estado, dentre eles a concepção de igualdade entre as pessoas como objetivo a ser atingido.[32]

---

[30] BONAVIDES, Paulo. Obra citada.

[31] "Preâmbulo da Constituição: não constitui norma central. Invocação da proteção de Deus: não se trata de norma de reprodução obrigatória na Constituição estadual, não tendo força normativa." BRASIL. Ação direta de inconstitucionalidade nº 2.076-5/ACRE. Disponível em: http://redir.stf.jus.br/paginadorpub/paginador.jsp?docTP=AC&docID=375324. Acesso em: 26 maio 2020, 17:19.

[32] "Nós, representantes do povo brasileiro, reunidos em Assembleia Nacional Constituinte para instituir um Estado Democrático, destinado a assegurar o exercício dos direitos sociais e individuais, a liberdade, a segurança, o bem-estar, o desenvolvimento, a igualdade e a

Destacamos, por fim, como expressão máxima do princípio isonômico, os seguintes direitos fundamentais sociais presentes na vigente Constituição: a educação, a saúde, a alimentação, o trabalho, a moradia, o transporte, o lazer, a segurança, a previdência social, a proteção à maternidade e à infância, a assistência aos desamparados (artigo 6º). A igualdade material, portanto, apresenta-se como fundamento central dos direitos humanos e fundamentais sociais.[33]

5 Considerações finais

O princípio da igualdade material, elevado à categoria de direito fundamental, serve como diretriz obrigatória na atuação de todos os poderes soberanos, nos seguintes termos: não podem os parlamentares editar normas em desconformidade com o princípio isonômico; os juízes brasileiros ficam obrigados a aplicar as normas jurídicas sempre tendo em vista a máxima aristotélica de tratar igualmente os iguais e desigualmente os desiguais, na medida das suas desigualdades; e, por fim, cabe ao Poder Executivo, na gestão do erário público, garantir às pessoas socialmente mais frágeis o mínimo para que estas não precisem alienar a si mesmas para viver dignamente, conforme lição de Rousseau, quando este defendeu que os objetivos básicos de um Estado devem ser os de assegurar liberdade e igualdade para os seus cidadãos.

Ocorre que, especialmente a partir de 2017, os diversos poderes federais da República parecem ignorar ou considerar como secundários os direitos fundamentais de segunda dimensão: o parlamento brasileiro aprovou uma reforma trabalhista (Lei nº 13.467/2017) e previdenciária (Emenda Constitucional nº 103) representativas de grave retrocesso social e com prejuízo econômico aos menos favorecidos; o Poder Executivo federal, especialmente por meio das Medidas Provisórias nºs 927 e 936, jogou a maior parte dos custos do combate ao coronavírus na conta da parte mais frágil das relações empregatícias, ou seja, do trabalhador; e, por fim, na ADI nº 6.363/2020, a Suprema Corte, em decisão que negou vigência direta e literal a diversos dispositivos que

justiça como valores supremos de uma sociedade fraterna, pluralista e sem preconceitos, fundada na harmonia social e comprometida, na ordem interna e internacional, com a solução pacífica das controvérsias, promulgamos, sob a proteção de Deus, a seguinte CONSTITUIÇÃO DA REPÚBLICA FEDERATIVA DO BRASIL". Preâmbulo da Constituição da República Federativa do Brasil de 1988.

[33] LEITE, Carlos Henrique Bezerra. *Manual de direitos humanos*. 3. ed. São Paulo: Atlas, 2014.

veiculam direitos fundamentais sociais dos trabalhadores, chancelou os acordos individuais para a redução de salários realizados diretamente entre empregador e empregados sem necessidade de celebração de convenção coletiva ou de acordo coletivo de trabalho, como exige o inciso VI do art. 7º da CF/88, e sem a participação do sindicato da categoria profissional correspondente na negociação coletiva, como exige o inciso VI do art. 8º do mesmo Texto Constitucional. O fundamento invocado pela maioria dos ministros do STF foi no sentido de que em tempos de crise epidemiológica da covid-19 a Constituição pode ser violada em desfavor da classe dos trabalhadores em nome da proteção ao direito de propriedade, ou seja, para evitar prejuízos econômicos à classe empresarial.

Esses são apenas alguns exemplos de como o Estado brasileiro não apenas ignorou as normas constitucionais asseguradoras de direitos fundamentais de segunda dimensão, como também as violou sem rodeios ou subterfúgios.

Em tempos de grave crise sanitária e de saúde pública decorrente de uma pandemia que assola toda a humanidade, restou clara e evidente a necessidade da atuação estatal positiva e interventiva garantidora dos direitos fundamentais à saúde, à assistência social, aos direitos trabalhistas e previdenciários, ao contrário das nefastas doutrinas liberais e neoliberais de defesa do Estado Mínimo que orientam o agir dos diversos poderes republicanos brasileiros na pós-modernidade.

Importante registrar que a ordem econômica, em nosso país, encontra-se fundada na valorização do trabalho humano, tendo por fim assegurar a todos existência digna, conforme os ditames da justiça social, com destaque para os seguintes princípios: função social da propriedade, busca do pleno emprego e redução das desigualdades regionais e sociais (artigo 170 da CF/88).

O novo coronavírus (covid-19) segue ceifando milhares de vidas e, não por acaso, os países que estão sendo mais bem-sucedidos no combate à pandemia são aqueles que possuem maior aparato normativo assegurador de direitos sociais, especialmente trabalhistas, previdenciários e os relativos à saúde, como a Alemanha e os países escandinavos.

Entendemos que uma sociedade mais livre, justa e solidária não poderá ser construída sem justiça social e igualdade, especialmente por meio de um Estado que adote políticas públicas asseguradoras de saúde e assistência social e que realize intervenções na economia, por meio de direitos trabalhistas e previdenciários que garantam maior distribuição das riquezas geradas pelo mercado.

Referências

BLOM, Philipp. *Os anos vertiginosos*: mudança e cultura no Ocidente, 1900-1914. Tradução de Clóvis Marques. Rio de Janeiro: Record, 2015.

BONAVIDES, Paulo. *Ciência política*. 17. ed. São Paulo: Malheiros Editores, 2010.

BONAVIDES, Paulo. O princípio da igualdade como limitação à atuação do Estado. *Revista Brasileira de Direito Constitucional*, 2003. Disponível em: http://www.esdc.com.br/seer/index.php/rbdc/article/view/47. Acesso em: 29 maio 2020, 14:35.

BRASIL. *Constituição Política do Império do Brazil de 1824*. Disponível em: http://www.planalto.gov.br/ccivil_03/constituicao/constituicao24.htm. Acesso em: 24 maio 2020, 15:29.

BRASIL. *Constituição da República Federativa do Brasil de 1988*. Disponível em: http://www.planalto.gov.br/ccivil_03/constituicao/constituicao.htm. Acesso em: 24 maio 2020, 15:49.

BRASIL. *Lei nº 3.353, de 13 de maio de 1888*. Disponível em: http://www.planalto.gov.br/ccivil_03/leis/lim/LIM3353.htm. Acesso em: 29 maio 2020, 14:17.

BRASIL. *Constituição da República dos Estados Unidos do Brasil (de 16 de julho de 1934)*. Disponível em: http://www.planalto.gov.br/ccivil_03/Constituicao/Constituicao34.htm. Acesso em: 29 maio 2020, 14:19.

BRASIL. *Ação direta de inconstitucionalidade no 2.076-5/ACRE*. Disponível em: http://redir.stf.jus.br/paginadorpub/paginador.jsp?docTP=AC&docID=375324. Acesso em: 26 maio 2020, 17:19.

FRANÇA. *Declaração dos Direitos do Homem e do Cidadão*. Disponível em: https://br.ambafrance.org/A-Declaracao-dos-Direitos-do-Homem-e-do-Cidadao. Acesso em: 26 maio 2020, 16:51.

LEITE, Carlos Henrique Bezerra. *Manual de direitos humanos*. 3. ed. São Paulo: Atlas, 2014.

MARMELSTEIN, George. *Curso de direitos fundamentais*. 6. ed. São Paulo: Atlas, 2016.

MOTA, Marcel Moraes. Teorias axiológicas dos direitos fundamentais e hermenêutica constitucional. *In*: MATIAS, João Luis Nogueira (Coord.). *Neoconstitucionalismo e direitos fundamentais*. São Paulo: Atlas, 2009.

ROUSSEAU, Jean-Jacques. *O contrato social*. Tradução de Paulo Neves. Porto Alegre: L&PM, 2009.

SILVA, José Afonso da. *Curso de direito constitucional positivo*. 32. ed. São Paulo: Malheiros, 2009.

SILVA, Virgílio Afonso da. *Direitos fundamentais*: conteúdo essencial, restrições e eficácia. 2. ed. São Paulo: Malheiros, 2017.

United States of America. *Constitution of the United States*. Disponível em: https://www.senate.gov/civics/constitution_item/constitution.htm. Acesso em: 24 maio 2020, 15:37.

ZAVASCKI, Teori Albino. Direitos Fundamentais de Terceira Geração. *Revista da Faculdade de Direito da UFRGS*, v. 15, 1998, p. 230-231. Disponível em: http://www.seer.ufrgs.br/index.php/revfacdir/article/view/70414/39985. Acesso em: 28 maio 2020, 11:07.

Informação bibliográfica deste texto, conforme a NBR 6023:2018 da Associação Brasileira de Normas Técnicas (ABNT):

BRAGA MUNIZ, Samuel Levy Pontes; LEITE, Carlos Henrique Bezerra. A importância dos direitos fundamentais de segunda dimensão em tempos de crise. *In*: TUPINAMBÁ, Carolina (Coord.). *As novas relações trabalhistas e o futuro do Direito do Trabalho:* novidades derivadas da pandemia Covid-19 e da crise de 2020. Belo Horizonte: Fórum, 2021. (Coleção Fórum As novas relações trabalhistas e o futuro do Direito do trabalho. Tomo I). p. 99-117. ISBN 978-65-5518-118-0.

A CRISE ECONÔMICA CAUSADA PELA PANDEMIA DO CORONAVÍRUS E OS REQUISITOS PARA A REVISÃO DOS ACORDOS TRABALHISTAS

ANDRÉ ARAÚJO MOLINA

1 Introdução

O estado de calamidade pública causado pela pandemia do coronavírus[1] impactou, praticamente, todos os espaços da vida em sociedade, desde as relações familiares, econômicas, sociais, políticas, até

[1] Declaração de Emergência em Saúde Pública de Importância Internacional da Organização Mundial da Saúde – OMS, de 30 de janeiro de 2020; Declaração pública de pandemia em relação ao novo coronavírus pela OMS, de 11 de março de 2020; Declaração de Emergência em Saúde Pública de Importância Nacional – ESPIN, veiculada pela Portaria nº 188/GM/MS, de 4 de fevereiro de 2020; Lei nº 13.979, de 6 de fevereiro de 2020, que dispõe sobre medidas para enfrentamento da situação de emergência em saúde pública de importância internacional decorrente do novo coronavírus; Decreto nº 10.282, de 20 de março de 2020, que regulamenta serviços públicos e atividades essenciais; Aprovação pela Câmara dos Deputados da Mensagem Presidencial nº 93/2020, que reconheceu o estado de calamidade pública no Brasil.

alcançar as relações de trabalho, cujos reflexos, jamais vistos em nossa história, estão a reclamar tratamento jurídico imediato, para resolver as controvérsias que lhes são decorrentes. Especialmente no Direito do Trabalho, alguns problemas emergenciais foram colocados em evidência, estimulando um questionamento originário se o ordenamento jurídico posto é adequado e suficiente para resolver essas novas controvérsias.

Superado o primeiro ponto, mais em nível de teoria e filosofia do Direito, um dos mais relevantes problemas passou a ser a definição da natureza dos acordos trabalhistas que foram celebrados entre trabalhadores e empregadores, já homologados judicialmente, mas que foram atingidos pela crise financeira, despertando o debate sobre a possível suspensão dos seus efeitos ou a revisão dos valores e prazos combinados, já havendo decisões judiciais, atuais e conflitantes, proferidas nos diversos tribunais trabalhistas do país em diversos sentidos.

Dentro desse contexto, são objetivos desse artigo investigar a natureza jurídica dos acordos trabalhistas, judiciais e extrajudiciais, e verificar as hipóteses em que o ordenamento jurídico brasileiro permite a sua revisão ou a suspensão do pagamento das parcelas, acrescido, no caso atual, do fato da crise sanitária e econômica generalizada a todos imposta pela pandemia do coronavírus.

2 Natureza jurídica dos acordos trabalhistas

O legislador trabalhista não prezou pelo refinamento jurídico-conceitual quando tratou dos acordos trabalhistas nos diversos dispositivos da CLT, preferindo utilizar o conceito sociológico ao prever o método autocompositivo para resolução dos conflitos trabalhistas, ora falando em acordos, judiciais e extrajudiciais, ora em conciliação.

A autocomposição, como método para a solução das controvérsias, sempre esteve presente nos ordenamentos jurídicos dos mais diversos povos, até que foi acolhida pelo Código Civil brasileiro de 1916, no livro do direito das obrigações, nos seguintes termos: "É licito aos interessados prevenirem ou terminarem o litígio mediante concessões mútuas" (art. 1.025), introduzindo o instituto da transação no ordenamento jurídico brasileiro.

Embora, no paradigma da codificação revogada, houvesse divergência em torno da natureza jurídica da transação, se era um meio de extinção das obrigações ou se era uma espécie de contrato,[2] a maioria

[2] Carlos Roberto Gonçalves admitia o dissenso: "Divergem os autores sobre a natureza jurídica da transação. Entendem uns ter natureza contratual; outros, porém, consideram-na meio

dos autores inclinou-se pela segunda posição, como Miguel Maria de Serpa Lopes, que lecionou que "a transação é um contrato sujeito a forma especial",[3] admitindo-a como contrato especial, bilateral e consensual.

Na visão de Álvaro Villaça Azevedo também "a transação é um meio contratual extintivo de obrigação, pelo qual as partes resolvem, por acordo, fazendo mútuas concessões, relação jurídica entre elas duvidosa, prevenindo ou terminando litígio".[4]

Nessa realidade da Teoria Geral do Direito Civil o legislador celetista de 1943 elegeu o acordo e a conciliação como meios de solução autocompositiva das disputas trabalhistas, referindo-os em vários dispositivos, a exemplo dos artigos 764, 831, 846 e 876, da sua redação originária. Porém, o legislador não fez referência expressa ao conceito jurídico de transação, mas apenas aos conceitos sociológicos de acordo e conciliação.

Nada obstante a omissão legislativa em relação ao termo transação, não há dúvida sobre a incorporação do instituto pela CLT, enquanto espécie de contrato especial, bilateral e consensual, que extingue a obrigação originária, mediante termo nos autos, que seria objeto de homologação pelo magistrado, na forma do art. 1.028 do CC/1916 e art. 831 da CLT. Destaque-se que, em sua redação originária, a Consolidação não admitia a possibilidade de prevenir os conflitos trabalhistas individuais por intermédio da transação extrajudicial.[5]

Foi apenas com a Lei nº 9.958/2000 que foram acrescentados os artigos 625-A a 625-H na CLT, para autorizar a criação das comissões de conciliação prévia, com representação paritária, que teriam a função de mediar, previamente ao ajuizamento das ações trabalhistas, os conflitos de trabalho, cujo resultado positivo nas negociações daria

---

de extinção de obrigações, não podendo ser equiparada a um contrato, que tem por fim gerar obrigações" (GONÇALVES, Carlos Roberto. *Direito das Obrigações* – Parte Especial. São Paulo: Saraiva, 2002, p. 158).

3 SERPA LOPES, Miguel Maria de. *Curso de Direito Civil*. 4. ed. Rio de Janeiro: Freitas Bastos, 1966, vol. II, p. 297.

4 AZEVEDO, Álvaro Villaça. *Curso de Direito Civil*. Teoria Geral das Obrigações. 6. ed. São Paulo: Revista dos Tribunais, 1997, p. 192.

5 Ressalve-se a nossa posição pessoal, contrária à doutrina clássica e à jurisprudência do Tribunal Superior do Trabalho daquela época, no sentido de que, debaixo de algumas circunstâncias, a renúncia e a transação de direitos trabalhistas eram admitidas, inclusive em sede de transação extrajudicial (MOLINA, André Araújo. *Teoria dos princípios trabalhistas*. São Paulo: Atlas, 2013 e MOLINA, André Araújo; GUERRA FILHO, Willis Santiago. Renúncia e transação no direito do trabalho: uma nova visão constitucional à luz da teoria dos princípios. *Revista LTr*, São Paulo, ano 74, n. 02, p. 190-203, fev. 2010), posição que veio a consolidar-se, mais recentemente, no Supremo Tribunal Federal (RE nº 590.415 – *DJ* 29.05.2015 – Repercussão Geral) e, em grande medida, na CLT, pela Lei da Reforma Trabalhista (Lei nº 13.467/2017).

ensejo à lavratura de termo de conciliação, com natureza jurídica de transação e força de título executivo extrajudicial (art. 625-E), que, caso descumprido, permitiria o ajuizamento de ação executiva (art. 876), embora, recentemente, o Supremo Tribunal Federal tenha entendido que a passagem pela comissão de conciliação prévia é apenas facultativa[6] e que a eficácia liberatória geral prevista no art. 625-E, parágrafo único, da CLT, deve ser interpretada de forma restritiva.[7]

Com o Código Civil de 2002 foi sacramentada a natureza jurídica contratual da transação,[8] em linha com diversos países, como os Códigos Civis da Espanha, Itália e França, quando o legislador brasileiro deslocou a transação do título do direito das obrigações para a parte especial, posicionando-a entre as diversas modalidades de contrato, por isso sujeitando-se aos requisitos gerais da sua teoria geral e aos especiais dos artigos 840 a 850 do Código Civil.

O último passo do legislador celetista, dado com a Lei nº 13.467/2017, conhecida como reforma trabalhista, foi a incorporação na CLT da competência das Varas do Trabalho para decidir sobre os pedidos de homologação de acordo extrajudicial (art. 652, "f"), cujos requisitos e procedimentos estão previstos nos artigos 855-B a 855-E da CLT, quando, a partir da homologação pelo juiz, os acordos completam todos os pressupostos para ostentar a natureza jurídica de transação, com força de título executivo judicial.

Júlio César Bebber, lecionando sobre esses acordos extrajudiciais, compreende que eles referem-se à transação, possuindo natureza jurídica de contrato, bilateral e sinalagmático, fundado na autonomia da vontade, diante da existência ou da possível ocorrência de um conflito de interesses gerado pela dúvida acerca da natureza da relação jurídica ou de um direito, ocasião em que as partes ajustam as suas diferenças e repartem os riscos por intermédio de concessões recíprocas, prevenindo uma demanda judicial.[9]

A jurisprudência do Tribunal Superior do Trabalho não diverge do enquadramento e da natureza jurídica dos acordos, existindo

---

[6] STF – Tribunal Pleno – ADI nº 2.139-MC – Rel. p/ ac. Min. Marco Aurélio – *DJE* 23.10.2009.

[7] STF – Tribunal Pleno – ADI nº 2.139, 2.160 e 2.237 – Relª. Minª. Cármen Lúcia – *DJE* 19.02.2019.

[8] Carlos Alberto Dabus Maluf anota: "A transação, no novo Código Civil, acertadamente, é considerada um contrato (bilateral ou sinalagmático, com concessões mútuas), e não um modo de extinção de obrigação. Aliás, fê-lo acompanhando os melhores Códigos, como o francês, o italiano e o espanhol" (MALUF, Carlos Alberto Dabus. Da transação. *In*: FIUZA, Ricardo (Coord.). *Novo Código Civil Comentado*. 2. ed. São Paulo: Saraiva, 2004, p. 770).

[9] BEBBER, Júlio César. Reforma trabalhista: homologação de acordo extrajudicial. *Revista do Tribunal Regional do Trabalho da 24ª Região*, Campo Grande, n. 2, p. 73-86, 2017.

diversos julgados em que afirmado expressamente que "na Justiça do Trabalho, os acordos ou conciliações judiciais têm natureza jurídica de transação, constituindo-se em ato jurídico perfeito pelo qual os pactuantes, mediante concessões recíprocas, extinguem obrigações litigiosas ou duvidosas (*res dubia*)".[10]

Importante ressalvar que, na maioria dos casos, as partes têm legítimas dúvidas sobre a existência das obrigações e da sua extensão (p. ex., se há horas extras e em que quantidade), quando resolvem fazer concessões mútuas para prevenir ou encerrar um litígio judicial, casos em que há legítimas transações (art. 840 do CC). Contudo, há algumas situações de acordos trabalhistas, celebrados em audiência, em que não há controvérsia jurídica em relação à existência e extensão das obrigações (p. ex., as verbas rescisórias devidas), quando o acordo objetiva apenas ajustar o parcelamento do valor, diante da situação financeira crítica do empregador, caso em que não há, a rigor, concessões recíprocas, mas apenas renúncia – em relação ao prazo – pelo trabalhador, não podendo ser, por isso, enquadrado como uma transação, mas apenas como uma novação (art. 360, I, do CC).

A rigor, mesmo nas legítimas transações, há, concomitantemente, uma novação, a substituição de uma obrigação originária por uma nova (art. 360, I, do CC), cujo instrumento de realização do negócio jurídico é uma transação (art. 840 do CC). Em outras palavras, quando os trabalhadores e os empregadores celebram acordos ou conciliações trabalhistas, ajustando as suas pretensões, mediante concessões recíprocas, estarão novando a obrigação original (direito material), por meio de um contrato especial e bilateral (instrumento), que é a transação, judicial ou extrajudicial.

Assim, firmamos a primeira premissa de que os acordos e as conciliações referidos ao longo da CLT, trata-se de transações, com natureza jurídica de contrato, podendo ser da espécie extrajudicial (caso dos acordos em comissão de conciliação prévia) ou da espécie judicial (caso dos acordos extrajudiciais levados à homologação, quando passarão a ostentar essa qualidade os acordos celebrados no bojo de uma ação trabalhista contenciosa e os acordos celebrados no âmbito do coletivo do trabalho).

---

[10] TST – 8ª Turma – RR n. 347-28.2016.5.22.0101 – Relª. Minª. Dora Maria da Costa – DEJT 27.09.2019. No mesmo sentido: TST – 4ª Turma – RR n. 2452-38.2014.5.02.0025 – Rel. Min. Alexandre Luiz Ramos – DEJT 30.08.2019 e TST – 3ª Turma – RR n. 2535-45.2014.5.02.0028 – Rel. Min. Maurício Godinho Delgado – DEJT 06.09.2018.

Decorre da conclusão, quanto à sua natureza jurídica de transação, que, em nível de direito material, os populares acordos trabalhistas submetem-se à teoria geral dos contratos, às disposições que regulam a novação (art. 360 e seg. do CC) e às normas que regem as transações (art. 840 e seg. do CC). Isto é, ainda que sejam objeto de discussão na Justiça do Trabalho (competência), que versem sobre direitos trabalhistas (conteúdo), a sua regulamentação de direito material (requisitos gerais, especiais e os seus efeitos) está no Código Civil, com as complementações previstas na CLT, que são objeto de destaque neste trabalho.

Seguimos observando que o art. 840 do CC reconhece que é lícito aos interessados tanto prevenirem quanto terminarem um litígio judicial, por meio de concessões mútuas, de cuja diferenciação decorre que, na perspectiva preventiva, a transação será extrajudicial,[11] ocasião em que a sua celebração, de acordo com os requisitos gerais previstos na teoria geral dos contratos e os específicos exigidos pelo art. 842 e seguintes do CC, já lhes outorga todos os elementos de existência, validade e eficácia, dispensando qualquer interferência judicial, para representar a novação da obrigação originária, ostentar a natureza jurídica contratual e a qualidade de ato jurídico perfeito, sendo o caso específico das transações celebradas perante as comissões de conciliação prévia.

No caso do acordo celebrado nas comissões de conciliação prévia, a legislação trabalhista não exige a interveniência dos advogados, que cogita o art. 784, IV, do CPC, já que a presença dos representantes dos trabalhadores, na composição paritária dessas entidades, já supriria, em tese, a proteção do hipossuficiente, razão pela qual a Consolidação já outorga a força de título executivo extrajudicial a esses termos de conciliação (art. 876 da CLT).

As transações extrajudiciais, por não se submeterem à homologação judicial, não possuem a proteção da coisa julgada, formal e material. Contudo, a doutrina e a jurisprudência consideram que a transação – e a novação que ocorre simultaneamente – tem o efeito direto de extinguir (por substituição) as obrigações jurídicas anteriores (art. 360, I, c/c art. 844, ambos do CC), cujos efeitos são assemelhados à coisa julgada material, na medida em que não se admite a discussão judicial posterior sobre as obrigações originárias em si, exigindo dos magistrados a extinção dos processos sem resolução de mérito (art. 485, V, do CPC), caso uma ação judicial seja proposta com o objetivo de discutir o direito material já objeto de transação.[12]

---

11 Art. 842 do Código Civil c/c art. 784, IV, do CPC.

12 "AGRAVO DE INSTRUMENTO EM RECURSO DE REVISTA. COMISSÃO DE CONCILIAÇÃO PRÉVIA. EFICÁCIA LIBERATÓRIA DO TERMO DE ACORDO. O entendimento desta Corte

De outro lado, caso já tramite uma ação trabalhista quanto ao objeto controvertido, poderão os litigantes, igualmente, celebrar uma transação para colocar fim ao litígio, porém, nesse caso, será ela da espécie judicial,[13] hipótese em que a interveniência do juiz, mediante a homologação, será indispensável para a substância do ato, tanto para dar eficácia ao negócio jurídico (direito material) quanto para resolver a relação jurídica processual, com a sua extinção com resolução de mérito (art. 487, III, "b", do CPC), hipótese típica dos acordos trabalhistas celebrados nas reclamações contenciosas (arts. 764, 831, 846 e 850, todos da CLT).

Com a introdução na CLT, pela Lei nº 13.467/2017, dos arts. 855-B a 855-E, no Direito do Trabalho também há a existência de uma modalidade de transação que inicia com natureza privada, extrajudicial, mas que, na sua conclusão, exige a interveniência judicial, na medida em que o juiz deverá proferir sentença de homologação (art. 855-D da CLT), em sede de procedimento de jurisdição voluntária. Caso a transação seja homologada, estarão completos todos os seus requisitos de existência, validade e eficácia, representando a novação da obrigação originária.

Porém, caso assim não proceda o juiz, recusando-se à homologação, em decisão fundamentada, porque verificado algum vício, formal ou material, no instrumento da transação extrajudicial, o prazo prescricional volta a fluir, para que as partes possam vir ao Judiciário trazendo as suas pretensões em relação às obrigações de direito material, significando que, na falta de homologação, o termo privado não tem validade (art. 855-E, parágrafo único, da CLT) e não representa uma transação extrajudicial eficaz, com força de título extrajudicial, nos limites do Direito do Trabalho.

Decorre desse raciocínio que, por opção legislativa expressa, com ressalva da nossa posição pessoal, parece-nos fora de dúvida que as transações extrajudiciais, com interveniência dos advogados das partes, mas que não foram trazidas à homologação judicial trabalhista, não terão força de título executivo extrajudicial, como é para o processo civil (art. 784, IV, do CPC), já que, na jurisdição especializada, exige-se

---

Superior tem sido o de que o termo de quitação firmado na Comissão de Conciliação Prévia possui eficácia liberatória geral quando não há ressalva de parcelas, nos termos do art. 625-E da CLT. Na hipótese, concluiu aquela Corte que a eficácia liberatória restringia-se às parcelas especificadas no referido termo de conciliação, ocasião em que extinguiu o feito sem resolução do mérito (art. 267, V, do CPC/73, atual 485, V, no NCPC) somente quanto a tais verbas, justamente em relação às quais se insurgiu o reclamante" (TST – 8ª Turma – AIRR n. 1001125-16.2013.5.02.0465 – Relª. Minª. Dora Maria da Costa – DEJT 26.05.2017).

[13] Art. 842, segunda parte, do Código Civil c/c art. 876 da CLT c/c art. 515, II e III, do CPC.

a homologação judicial para que o contrato privado de transação tenha seus pressupostos atendidos (art. 855-D da CLT), tanto é que o único título executivo extrajudicial sobre direitos individuais trabalhistas admitido na Justiça do Trabalho segue sendo o termo de conciliação das comissões de conciliação prévia (art. 876 da CLT).

Os contratos privados de transação, não homologados, celebrados entre trabalhador e empregador, com interveniência dos seus advogados, seguem irradiando os efeitos próprios do direito material, exigindo o cumprimento das prestações assumidas pelos contratantes, sendo passível de anulação judicial etc., mas não são executáveis, caso descumpridos, enquanto título executivo extrajudicial, na Justiça do Trabalho, por opção legislativa recente.

A decisão judicial que homologa a transação extrajudicial (art. 855-D da CLT), bem como a que homologa a transação judicial (art. 846, §1º, da CLT), tem natureza jurídica de sentença, extinguindo o processo com resolução do mérito (art. 487, III, "b", do CPC), sendo considerada irrecorrível pelas partes (art. 831, parágrafo único, da CLT), passando a ostentar, imediatamente, a eficácia, também, de coisa julgada formal e material (art. 502 e seg. do CPC).

Em conclusão, as conciliações celebradas perante as comissões de conciliação prévia, por possuírem natureza jurídica de transação e de título executivo extrajudicial, são atos jurídicos perfeitos, recobertos por essa camada protetora em relação à sua existência, validade e eficácia, tendo, inclusive, efeitos assemelhados ao da coisa julgada material, evitando o ajuizamento de ação de conhecimento para discutir o direito material que já foi novado.

Já os acordos celebrados perante o Judiciário trabalhista, seja pelo procedimento de homologação de transação extrajudicial, introduzido na CLT pela reforma trabalhista, seja pelo procedimento clássico nas ações contenciosas, têm a natureza jurídica de transação judicial, com toda a proteção do ato jurídico perfeito, além de, passando pelo crivo do Judiciário, revelar uma segunda camada protetora, desta feita própria da coisa julgada formal e material, cujas qualidades devem ser observadas para fins de verificação da possibilidade e dos instrumentos processuais para a sua eventual revisão ou suspensão dos seus efeitos jurídicos.

3 Possibilidade e requisitos para a revisão judicial das transações

Uma grande quantidade de pedidos de suspensão e revisão dos acordos trabalhistas celebrados antes da pandemia, que foram interceptados pela crise econômica por que passam empresários e trabalhadores, tem aportado na Justiça do Trabalho, convocando os magistrados a decidirem sobre a possibilidade, os limites e os requisitos legais para a sua revisão.

Antes de mais nada, a solução recomendada é que as próprias partes, orientadas pelos advogados e com a interveniência do juiz natural dos processos em que foram celebradas originalmente as transações, pelos meios tecnológicos de reunião *on-line* disponíveis, tentem uma renegociação tanto dos acordos que estão sendo cumpridos com extrema dificuldade quanto daqueles que já foram objeto de inadimplemento, para que, reajustando novamente as suas expectativas, diante do fato novo da pandemia, possam celebrar uma segunda transação, com a substituição do negócio jurídico original por outro, novando a obrigação, estando todas as partes em conformidade quanto aos novos termos do negócio jurídico.

No entanto, sendo inviável a renegociação entre as partes, não resta alternativa que não a investigação dos caminhos previstos pelo ordenamento, com vistas a uma possível suspensão temporária das obrigações ou mesmo uma revisão judicial da transação.

Os contratos em geral, e as transações em particular, podem ser objeto de extinção desde pelo seu regular cumprimento bem como pelo distrato ou resilição bilateral, pela rescisão e, por último, pela resolução, sendo que em cada caso o Código Civil impõe os requisitos e as consequências distintas. Na última modalidade, que é a da resolução dos contratos, ela poderá ocorrer em face de três circunstâncias distintas: a) a impossibilidade da prestação, b) a extinção dos interesses objetivos do credor e c) a inexigibilidade da prestação decorrente de alteração superveniente das circunstâncias, enquanto consequência de um fato posterior à sua celebração, com efeito extintivo sobre a relação originária, tendo como fundamento a necessidade de reequilíbrio das prestações, no contexto contratual, de modo que, rompido o justo sinalagma inicial, caberá às partes pedirem em juízo a suspensão, a revisão ou o desfazimento contratual.

Essa última modalidade é a candidata natural a justificar a suspensão dos efeitos ou a revisão das transações trabalhistas, com fundamento na pandemia do coronavírus, que seria o fato posterior à celebração dos acordos que teria rompido o equilíbrio contratual e autorizaria a intervenção judicial revisional, em tese.

A regra geral é a de que as "dívidas em dinheiro deverão ser pagas no vencimento, em moeda corrente e pelo valor nominal, salvo o disposto nos artigos subsequentes" (art. 315 do CC), cláusula que é inspirada da diretriz do *pacta sunt servanda*.

O art. 317 do Código Civil incorporou a matriz solidarista constitucional (art. 3º, I, *in fine*) e os deveres de boa-fé objetiva para flexibilizar, em boa medida, a regra do *pacta sunt servanda*, tão arraiga no Código de 1916, para prever que, "quando por motivos imprevisíveis, sobrevier desproporção manifesta entre o valor da prestação devida e o do momento de sua execução, poderá o juiz corrigi-lo, a pedido da parte, de modo que assegure, quanto possível, o valor real da prestação".

O citado dispositivo é complementado com a previsão do art. 478 do CC, a respeito da extinção contratual por onerosidade excessiva, quando ocorrer alteração posterior da base objetiva dos contratos por eventos extraordinários,[14] admitindo-se, também, o seu reajuste ao invés da resolução (art. 479 do CC). No caso dos acordos trabalhistas, em regra, apenas o devedor (empregador) estará incumbido da realização da prestação (pagar o valor das parcelas ajustadas), de modo que terá espaço para incidência do art. 480 do CC, possibilitando a apenas uma das partes requerer "que a sua prestação seja reduzida, ou alterado o modo de executá-la, a fim de evitar a onerosidade excessiva".

As disposições revelam a incorporação da cláusula geral *rebus sic stantibus*, legada pelo Direito medieval, formando o microssistema legislativo civil de resolução e revisão dos contratos. O art. 317 teve inspiração na *Lei Faillot* francesa, de 21 de janeiro de 1918, que criou regime excepcional para incidir nos contratos de prestação continuada, atingidos pelos abalos econômicos decorrentes da 1ª Guerra Mundial, autorizando a sua resolução por desequilíbrio, que foi o antecedente legislativo remoto da teoria da imprevisão.

Já os arts. 478 a 480 do Código de 2002 têm inspiração na teoria da onerosidade excessiva da prestação, presente no art. 1.467 do Código Civil italiano de 1942,[15] que autoriza que os contratos de execução periódica ou de trato diferido sejam alterados na hipótese de uma

---

[14] "Nos contratos de execução continuada ou diferida, se a prestação de uma das partes se tornar excessivamente onerosa, com extrema vantagem para a outra, em virtude de acontecimentos extraordinários e imprevisíveis, poderá o devedor pedir a resolução do contrato. Os efeitos da sentença que decretar retroagirão à data da citação."

[15] "Art. 1.467 Contratto con prestazioni corrispettive. Nei contratti a esecuzione continuata o periodica ovvero a esecuzione differita, se la prestazione di una delle parti è divenuta eccessivamente onerosa per il verificarsi di avvenimenti straordinari e imprevedibili, la parte che deve tale prestazione può domandare la risoluzione del contratto, conglieffettistabiliti dall'art. 1.458 (att. 168). La risoluzione non può essere domandata se la sopra vvenuta onerosità rientra nell'alea normale del contratto. La parte contro la quale è domandata la risoluzione può evitarla offrendo di modificare equamente le condizioni del contratto (962, 1.623, 1.664, 1.923)."

superveniente e excessiva onerosidade da prestação, causada por acontecimentos externos, fora da álea normal do contrato.[16]

Roberto Senise Lisboa diferencia as duas figuras que são muito próximas – teoria da imprevisão do art. 317 do CC e a onerosidade excessiva do art. 478 e seg. do CC – e que são invocadas simultaneamente, no mais das vezes, como fundamentos para a revisão dos contratos:

> Na teoria da imprevisão, torna-se necessária a existência de um fator externo ou exógeno que modifique a relação comutativa originária do contrato, o que não pode ter sido objeto de previsão das partes, por ocasião da conclusão do ajuste. Tais pressupostos são irrelevantes para a aplicação da teoria da onerosidade excessiva, que é objetiva e incide independentemente da prova da existência de um fator externo e da imprevisibilidade, pelas partes, dos acontecimentos modificativos do equilíbrio contratual. Na onerosidade excessiva, destarte, basta o desequilíbrio da comutatividade contratual superveniente, a autorizar a revisão contratual.[17]

Para ambos os institutos é mister que a alteração superveniente esteja relacionada ao equilíbrio objetivo da relação jurídica contratual, independentemente da situação subjetiva das partes contratantes, ou seja, somente a alteração posterior, por fato externo, que atinja a base objetiva dos contratos, é que autoriza a sua resolução ou revisão judicial, seja pela teoria da imprevisão, seja pela teoria da onerosidade excessiva.

A teoria da base objetiva do negócio jurídico teve origem em contenda doutrinária entre autores alemães, para resolver a questão da relevância jurídica das ulteriores modificações das circunstâncias dos contratos. Karl Larenz explica que a teoria da *base subjetiva* do negócio está atrelada à representação mental dos contratantes que guiaram as suas intenções para fixar o conteúdo dos negócios, cujo acolhimento levaria a um estado de insegurança, preferindo adotar a teoria da *base objetiva*, que se preocupa com as "circunstâncias e o estado geral das

---

16 Nos limites do Direito do Consumidor, também há previsão do direito de revisão posterior das cláusulas contratuais, em favor da parte hipossuficiente, em razão de fatos supervenientes que as tornem excessivamente onerosas (art. 6°, V, do CDC).

17 LISBOA, Roberto Senise. Dos contratos em geral. *In*: CAMILLO, Carlos Eduardo Nicoletti; TALAVERA, Glauber Moreno; FUJITA, Jorge Shiguemitsu; SCAVONE JR., Luiz Antonio (Coord.). *Comentários ao Código Civil artigo por artigo*. São Paulo: Revista dos Tribunais,2006, p. 484-485.

coisas cuja existência e subsistência é objetivamente necessária para que o contrato subsista".[18]

Falando sobre a teoria da base objetiva, acolhida pela nossa codificação de 2002, Laura Coradini Frantz explica que a base do negócio são as representações dos interessados, existentes no momento da conclusão do contrato, sobre a existência de certas circunstâncias essenciais para a decisão de contratar, que representam a justiça comutativa inerente ao negócio, a permanência das condições econômicas, sem as quais o contrato se descaracterizaria. Essas circunstâncias são erigidas por ambas as partes à base do contrato, por exemplo, a igualdade entre as prestações nos contratos bilaterais, a permanência aproximada do preço, a possibilidade de repor a provisão de mercadorias, cujas modificações, por exemplo, das prestações em razão de inesperada inflação, a intervenção do Estado para o tabelamento de preços etc., alterariam a base do negócio jurídico, autorizando a sua revisão ou resolução.[19]

Ruy Rosado de Aguiar Júnior aprofunda essa necessária explicação:

> A desproporção manifesta pode ser tanto pela desvalorização do bem a ser prestado (desvalorização da moeda pela inflação, p. ex.), como pela superveniente valorização excessiva da prestação, quebrando a proporcionalidade entre o que fora convencionado e o que agora deve ser cumprido, em prejuízo do devedor. No primeiro caso, a onerosidade excessiva seria sofrida pelo credor, se obrigado a manter o contrato assim como previsto, apesar de reduzido o valor da prestação a receber; no segundo, o sacrifício exagerado seria imposto ao devedor, forçado a pagar mais, pela escassez do bem ou elevação do custo de sua produção.[20]

Cristiano Chaves de Farias e Nelson Rosenvald apresentam como exemplo de fato superveniente que altera a base objetiva do contrato a celebração de uma prestação de transporte que, ao tempo de sua execução, as partes são surpreendidas com o bloqueio da estrada por

---

[18] LARENZ, Karl. *Base do negocio jurídico y cumplimiento do contrato*. Trad. Carlos Fernandez Rodriguez. Madrid: Editorial Revista de Derecho Privado, 1956, p. 170. Tradução livre do original em espanhol.

[19] FRANTZ, Laura Coradini. Bases dogmáticas para interpretação dos artigos 317 e 478 do novo Código Civil brasileiro. *In*: DELGADO, Mário Luiz; ALVES, Jones Figueiredo (Coord.). *Questões controvertidas no direito das obrigações e dos contratos*. São Paulo: Método, 2005, p. 174-175.

[20] AGUIAR JÚNIOR, Ruy Rosado de. *Extinção dos contratos por incumprimento do devedor*. 2. ed. Rio de Janeiro: Aide, 2003, p. 152-153.

um deslizamento de terras. A prestação somente poderá ser cumprida com o uso de uma estrada secundária, implicando altos acréscimos de custos ao devedor da obrigação. Nesse caso, há uma alteração anormal da base do negócio, base que é comum, atingindo ambos os contratantes, situação que autoriza a revisão judicial do contrato, preferencialmente com o reajuste do prazo e dos valores (art. 479 do CC), ficando a sua resolução (art. 478 do CC) como uma providência subsidiária, na impossibilidade de execução da obrigação reajustada.[21]

Por se referir a aspectos subjetivos, que não guardam relação com a base objetiva do negócio jurídico, Fabrício Zamprogna Matiello observa, em relação ao art. 317, que "o empobrecimento ou o enriquecimento da parte, como resultado de circunstâncias estranhas à relação obrigacional, não interfere no cumprimento do dever jurídico posto, eis que trata-se de fator pessoal".[22] Em complemento, comentando o art. 478, acrescenta algumas palavras no sentido da necessidade de diferenciação das condições objetivas da base do contrato e das subjetivas relacionadas às partes, autorizando a revisão apenas na primeira situação:

> Fatores pertinentes à situação pessoal das partes, não ensejam a resolução por onerosidade excessiva (...) Por isso, aspectos como a repentina perda da capacidade econômica, dificuldade na obtenção de um crédito dado como certo ou outros acontecimentos relacionados à condição financeira específica dos contratantes não autoriza a resolução da avença, pois se assim não fosse haveria sérios riscos para a preservação das relações contratuais como um todo, haja vista a facilidade com que todos aqueles a quem não mais interessasse determinada contratação poderiam livrar-se mediante singela alegação de hipossuficiência pecuniária.[23]

É esse, exatamente, o ponto da atual controvérsia vivenciada na maioria dos casos.

A falta de condições financeiras do empregador, que se obrigou ao pagamento em dinheiro em uma transação celebrada anteriormente, porém foi colhido de surpresa pela crise sanitária, pelas medidas estatais interventivas na atividade econômica, que trouxeram, como consequência indireta, uma crise econômica, não impedindo, em si, objetivamente considerado, o cumprimento da obrigação de pagamento em dinheiro, mas retirando os meios financeiros para que tal se dê.

---

21 FARIAS, Cristiano Chaves de; ROSENVALD, Nelson. *Curso de Direito Civil*. Contratos. Teoria geral e contratos em espécie. 7. ed. Salvador: Juspodivm, 2017, p. 616.

22 MATIELLO, Fabrício Zamprogna. *Código Civil Comentado*. 2. ed. São Paulo: LTr, 2005, p. 232.

23 *Ibidem*, p. 316.

A doutrina clássica de Enzo Roppo responde essa questão:

> O mesmo critério de responsabilidade objectiva vale quando a obrigação tem por objeto aquela particular coisa genérica que é o *dinheiro* (obrigações pecuniárias). Quem deve uma soma de dinheiro, a um certo prazo, e não paga tempestivamente, é responsável, mesmo se esteve privado do dinheiro necessário por causas não recondutíveis a culpa própria: por exemplo, porque gastou todos os seus recursos para curar-se de uma grave e custosa doença, ou porque perdeu todo o seu dinheiro na falência do banco onde tinha depositado. Mais em geral, quem deve executar uma prestação num pode justificar o próprio não cumprimento com a circunstância de ter ficado – mesmo sem culpa – desprovido dos meios monetários necessários para organizá-la e executá-la: a chama *impotência financeira* nunca exonera a responsabilidade.[24]

O Superior Tribunal de Justiça tem sido confrontado com as teorias da imprevisão e da resolução por onerosidade excessiva em diversos momentos históricos, como a flutuação do câmbio em relação aos contratos indexados em dólar, a crise do mercado financeiro do ano 2008, bem como em situações recentes, em que tem sido invocada a possibilidade revisional dos contratos, com fundamento nos arts. 317, 478 e seg. do CC.

A sua linha interpretativa segue segura no sentido de que a revisão e a resolução dos contratos por interveniência judicial é hipótese específica, excepcional, que exige da parte que a requer a demonstração objetiva e cabal das mudanças supervenientes nas circunstâncias iniciais e na base objetiva vigente na data da celebração do contrato,[25] razão pela qual, nos casos anteriores, rejeitou, como regra, os pedidos de revisão dos contratos indexados em dólar,[26] já que a sua flutuação estava inserida na álea normal dessa modalidade de contratação.

---

[24] ROPPO, Enzo. *O contrato*. Trad. Ana Coimbra e M. Januário C. Gomes. Coimbra: Almedina, 1988, p. 286.

[25] "Esta Corte Superior sufragou o entendimento de que a intervenção do Poder Judiciário nos contratos, à luz da teoria da imprevisão ou da teoria da onerosidade excessiva, exige a demonstração de mudanças supervenientes nas circunstâncias iniciais vigentes à época da realização do negócio, oriundas de evento imprevisível (teoria da imprevisão) ou de evento imprevisível e extraordinário (teoria da onerosidade excessiva)." (STJ – 4ª Turma – REsp n. 1.316.595 – Rel. Min. Luis Felipe Salomão – *DJe* 20.03.2017).

[26] "O histórico inflacionário e as sucessivas modificações no padrão monetário experimentados pelo país desde longa data até julho de 1994, quando sobreveio o Plano Real, seguido de período de relativa estabilidade até a maxidesvalorização do real em face do dólar americano, ocorrida a partir de janeiro de 1999, não autorizam concluir pela imprevisibilidade desse fato nos contratos firmados com base na cotação da moeda norte-americana, em se tratando

Significa, também, para o Superior Tribunal de Justiça, que a simples alteração das *condições subjetivas* dos contratantes, a modificação da situação econômico-financeira delas, ainda que resultante de fatores externos e imprevisíveis, não autorizam a revisão contratual. Em palavras outras, a crise econômica, que tenha gerado para um dos contratantes a situação de desemprego, perda da renda, não autoriza que os contratos por ele celebrados sejam revisados, assim como, da parte dos outros contratantes, pessoas jurídicas, a crise econômica, a falta de capital de giro e até mesmo a suspensão das suas atividades produtivas também não autorizam a revisão ou resolução contratual. O caminho indicado pelo nosso sistema jurídico, por opção político-legislativa expressa, é a recuperação judicial[27] e a falência, caso não possam honrar os compromissos assumidos e não tenham obtido com o credor a novação da obrigação originária.

Em acórdão recente extrai-se a posição do Superior Tribunal de Justiça na linha de que "para justificar a revisão contratual, seria necessário fato imprevisível ou extraordinário, que tornasse excessivamente oneroso o contrato, não se configurando como tal eventual desemprego ou redução da renda do contratante",[28] para em outro acórdão complementar a sua doutrina sobre a revisão contratual por imprevisão e onerosidade excessiva: "Esta Corte já decidiu que tanto a teoria da base objetiva quanto a teoria da imprevisão demandam fato novo superveniente que seja extraordinário e afete diretamente a base objetiva do contrato".[29]

Somente "o rompimento posterior da base objetiva do negócio por força de fatos extraordinários supervenientes, especialmente nos contratos de longa duração, permite a revisão do pacto",[30] reafirmou em outra decisão, para sedimentar a sua posição em torno do fato de que a ruína da parte, as oscilações econômicas e a crise financeira não autorizam, por si só, a revisão contratual, já que se situam nos limites dos

de relação contratual paritária." (STJ – 3ª Turma – REsp n. 1.321.614 – Rel. Min. Paulo de Tarso Sanseverino – Rel. p/ ac. Min. Ricardo Villas BôasCueva – *DJe* 03.03.2015).

27 Lei nº 11.101/2005, art. 47. A recuperação judicial tem por objetivo viabilizar a superação da situação de crise econômico-financeira do devedor, a fim de permitir a manutenção da fonte produtora, do emprego dos trabalhadores e dos interesses dos credores, promovendo, assim, a preservação da empresa, sua função social e o estímulo à atividade econômica.

28 STJ – 4ª Turma – AgInt no AREsp n. 1340589/SE – Rel. Min. Raul Araújo – *DJe* 27.05.2019.

29 STJ – 4ª Turma – AgInt no REsp n. 1.514.093/CE – Rel. Min. Marco Buzzi – *DJe* 07.11.2016.

30 STJ – 3ª Turma – REsp n. 1.321.614 – Rel. Min. Paulo de Tarso Sanseverino – Rel. p/ ac. Min. Ricardo Villas Bôas Cueva – *DJe* 03.03.2015.

aspectos subjetivos dos contratantes, sendo relevantes, juridicamente, apenas as alterações na base objetiva dos contratos.

Há situações em que as oscilações abruptas da economia podem incidir na base objetiva do contrato, como, no exemplo de Álvaro Villaça Azevedo, quando um engenheiro se obrigue, fornecendo material e mão de obra, a construir para alguém uma casa, reservando do valor do contrato uma parte como seus honorários. Por imprevisível e brusca alteração nas condições do mercado, aumenta-se o preço do material de construção, eleva-se os salários base dos operários, a ponto de impossibilitar ao devedor o cumprimento de sua obrigação, caso em que haveria espaço para o pedido revisional,[31] já que as alterações posteriores radicam na base objetiva do negócio, solução que seria diferente caso o mesmo engenheiro, alegando sua ruína financeira com outros empreendimentos, solicitasse a alteração contratual atual, mas sem nenhuma mudança objetiva nos valores de mercado dos materiais e do custo da mão de obra.

A jurisprudência do Superior Tribunal de Justiça, cautelosa em relação às hipóteses que os contratos podem ser judicialmente revistos, foi, por meio da recente Lei nº 13.874/2019, incorporada ao Código Civil: "Nas relações contratuais privadas, prevalecerão o princípio da intervenção mínima e a excepcionalidade da revisão contratual" (art. 421, parágrafo único).

De tudo quanto exposto, podemos concluir que tanto a doutrina contemporânea, nacional e estrangeira, quanto a jurisprudência do Superior Tribunal de Justiça, estão em linha com a posição de que a intervenção judicial nas relações contratuais é excepcional e, nos casos em que admitida, com apoio nos arts. 317, 478 e seg. do CC, é indispensável que a mudança posterior causada por fato extraordinário deva radicar na base objetiva do negócio jurídico.

Transportando essa compreensão para os acordos trabalhistas e a situação atual de crise econômica, podemos afirmar, com segurança, que a pandemia causada pelo coronavírus, já reconhecida como configuradora do estado de calamidade pública (Decreto Legislativo nº 6, de 20 de março de 2020 c/c art. 65 da Lei Complementar nº 101/2000), revela-se como um fato superveniente, extraordinário e imprevisível. Contudo, o segundo requisito, que é a alteração da base objetiva

---

[31] AZEVEDO, Álvaro Villaça. O novo Código Civil brasileiro: tramitação; função social do contrato; boa-fé objetiva; teoria da imprevisão e, em especial, onerosidade excessiva (*laesioenormis*). *In*: DELGADO, Mário Luiz; ALVES, Jones Figueiredo (Coord.). *Novo Código Civil. Questões controvertidas*. São Paulo: Método, 2004, p. 18.

dos contratos (no caso, transação), não foi preenchido em razão da calamidade, na medida em que tal fato sanitário, muito provavelmente, alterou a situação econômica das partes, com a perda de receita pelas empresas, radicando na faceta subjetiva dos contratantes, o que não autoriza a sua revisão, suspensão e resolução judicial, de acordo com o nosso sistema.

A mudança das condições econômicas das partes – no caso, a perda de rendimentos pelos empregadores que celebraram os acordos trabalhistas –, embora reconheçamos que a situação é inesperada e dramática, podendo, no limite, colapsar toda a economia nacional, *de lege lata*, não autoriza a revisão e suspensão das transações, na medida em que a base objetiva originária do negócio jurídico não foi atingida e se mantém incólume.

Bem por isso, entendemos como precipitadas as primeiras decisões trabalhistas que, a pretexto da crise econômica atual, estão suspendendo e alterando unilateralmente os termos dos acordos trabalhistas (*rectius*: contratos de transação), quando os empregadores invocam, por mera petição incidental nos processos, a sua dificuldade financeira,[32] em linha com algumas manifestações em veículos jurídicos eletrônicos.[33]

Muitas vezes, imbuídos de boas razões, os magistrados que veem decidindo, até por meio de simples petição incidental nos próprios autos do processo principal, pela revisão ou suspensão dos

---

[32] No TRT da 18ª Região, com jurisdição no Estado de Goiás, já há divulgação de decisões judiciais que alteraram a data de vencimento das parcelas do acordo, postergando-as, ao fundamento de crise econômica e do porte pequeno da empresa requerente. O Juiz argumentou que "entendo que a situação vivenciada por todos neste momento de crise autoriza a revisão da data do pagamento das prestações do acordo" (Processo n. 0010043-57.2020.5.18.0102 – 2ª Vara do Trabalho de Rio Verde – decisão de 13.04.2020), bem como, no mesmo Tribunal e dois dias depois, outra magistrada admitiu a suspensão do prazo para pagamento do acordo, com base em pedido e declaração unilateral da empresa: "Verifica-se que a Reclamada é uma Empresa Individual de Responsabilidade Limitada, atuante da área de salão de beleza, a qual, de forma notória, foi economicamente atingida pelas medidas de contenção da pandemia deflagradas no Estado. Assim considerando a situação de emergência acima exposta, bem como a declaração de boa-fé da reclamada e o seu histórico de regular adimplemento do acordo, defere-se o pedido de suspensão do prazo para pagamento das parcelas que deveriam ser pagas em 06/05/2020 e 08/06/2020 que deverão ser pagas nos meses subsequentes a última parcela do acordo." (Processo n. 0010047-64.2020.5.18.0015 – 15ª Vara do Trabalho de Goiânia – decisão de 15.04.2020). Nesse mesmo sentido decisões da 23ª Vara do Trabalho de Porto Alegre, no processo n. 0020159-63.2017.5.04.0023, de 31.03.2020 e da 87ª Vara do Trabalho de São Paulo, no processo n. 1001003-60.2019.5.02.0087, de 17.04.2020.

[33] Por todos: MACEDO, Rafael Leme. É possível a alteração das cláusulas de acordos já homologados em juízo em virtude da posterior pandemia de covid-19? Disponível em: https://emporiododireito.com.br/leitura/e-possivel-a-alteracao-das-clausulas-de-acordos-ja-homologados-em-juizo-em-virtude-da-posterior-pandemia-de-covid-19. Acesso em: 12 maio 2020.

acordos trabalhistas, com fundamento na crise econômica ou outros argumentos metajurídicos, esquecem que podem estar armando uma "bomba-relógio" para as partes e até para a economia do país, na medida em que a suspensão ou revisão da transação importará na perda de renda pelo trabalhador, por conseguinte, não poderá honrar com os seus compromissos pessoais – tais como aluguéis, prestações, tributos, contratos civis etc. – e não obterá, em razão da redução dos seus rendimentos, a revisão das últimas obrigações, na Justiça Comum Estadual, segundo a firme jurisprudência do Superior Tribunal de Justiça.

As razões jurídicas que possibilitam a suspensão ou a revisão dos contratos devem ser, necessariamente, trazidas ao Judiciário pelos veículos processuais próprios enquanto as obrigações estejam sendo adimplidas pelo devedor que pede a alteração. Anota Laura Coradini Frantz que "a conduta do devedor da prestação onerosa deve ser pautada pelo princípio da boa-fé objetiva, que determina a lealdade e a cooperação no processo obrigacional, obrigando o devedor a manter adimplidas as suas prestações, para que possa ingressar em juízo, requerendo a revisão ou resolução do contrato, a fim de impedir abusos".[34]

Descumpridas as obrigações e constituído o devedor em mora, não haverá mais espaço para o pleito revisional e muito menos para a decisão de revisão do negócio jurídico, com fundamento nas teorias da imprevisão e da onerosidade excessiva, devendo o magistrado repelir, liminarmente, o pedido, se a obrigação originária já foi descumprida.

No entanto, é importante sublinhar que nos casos em que as pretensões revisionais dos acordos trabalhistas sejam rejeitadas pelo Poder Judiciário, como deverá ocorrer na maioria das hipóteses, conforme alhures demonstrado, o simples fato de o pedido de revisão ter sido feito enquanto as parcelas estavam em dia não exonera o devedor das penas da mora previstas para a hipótese de atraso e inadimplemento, caso tal ocorra durante o trâmite da medida, sem uma ordem judicial, liminar, autorizativa, devendo incidir normalmente a cláusula penal, o vencimento antecipado das parcelas e os juros de mora. Afinal "a simples propositura da ação de revisão de contrato não inibe a caracterização da mora do autor" (Súmula nº 380 do STJ).

É por isso que os advogados deverão ter redobrado cuidado ao aconselhar os seus clientes em relação aos pleitos de suspensão, revisão ou resolução dos acordos trabalhistas, verificando se a hipótese atende os requisitos de direito material, acima inventariados, e se o veículo

34 *Ibidem*, p. 198-199.

processual eleito é o adequado, conforme adiante apontaremos, sob pena de constituir o cliente em mora, além do risco de arcar com os ônus da sucumbência.

Por fim, em hipóteses muito raras, quando os acordos trabalhistas celebrados não são compostos de obrigações de pagar valores mensais pelos empregadores (art. 315 do CC), mas, por exemplo, pela obrigação destes em praticar determinada conduta (obrigação de fazer, não fazer ou entregar coisa), poderá ocorrer, com a pandemia, a alteração posterior, por evento extraordinário, da base objetiva da transação, impossibilitando, aí sim, a seu adimplemento na forma e prazos ajustados anteriormente, caso em que, como exceção, possibilitará a suspensão, revisão ou até mesmo a resolução do acordo, pelos meios próprios, por exemplo, no caso de uma obrigação assumida pelo empregador em ação civil pública labor-ambiental, proposta pelo Ministério Público do Trabalho, para a construção de uma instalação física em alvenaria, para descanso e recreação dos trabalhadores durante os intervalos, porém, por ordem expressa do Poder Executivo Municipal, ficam suspensas as atividades de construção civil.

Como visto, de acordo com o ordenamento jurídico vigente, as hipóteses de revisão ou suspensão dos acordos trabalhistas são bastante restritas, porém a Câmara dos Deputados, no PLV nº 18/2020, que trata da conversão da MP nº 927/2020 em lei, introduziu um parágrafo único ao novo art. 28 do texto para suspender os prazos dos acordos trabalhistas celebrados antes da pandemia, até o final do ano de 2020, tentando inovar no ordenamento, universalizando a possibilidade de suspensão, automática, das transações trabalhistas.

Para nós, tal tentativa de alteração legislativa é, flagrantemente, inconstitucional pela simples razão de querer incidir os efeitos da lei nova sobre os fatos ocorridos no passado, importando em retroatividade lesiva. Os acordos trabalhistas têm natureza jurídica de transação, modalidade especial de contrato, que integra o conceito de ato jurídico perfeito, daí por que a sua alteração (valores, prazos etc.) pela lei nova ofende o art. 5º, XXXVI, da Constituição, além de que, quando submetidos à homologação judicial, também ostentam a eficácia de coisa julgada material (art. 831 da CLT), recebendo uma segunda camada protetora contra a investida flexibilizadora da MP nº 927/2020, caso seja convertida em lei, no ponto específico.

Importante sublinhar que o texto legislativo referido, embora aprovado na Câmara dos Deputados, foi enviado para o Senado da República, onde está tramitando e acreditamos que será objeto de revisão da inconstitucionalidade apontada, com a consequente retirada do texto final.

4 Conclusões

Os populares acordos trabalhistas ostentam a natureza jurídica de transação, que é uma espécie de contrato, regrada pelo art. 840 e seg. do CC, podendo, caso sejam homologados judicialmente, receber uma segunda camada protetora da sua eficácia, que são os efeitos da coisa julgada, formal e material, por isso somente podem ser objeto de suspensão ou revisão nas estreitas hipóteses em que o direito material assim disciplinou.

O melhor caminho é que as próprias partes acordantes, diante do fato imprevisível da pandemia, que a todos afetou, possam redimensionar as suas expectativas e, a partir disso, celebrarem uma nova transação, novando a obrigação anteriormente assumida.

Mas, quando o acordo não for possível, a doutrina especializada e a jurisprudência do Superior Tribunal de Justiça indicam na direção de que apenas a mudança, superveniente e extraordinária, que atinja a base objetiva dos negócios jurídicos, é que dará ensejo à suspensão ou revisão dos contratos, com apoio nas teorias da imprevisão e da onerosidade excessiva, de sorte que os reflexos econômicos da pandemia do coronavírus, regra geral, relacionam-se com a condição subjetiva e financeira das partes, com a perda de receita das empresas, a falta de capital de giro, fatos que, em regra, não autorizam a revisão judicial das transações.

Referências

AGUIAR JÚNIOR, Ruy Rosado de. *Extinção dos contratos por incumprimento do devedor*. 2. ed. Rio de Janeiro: Aide, 2003.

AZEVEDO, Álvaro Villaça. *Curso de Direito Civil*. Teoria Geral das Obrigações. 6. ed. São Paulo: Revista dos Tribunais, 1997.

AZEVEDO, Álvaro Villaça. O novo Código Civil brasileiro: tramitação; função social do contrato; boa-fé objetiva; teoria da imprevisão e, em especial, onerosidade excessiva (*laesioenormis*). *In*: DELGADO, Mário Luiz; ALVES, Jones Figueiredo (Coord.). *Novo Código Civil*. Questões controvertidas. São Paulo: Método, 2004.

BEBBER, Júlio César. Reforma trabalhista: homologação de acordo extrajudicial. *Revista do Tribunal Regional do Trabalho da 24ª Região*, Campo Grande, n. 2, p. 73-86, 2017.

FARIAS, Cristiano Chaves de; ROSENVALD, Nelson. *Curso de Direito Civil*. Contratos. Teoria geral e contratos em espécie. 7. ed. Salvador: Juspodivm, 2017.

FRANTZ, Laura Coradini. Bases dogmáticas para interpretação dos artigos 317 e 478 do novo Código Civil brasileiro. *In*: DELGADO, Mário Luiz; ALVES, Jones Figueiredo (Coord.). *Questões controvertidas no direito das obrigações e dos contratos*. São Paulo: Método, 2005.

GONÇALVES, Carlos Roberto. *Direito das Obrigações* – Parte Especial. São Paulo: Saraiva, 2002.

LARENZ, Karl. *Base do negocio jurídico y cumplimiento do contrato*. Trad. Carlos Fernandez Rodriguez. Madrid: Editorial Revista de Derecho Privado, 1956.

LISBOA, Roberto Senise. Dos contratos em geral. *In*: CAMILLO, Carlos Eduardo Nicoletti; TALAVERA, Glauber Moreno; FUJITA, Jorge Shiguemitsu; SCAVONE JR., Luiz Antonio (Coord.). *Comentários ao Código Civil artigo por artigo*. São Paulo: Revista dos Tribunais, 2006.

MALUF, Carlos Alberto Dabus. Da transação. *In*: FIUZA, Ricardo (Coord.). *Novo Código Civil Comentado*. 2. ed. São Paulo: Saraiva, 2004.

MATIELLO, Fabrício Zamprogna. *Código Civil Comentado*. 2. ed. São Paulo: LTr, 2005.

ROPPO, Enzo. *O contrato*. Trad. Ana Coimbra e M. Januário C. Gomes. Coimbra: Almedina, 1988.

ROSENVALD, Nelson. Coronavírus e a responsabilidade nos contratos internacionais. *In*: MONTEIRO FILHO, Carlos Edison do Rêgo; ROSENVALD, Nelson; DENSA, Roberta (Coord.). *Coronavírus e responsabilidade civil*: impactos contratuais e extracontratuais. Indaiatuba: Foco, 2020, p. 3-17.

SERPA LOPES, Miguel Maria de. *Curso de Direito Civil*. 4. ed. Rio de Janeiro: Freitas Bastos, 1966, vol. II.

Informação bibliográfica deste texto, conforme a NBR 6023:2018 da Associação Brasileira de Normas Técnicas (ABNT):

MOLINA, André Araújo. A crise econômica causada pela pandemia do coronavírus e os requisitos para a revisão dos acordos trabalhistas. *In*: TUPINAMBÁ, Carolina (Coord.). *As novas relações trabalhistas e o futuro do Direito do Trabalho:* novidades derivadas da pandemia Covid-19 e da crise de 2020. Belo Horizonte: Fórum, 2021. (Coleção Fórum As novas relações trabalhistas e o futuro do Direito do trabalho. Tomo I). p. 119-139. ISBN 978-65-5518-118-0.

ENQUADRAMENTO DA COVID-19 COMO DOENÇA OCUPACIONAL

SEBASTIÃO GERALDO DE OLIVEIRA

1 O advento da pandemia do novo coronavírus

No final de 2019 surgiu primeiramente na cidade de Wuhan, na China, uma doença infecciosa causada por um novo coronavírus, com surpreendente grau de contágio e letalidade, avançando em seguida para a Europa e posteriormente para o restante do planeta.

A Organização Mundial de Saúde passou a denominar oficialmente a doença causada pelo novo coronavírus pela sigla *covid-19*, formada pela junção das letras iniciais dos vocábulos em inglês "COrona VIrus Disease", sendo que o 19 representa o ano em que o surto foi detectado. Diante da rápida expansão da doença por todos os continentes, a Organização Mundial de Saúde – OMS declarou oficialmente, no dia 11 de março de 2020, o surto da covid-19 como uma pandemia.[1]

[1] Segundo a OMS "os coronavírus são uma extensa família de vírus que podem causar doenças em animais e humanos. Em humanos, sabe-se que vários coronavírus causam infecções respiratórias que podem variar do resfriado comum a doenças mais graves, como a síndrome

No Brasil, o primeiro caso da covid-19 foi confirmado pelo Ministério da Saúde no dia 26 de fevereiro de 2020 e a primeira morte ocorreu no dia 17 de março de 2020. Em pouco tempo a quantidade de infectados e de óbitos decorrentes da covid-19 cresceu rapidamente. No dia 31 de maio de 2020, com pouco mais de três meses após o primeiro registro, o número oficial de casos diagnosticados atingiu 514.849, com surpreendentes 29.314 óbitos. E as projeções dos especialistas indicam que esse número ainda crescerá bastante nos próximos meses.

Como consequência, é muito provável que haverá um elevado número de ações judiciais reivindicando direitos trabalhistas ou indenizações por responsabilidade civil do empregador propostas pelas vítimas da covid-19 ou por seus dependentes ou sucessores.

Neste artigo nosso propósito é analisar as hipóteses cabíveis de enquadramento do adoecimento ou morte pela covid-19 como de natureza ocupacional, bem como indicar as repercussões jurídicas deste enquadramento. Para obter os benefícios da Previdência Social na categoria de acidentários, bem como para fundamentar o pedido de reparação de danos, o primeiro passo é conferir se o adoecimento ou a morte pode ser classificado como de natureza ocupacional.

2 Alterações normativas após o surto da covid-19

No Brasil, inicialmente o Ministério da Saúde criou, pela Portaria nº 74, de 27 de janeiro de 2020, um "Grupo de Emergência em Saúde Pública para condução das ações referentes ao novo coronavírus" e pouco tempo depois declarou "Emergência em Saúde Pública de importância nacional em decorrência da infecção humana pelo novo coronavírus", com a publicação da Portaria do Ministério da Saúde nº 188, de 3 de fevereiro de 2020.

Logo em seguida, a Lei nº 13.979, de 6 de fevereiro de 2020, estabeleceu "as medidas para enfrentamento da emergência de saúde pública de importância internacional decorrente do coronavírus responsável pelo surto de 2019".

Essa lei emergencial, entre as suas diversas previsões, disciplinou as figuras do isolamento, da quarentena, da realização compulsória de exames, testes e coletas de amostras. Assegurou também que todas as

---

respiratória do Oriente Médio (MERS) e a síndrome respiratória aguda grave (SARS). O coronavírus descoberto mais recentemente causa a doença de coronavírus COVID-19". Disponível em: https://www.who.int/es/emergencies/diseases/novel-coronavirus-2019/advice-for-public/q-a-coronaviruses. Acesso em: 26 maio 2020.

pessoas afetadas terão direito à informação e a receberem tratamento gratuito, bem como estabeleceu medidas para o funcionamento do serviço público e das atividades essenciais.[2] Estabeleceu ainda que será considerada falta justificada ao serviço público ou privado o período de ausência decorrente das medidas previstas (art. 3º, §3º).

Diante do avanço da covid-19, o Congresso Nacional aprovou no dia 20 de março de 2019 o Decreto Legislativo nº 6 reconhecendo oficialmente a ocorrência de "estado de calamidade pública", com efeitos até o dia 31 de dezembro de 2020. Assim, o Governo Federal ficou liberado do cumprimento das metas fiscais previstas na Lei nº 13.898/2019, o que viabilizou diversas concessões extraordinárias no orçamento federal de 2020, por intermédio de medidas provisórias, leis, decretos e portarias.

Destacam-se no aspecto trabalhista a Medida Provisória nº 927, que instituiu regras para a preservação do emprego e renda; a Medida Provisória nº 936, que criou o Programa Emergencial de Manutenção do Emprego e Renda, e a Medida Provisória nº 945, que tratou de medidas temporárias no âmbito do setor portuário. E com certeza, durante o processo de tramitação legislativa das diversas medidas provisórias, nos respectivos projetos de conversão em lei (art. 62 da CF/1988), outras normas serão acrescidas ou modificadas pelo parlamento, de acordo com a evolução da pandemia da covid-19 no Brasil.

No dia 7 de maio de 2020 foi aprovada a Emenda Constitucional nº 106 para a instituição de regime extraordinário fiscal, financeiro e de contratações para o enfrentamento de calamidade pública nacional decorrente da pandemia.

Em decorrência do estado de calamidade pública, ao longo deste ano de 2020 muitas outras alterações normativas deverão ocorrer.

3 Inseguranças e desafios jurídicos deste período emergencial

Essas mudanças repentinas e reiteradas no ordenamento jurídico em decorrência da pandemia da covid-19 suscitam muitas interrogações, interpretações variadas e oscilações de entendimentos dos aplicadores

[2] O Decreto Presidencial nº 10.282, de 20 de março de 2020, regulamentou a Lei nº 13.979/2020 para definir os serviços públicos e as atividades essenciais. Esse decreto foi posteriormente alterado pelos Decretos nº 10.292/2020 e nº 10.329/2020 com mais detalhamento do rol das atividades essenciais para os fins da Lei nº 13.979/2020.

do Direito. Vislumbra-se, portanto, um cenário próximo de intensas controvérsias e muitos desafios hermenêuticos até consolidar a jurisprudência dessas normas transitórias, instituídas para disciplinar relações jurídicas de um período excepcional.

Nesse primeiro momento o esforço dos responsáveis está direcionado para prevenir a expansão da doença, ao mesmo tempo em que muitos profissionais diligentes estão empenhados no tratamento dos que foram contaminados. Em seguida, virão as aflições do recomeço das atividades, com pessoas inseguras, dificuldades financeiras das empresas, desemprego e o ambiente tenso de reconstrução econômica. Mais adiante surgirão as demandas judiciais propostas pelas vítimas em busca de indenizações, com muitas dúvidas sobre a existência dos danos, sua extensão, nexo de causalidade e o cabimento ou não das reparações.

A pandemia do novo coronavírus chegou abruptamente em 2019/2020 e vai marcar uma época, provocando mudanças acentuadas e adaptações inevitáveis do modo de viver, de produzir, de consumir, com muitas repercussões no mundo do trabalho e na regulação dos direitos trabalhistas.

Já se vislumbra nas cogitações do momento que não haverá o desejado retorno ao normal, uma vez que estamos ingressando inevitavelmente no desconhecido território de um novo normal. Em vez de continuar percorrendo os caminhos habituais que proporcionavam relativa segurança, teremos que avançar enquanto desbravamos trilhas ignoradas, superando obstáculos, construindo pontes com o desconhecido e encontrando soluções adequadas para uma nova etapa civilizatória.

Só mesmo o transcurso do tempo vai permitir organizar as ideias e avaliar com segurança esse marco histórico, representado pelo novo coronavírus que surgiu no início da década de 20, do século XXI.

4 Importância de caracterizar a covid-19 como doença ocupacional

A Constituição da República confere aos trabalhadores, no art. 7º, XXVIII, o direito aos benefícios do seguro contra acidentes do trabalho, sem excluir a indenização a que o empregador está obrigado, quando incorrer em dolo ou culpa.

Assim, para auferir os benefícios de natureza acidentária junto ao INSS, bem como para veicular a postulação judicial das indenizações por responsabilidade civil em face do empregador, deverá o trabalhador que foi vítima da covid-19, primeiramente, demonstrar que aquela ocorrência está prevista em uma das hipóteses que a Lei Previdenciária nº 8.213/1991 considera como doença relacionada ao trabalho.

Pela alteração promovida pela Emenda Constitucional nº 103/2019, o segurado somente terá direito ao valor correspondente a 100% do salário benefício quando se aposentar por incapacidade permanente em decorrência de acidente do trabalho, de doença profissional ou de doença do trabalho. Nas aposentadorias comuns por incapacidade sem relação com o trabalho, o valor partirá de um piso de 60% do salário de benefício, com o acréscimo de dois pontos percentuais para cada ano de contribuição que exceder o tempo de 20 anos, no caso dos homens, e de 15 anos quando for mulher.[3]

Também haverá repercussão no valor da fração inicial da pensão por morte, ocorrida a partir de 14 de novembro de 2019, quando decorrente de causa acidentária, cuja renda mensal inicial será correspondente ao valor a que o segurado teria direito se fosse aposentado por incapacidade permanente na data do óbito, acrescida de dez pontos percentuais por dependente, até o máximo de 100%. Desse modo, considerando que a aposentadoria por incapacidade decorrente de acidente do trabalho, de doença profissional ou doença do trabalho proporciona um benefício maior, também a pensão dos dependentes da vítima nessas circunstâncias terá um valor diferenciado.[4]

Além dessas principais repercussões, há outras consequências que ampliam a importância a respeito da caracterização da doença como de natureza ocupacional, como veremos a seguir.

Se for constatada a espécie ocupacional da covid-19, a vítima terá direito a continuar recebendo os depósitos do FGTS na sua conta vinculada, durante todo o período de afastamento junto ao INSS, conforme previsto no art. 15, §5º, da Lei nº 8.036/1990.[5] Além disso,

---

[3] Emenda Constitucional nº 103, 12 de novembro de 2019. Art. 26, §§2º, 3º e 5º. Os critérios desses cálculos foram detalhados na Portaria do INSS nº 450, de 3 de abril de 2020.

[4] Emenda Constitucional nº 103, de 12 de novembro de 2019. Art. 23 *caput*, combinado com o art. 26, §§2º, 3º e 5º. A Portaria INSS nº 450, de 3 de abril de 2020, esclareceu no art. 47: "Na pensão por morte, o valor do benefício, com fato gerador a partir de 14 de novembro de 2019, será calculado na forma da aposentadoria por incapacidade permanente a que o segurado teria direito na data do óbito, aplicando sobre esse valor a regra de cotas para cada dependente, nos termos fixados pelo art. 23 da EC nº 103, de 2019."

[5] Este dispositivo foi regulamentado pelo art. 28 do Decreto nº 99.684/1990, que estabelece: "Art. 28. 0 depósito na conta vinculada do FGTS é obrigatório também nos casos de interrupção do contrato de trabalho prevista em lei, tais como: (...) II - licença para tratamento de saúde de até quinze dias; III - licença por acidente de trabalho (...). Parágrafo único. Na hipótese

quando ocorrer o afastamento de caráter ocupacional terá o benefício da garantia de emprego pelo prazo mínimo de doze meses, após a cessação do auxílio doença acidentário, de acordo com o que estabelece a Lei de Benefícios da Previdência Social.[6]

Mas não é só. O reconhecimento da natureza ocupacional da covid-19 dispensa a carência para obtenção de benefícios da Previdência Social, repercute no aumento da alíquota do seguro de acidente do trabalho pago pelo empregador, pode gerar repercussão criminal, possibilita a lavratura de auto de infração pela Inspeção do Trabalho e pode ensejar ainda o ajuizamento de ação regressiva pela Previdência Social em face do empregador.

Como se depreende do exposto, haverá sempre uma firme pretensão do empregado no sentido do reconhecimento da covid-19 como relacionada ao exercício do contrato de trabalho e, por outro lado, uma forte resistência do empregador defendendo que o adoecimento não guarda nexo causal com o trabalho e, portanto, só autoriza a concessão de benefícios de natureza estritamente previdenciária pelo INSS.

Veja no quadro a seguir uma síntese das consequências jurídicas para o empregado e para o empregador, decorrentes da caracterização do afastamento como ocupacional (benefícios acidentários), em comparação com o simples afastamento por doença não relacionada ao trabalho (benefícios previdenciários):

deste artigo, a base de cálculo será revista sempre que ocorrer aumento geral na empresa ou na categoria profissional a que pertencer o trabalhador".

[6] Lei nº 8.213, de 24 de julho de 1991. "Art. 118. O segurado que sofreu acidente do trabalho tem garantida, pelo prazo mínimo de doze meses, a manutenção do seu contrato de trabalho na empresa, após a cessação do auxílio-doença acidentário, independentemente de percepção de auxílio-acidente."

Consequências jurídicas do enquadramento do evento como de natureza ocupacional	**Acidentário**	**Previdenciário**
1. Aposentadoria por incapacidade permanente no valor correspondente a 100% do salário de benefício.	Sim	Não
2. Pensão aos dependentes com valores diferenciados para os casos de mortes por causas ocupacionais	Sim	Não
3. Garantia provisória de emprego – Lei nº 8.213/1991, art. 118.	Sim	Não
4. Depósito do FGTS no período do afastamento – Lei nº 8.036/1990, art. 15, §5º.	Sim	Não
5. Dispensa período carência para auferir determinados benefícios junto ao INSS – Lei nº 8.213/1991, art. 26.	Sim	Não
6. Majoração da alíquota do seguro de acidente do trabalho – Decreto nº 3.048/1999, art. 202-A.	Sim	Não
7. Possíveis efeitos criminais – Código Penal, arts. 121, 129 e 132; Lei nº 8.213/91, art. 19, §2º.	Sim	Não
8. Possíveis multas aplicadas pela Inspeção do Trabalho – CLT.	Sim	Não
9. Possível ação regressiva do INSS em face do empregador – Lei nº 8.213/1991, art. 120.	Sim	Não
10. Possível indenização pelo empregador para reparar os danos sofridos pela vítima.	Sim	Não

Considerando a fluência regular das ocorrências, quando o empregador constata que o adoecimento tem relação com o exercício do trabalho, deve cumprir o dever legal de emitir a Comunicação de Acidente do Trabalho (CAT).

Contudo, a falta dessa comunicação por parte do empregador não impede o reconhecimento da natureza ocupacional da doença, tanto pelo mecanismo do nexo técnico epidemiológico quanto por outros meios de provas.

5 Emissão regular da Comunicação do Acidente do Trabalho (CAT)

O primeiro passo para o reconhecimento de qualquer direito trabalhista ao empregado que foi contaminado pela covid-19, em razão do seu trabalho, é obter a comunicação da ocorrência à Previdência Social.[7]

Com o objetivo de facilitar a concessão rápida dos benefícios e, ainda, diante do caráter social do seguro acidentário, a norma legal atribui primeiramente ao empregador a obrigação de expedir a comunicação do adoecimento ocupacional, ficando dispensada, em princípio, a vítima ou seus dependentes da iniciativa do requerimento. Estabelece a Lei nº 8.213/1991:

> Art. 22. A empresa ou o empregador doméstico deverão comunicar o acidente do trabalho à Previdência Social até o primeiro dia útil seguinte ao da ocorrência e, em caso de morte, de imediato, à autoridade competente, sob pena de multa variável entre o limite mínimo e o limite máximo do salário de contribuição, sucessivamente aumentada nas reincidências, aplicada e cobrada pela Previdência Social.

Nesse sentido, a Comunicação do Acidente do Trabalho à Previdência Social deverá ser expedida pela empresa ou pelo empregador doméstico, de acordo com formulário próprio criado pelo INSS,[8] cujo

---

7 Estabelece o art. 129, II, da Lei nº 8.213/1991 que os litígios e medidas cautelares relativos ao acidente do trabalho serão apreciados na via judicial mediante petição inicial instruída pela prova da efetiva notificação do evento à Previdência Social, por meio de Comunicação de Acidente do Trabalho (CAT).

8 O formulário da CAT e as respectivas instruções de preenchimento estão regulados pela Portaria nº 5.817, de 6 de outubro de 1999, e pela Ordem de Serviço INSS/DSS nº 621, de 5 de maio de 1999. Mais recentemente o tema foi tratado pela Instrução Normativa do INSS/PRES. nº 77, de 21 de janeiro de 2015, a partir do art. 327.

modelo pode ser obtido pela *Internet* no endereço https://www.inss.gov.br/servicos-do-inss/comunicacao-de-acidente-de-trabalho-cat/, sendo que atualmente a remessa deve ser feita preferencialmente no sítio eletrônico da Previdência Social.[9]

Caso a covid-19 relacionada ao trabalho seja detectada após o desligamento, quando o trabalhador estiver desempregado ou nos exames médicos para admissão em novo emprego, a CAT deverá ser emitida pelo ex-empregador ou pelas pessoas designadas no art. 336, §3º, do Regulamento da Previdência Social, o Decreto nº 3.048/1999.[10]

Não cabe à empresa que está promovendo a admissão emitir a CAT porque ainda não é a empregadora do candidato; além disso, não detém informações dos fatos ocorridos no emprego anterior para afirmar que aquele adoecimento guarda nexo etiológico com o trabalho.

Como já mencionamos, o adoecimento pela covid-19 pode ser o fato gerador de diversas e sérias consequências jurídicas que se refletem no contrato de trabalho, nos benefícios acidentários, nas ações regressivas promovidas pela Previdência Social, nas diversas indenizações por responsabilidade civil, na Inspeção do Trabalho, no pagamento de indenização de seguros privados que cobrem a morte ou a invalidez permanente e na reação corporativa do sindicato da categoria profissional.

Com receio de tantas repercussões onerosas e diante dos inúmeros questionamentos que a covid-19 suscita, provavelmente muitos empregadores não vão emitir a CAT, procurando impedir a publicidade do sinistro. Deve-se ponderar também que há situações efetivamente duvidosas que nem mesmo os profissionais da Medicina têm respostas seguras e definitivas, considerando o aparecimento muito recente desta patologia e a inexistência de pesquisas consolidadas a seu respeito.

O legislador, com o objetivo de combater a subnotificação, instituiu normas visando a facilitar a comunicação da doença ocupacional e ampliar a sua divulgação entre todos os interessados, para que possam tomar as medidas que entenderem cabíveis. Assim, no caso de omissão ou resistência do empregador, a CAT também pode ser emitida pelo próprio trabalhador, por seus dependentes, pela entidade sindical

---

9 A Instrução Normativa do INSS/PRES. nº 77, de 21 de janeiro de 2015, prevê no art. 328: "A CAT será registrada preferencialmente no sítio eletrônico: www.previdencia.gov.br ou em uma das Unidades de Atendimento. §1º A CAT registrada pela Internet é válida para todos os fins perante o INSS".

10 Instrução Normativa do INSS/PRES. nº 77, de 21 de janeiro de 2015, art. 330, IV. As pessoas designadas no art. 336, §3º, do RPS são: o próprio acidentado, seus dependentes, a entidade sindical competente, o médico que o assistiu ou qualquer autoridade pública.

competente,[11] pelo médico que o assistiu ou por qualquer autoridade pública, mesmo depois de vencido o prazo fixado para a comunicação pela empresa.[12]

Além disso, passou-se a exigir a emissão em quatro vias, com a seguinte destinação: 1ª via – INSS; 2ª via – segurado ou dependente; 3ª via – sindicato dos trabalhadores; 4ª via – empresa.[13] É dever da empresa remeter as cópias aos destinatários mencionados, bem como informar ao segurado ou aos seus dependentes em qual agência do INSS a CAT foi registrada.

Uma questão difícil, especialmente no caso das doenças ocupacionais, é estabelecer a partir de que momento ou circunstância a emissão da CAT torna-se obrigatória, passando a ser direito do trabalhador e dever do empregador.

Nos últimos anos, nota-se um inconformismo crescente de trabalhadores e sindicatos contra a conduta daquelas empresas que se negam a emitir a CAT sob alegação de que não existe ainda o *diagnóstico firmado* da doença ocupacional. De fato, se verificarmos o "Manual de Instrução para Preenchimento da CAT" disponível no sítio eletrônico do INSS, publicado por intermédio da Ordem de Serviço INSS/DSS nº 621/1999, há previsão expressa de que "todos os casos com diagnóstico firmado de doença profissional ou do trabalho devem ser objeto de emissão de CAT pelo empregador" e, ainda, de que "no caso de doença

---

[11] Os sindicatos sempre reclamam de um certo preconceito ou desatenção por parte do INSS, em relação às Comunicações de Acidentes do Trabalho por eles emitidas. Para afastar essa suspeita, a Diretoria de Benefícios do INSS baixou o Memorando Circular nº 48, de 31 de outubro de 2005, esclarecendo aos setores internos que a CAT emitida pelo Sindicato profissional da categoria não pode ser recusada, pois tem o mesmo valor probatório daquela providenciada pela empresa.

[12] Lei nº 8.213, de 24 julho de 1991, art. 22, §2º, ou Decreto nº 3.048, de 6 de maio 1999, art. 336, §3º. A Instrução Normativa do INSS/PRES nº 77, de 21 de janeiro de 2015, relaciona no art. 331, §2º, quais são as autoridades que podem emitir a CAT: "Para efeito do disposto no §1º deste artigo, consideram-se autoridades públicas reconhecidas para tal finalidade os magistrados em geral, os membros do Ministério Público e dos Serviços Jurídicos da União e dos Estados, os comandantes de unidades militares do Exército, da Marinha, da Aeronáutica e das Forças Auxiliares (Corpo de Bombeiros e Polícia Militar), prefeitos, delegados de polícia, diretores de hospitais e de asilos oficiais e servidores da administração direta e indireta federal, estadual, do Distrito Federal ou municipal, quando investidos de função".

[13] A Ordem de Serviço INSS/DSS nº 621/1999, que aprovou o modelo do formulário da comunicação, estabelecia que a CAT deveria ser emitida com seis vias, sendo a 5ª via para o SUS e a 6ª via para a DRT. No entanto, a Instrução Normativa INSS/DC nº 118/2005 e mais recentemente o art. 329 da Instrução INSS/PRES nº 77/2015 limitaram a emissão às quatro vias indicadas no art. 22, §1º, da Lei nº 8.213/1991 (INSS, Segurado, Sindicato e Empresa). No caso de óbito, cópia da CAT também deverá ser entregue aos dependentes e à autoridade competente.

profissional ou do trabalho, a CAT deverá ser emitida após a conclusão do diagnóstico".

Essa norma administrativa está dificultando a emissão da CAT em muitas situações, já que, para diversas doenças relacionadas com o trabalho, é possível formular hipóteses diagnósticas de doenças degenerativas ou do grupo etário ou, ainda, demandar prolongados exames complementares para formular diagnóstico diferencial, retardando em demasia a "conclusão do diagnóstico". Entendemos, todavia, que referida exigência, além de equivocada, é ilegal, pois contraria a lei. Diz o art. 169 da CLT, com a redação dada pela Lei nº 6.514/1977:

> Art. 169. Será obrigatória a notificação das doenças profissionais e das produzidas em virtude de condições especiais de trabalho, comprovadas ou objeto de suspeita, de conformidade com as instruções expedidas pelo Ministério do Trabalho.

Assim, a partir do momento em que surge a "suspeita diagnóstica" de doença relacionada ao trabalho, é dever do empregador e direito do empregado a emissão da CAT. De qualquer forma é necessário que haja alguma alteração, algum sintoma ou sinal clínico que possa levar à "suspeita", para não cair no comportamento excessivo de emissão da CAT pela simples desconfiança ou por mero capricho por parte do empregado.

A redação da NR-7 atualizada pela Portaria do Secretário Especial de Previdência e Trabalho do Ministério da Economia – SEPRT nº 6.734, de 9 de março de 2020, estabeleceu no item 7.5.19.5: "Constatada ocorrência ou agravamento de doença relacionada ao trabalho ou alteração que revele disfunção orgânica por meio dos exames complementares do Quadro 2 do Anexo I, dos demais Anexos desta NR ou dos exames complementares incluídos com base no subitem 7.5.18 da presente NR, caberá à organização, após informada pelo médico responsável pelo PCMSO: a) emitir a Comunicação de Acidente do Trabalho – CAT; b) afastar o empregado da situação, ou do trabalho, quando necessário;...".

Aliás, estabelece o Código de Ética Médica, no Capítulo I, que trata dos princípios fundamentais, que "o médico não pode, em nenhuma circunstância ou sob nenhum pretexto, renunciar à sua liberdade profissional, nem permitir quaisquer restrições ou imposições que possam prejudicar a eficiência e a correção de seu trabalho".[14]

---

[14] Aprovado pela Resolução CFM nº 2.217, de 27 de setembro de 2018.

Nesse diapasão, a Resolução nº 2.183/2018 do Conselho Federal de Medicina (CFM), que trata "das normas específicas para médicos que atendem o trabalhador", estabelece: "Art. 3º Os médicos do trabalho e os demais médicos que atendem os trabalhadores de empresas e instituições, que admitem trabalhadores independentemente de sua especialidade, devem: (...) IV – Notificar, formalmente, o empregador quando da ocorrência ou de sua suspeita de acidente ou doença do trabalho para que a empresa proceda à emissão de Comunicação de Acidente do Trabalho, devendo deixar registrado no prontuário do trabalhador".

Também a Convenção nº 161 da OIT ratificada pelo Brasil estabelece que o pessoal prestador de serviços de saúde no trabalho deverá gozar de independência profissional completa com relação ao empregador, aos trabalhadores e aos seus representantes.[15]

A data em que ocorreu o sinistro é facilmente indicada na CAT quando se trata de acidente típico, mas é de difícil apuração nas doenças ocupacionais. Diante da impossibilidade prática de precisar o "momento do adoecimento", o legislador estabeleceu, por presunção legal, como dia do acidente a data do início da incapacidade laborativa para o exercício da atividade habitual, ou o dia da segregação compulsória, ou o dia em que for realizado o diagnóstico, valendo o que ocorrer primeiro.[16] Como é necessário emitir a CAT quando houver suspeita de doença ocupacional, a data a ser colocada na comunicação será aquela em que o médico formulou a suspeita diagnóstica.

Vale enfatizar que a CAT deverá ser preenchida em todos os casos em que ocorrer doença ocupacional, mesmo que não haja afastamento do trabalho ou incapacidade. Sabe-se, porém, que a subnotificação nos acidentes que não acarretam afastamento é grande, até porque é muito difícil o fato ser detectado pela fiscalização.

Além da emissão da CAT, o empregador deverá comunicar a ocorrência do acidente do trabalho ou a doença ocupacional ao Sistema de Escrituração Digital das Obrigações Fiscais, Previdenciárias e Trabalhistas e Social, conforme disciplinado na Portaria nº 1.195, de 30 de outubro de 2019, nos mesmos prazos indicados pela lei, conforme anteriormente anotado.

---

15 Convenção nº 161 da OIT, art. 10. Esta Convenção, que trata dos "Serviços de Saúde no Trabalho", foi promulgada pelo Decreto nº 127/1991 e está em vigor no Brasil desde 18 de maio de 1991.

16 Lei nº 8.213, de 24 de julho de 1991, art. 23.

6 Enquadramento da covid-19 pelo INSS

6.1 Considerações iniciais

Cabe registrar que a simples emissão da CAT não significa automaticamente que houve confissão do empregador quanto à ocorrência de doença ocupacional, porquanto a caracterização oficial do infortúnio é feita pela Previdência Social, depois de verificar o liame causal entre a doença e o trabalho exercido.

O setor de perícia médica do INSS, nos afastamentos superiores a quinze dias, faz análise técnica para conferência do nexo entre o trabalho e o agravo, considerando-se como agravo a lesão, a doença, o transtorno de saúde, distúrbio, disfunção ou síndrome de evolução aguda, subaguda ou crônica, de natureza clínica ou subclínica, inclusive morte, independentemente do tempo de latência.[17] Desse modo, o INSS pode ou não caracterizar a doença que acometeu o trabalhador como de natureza ocupacional, após realizar avaliação do alegado nexo causal da patologia com o trabalho.

Importa esclarecer que para enquadramento da doença como ocupacional não se cogita do elemento subjetivo culpa do empregador ou da vítima. A culpa tem importância no aspecto da responsabilidade civil na Justiça do Trabalho, mas não é considerada para fins de enquadramento da natureza acidentária perante a Previdência Social. "É irrelevante para a caracterização do acidente do trabalho a existência de culpa do segurado ou de seu contratante. Trata-se da aplicação da teoria do risco social, segundo a qual a sociedade arca com o ônus do indivíduo incapacitado, independentemente de quem causou o infortúnio".[18]

Do mesmo modo, também não exclui o enquadramento do acidente ou adoecimento a alegação de caso fortuito, ato de terceiro ou motivo de força maior, tanto pela natureza social da cobertura do seguro acidentário quanto pela previsão expressa a respeito constante da Lei de Benefícios da Previdência Social.[19]

---

[17] Decreto nº 3.048, de 6 maio 1999, art. 337. Conferir também o "Manual Técnico da Perícia Médica Previdenciária" aprovado pela Resolução do INSS nº 637, de 19 de março de 2018.

[18] CASTRO, Carlos Alberto Pereira de. *Manual de Direito Previdenciário*. 23. ed. Rio de Janeiro: Forense, 2020. p. 523.

[19] Lei nº 8.213, de 24 jul. 1991. "Art. 21. Equiparam-se também ao acidente do trabalho, para efeitos desta Lei: (...) II - o acidente sofrido pelo segurado no local e no horário do trabalho, em consequência de: (...) c) ato de imprudência, de negligência ou de imperícia de terceiro ou de companheiro de trabalho; (...) e) desabamento, inundação, incêndio e outros casos fortuitos ou decorrentes de força maior;".

Para esclarecer os fatos que eventualmente estejam gerando dúvidas quanto ao nexo causal, a perícia médica do INSS poderá ouvir testemunhas, efetuar pesquisa ou realizar vistoria do local de trabalho, bem como solicitar o documento Perfil Profissiográfico Previdenciário (PPP) diretamente ao empregador.[20]

6.2 A suspensão do art. 29 da MP nº 927/2020 pelo STF

Ao editar a Medida Provisória nº 927/2020[21] instituindo medidas trabalhistas para o enfrentamento do estado de calamidade pública decorrente da covid-19, o Presidente da República inseriu disposição normativa para estabelecer, como princípio, que essa doença não tem natureza ocupacional. Veja-se o teor do dispositivo:

> Art. 29. Os casos de contaminação pelo coronavírus (covid-19) não serão considerados ocupacionais, exceto mediante comprovação do nexo causal.

Logo após a publicação da referida norma, diversos partidos políticos e confederações de trabalhadores ajuizaram Ações Diretas de Inconstitucionalidade (ADIs), postulando a suspensão do dispositivo por contrariedade à Constituição da República de 1988, porquanto estaria violando direitos fundamentais dos trabalhadores. As ações foram ajuizadas no Supremo Tribunal Federal (STF) pelo Partido Democrático Trabalhista (ADI 6342), pela Rede Sustentabilidade (ADI 6344), pela Confederação Nacional dos Trabalhadores Metalúrgicos (ADI 6346), pelo Partido Solidariedade (ADI 6352) e pela Confederação Nacional dos Trabalhadores da Indústria (ADI 6354).

O STF, na sessão de julgamento telepresencial do dia 29 de abril de 2020, acolheu a pretensão neste ponto e suspendeu a eficácia do artigo 29 da MP nº 927/2020, pela considerável maioria de 7 votos a favor e apenas 3 votos contrários.

O Ministro do STF Edson Fachin, ao proferir seu voto para considerar inconstitucional o art. 29, sintetizou o entendimento que prevaleceu:

> Nas ADIs 6.342, 6.344, 6.346, 6.352 e 6.354, aponta-se a inconstitucionalidade do disposto no artigo 29 da Medida Provisória nº 927/2020 fundada na dificuldade de os empregados comprovarem o nexo causal

---

[20] Cf. Instrução Normativa do INSS/PRES. nº 77, de 21 de janeiro de 2015, art. 322.

[21] Publicada na edição extra do Diário Oficial da União do dia 22 de março de 2020.

> da doença causada pelo novo coronavírus, considerando o fato notório e consabido de que a transmissão da doença é comunitária e exponencial.
> Afirma-se que o regime de responsabilidade estabelecido na norma impugnada exime o empregador de tomar todas as medidas de saúde, higiene e segurança necessárias à proteção dos trabalhadores, afrontando, assim, direito fundamental à redução de riscos inerentes ao trabalho, constantes do artigo 7º, XXII, da CRFB.
> Assim está posta a norma impugnada: Art. 29. Os casos de contaminação pelo coronavírus (covid-19) não serão considerados ocupacionais, exceto mediante comprovação do nexo causal.
> Exigir-se que o ônus probatório seja do empregado, diante da infecção e adoecimento pelo novo coronavírus, não se revela como medida adequada e necessária à redução dos riscos dos trabalhadores quanto à doença deflagrada pelo novo coronavírus. Se o constituinte de 1988 reconheceu a redução de riscos inerentes ao trabalho como um direito fundamental social do trabalhador brasileiro, obrigando que os empregadores cumpram normas de saúde, higiene e segurança no trabalho, certamente ele previu que o empregador deveria responsabilizar-se por doenças adquiridas no ambiente e/ou em virtude da atividade laboral.
> A previsão de responsabilidade subjetiva parece uma via adequada a justificar a responsabilização no caso das enfermidades decorrentes de infecção pelo novo coronavírus, de forma que se o empregador não cumprir as orientações, recomendações e medidas obrigatórias das autoridades brasileiras para enfrentar a pandemia pelo novo coronavírus, deverá ser responsabilizado.
> Assim, o ônus de comprovar que a doença não foi adquirida no ambiente de trabalho e/ou por causa do trabalho deve ser do empregador, e, não, do empregado, como estabelece a norma impugnada.
> O artigo 29 da Medida Provisória nº 927/2020 afronta o que dispõe o art. 7º, XXII, da CRFB: "redução dos riscos inerentes ao trabalho, por meio de normas de saúde, higiene e segurança", invertendo o ônus probatório no caso específico da infecção por coronavírus.
> Diante do que exposto, divirjo do e. Ministro Relator e julgo procedente o pedido de suspensão, por inconstitucionalidade, do art. 29 da Medida Provisória nº 927/2020.[22]

Entendemos acertada e oportuna a decisão do STF, uma vez que o temor dos autores das ações diretas de inconstitucionalidade é justificável. O dispositivo como foi redigido criava uma presunção contrária ao enquadramento da covid-19 como de natureza ocupacional,

[22] Disponível em: https://www.conjur.com.br/dl/stf-fachin-adis-referendo-mp-927.pdf. Acesso em: 31 maio 2020.

sobrecarregando a vítima com o difícil ônus de provar o nexo de causalidade. A norma estava indicando para a perícia médica do INSS que todo adoecimento da covid-19, em princípio, não teria natureza ocupacional, salvo se houvesse prova em sentido contrário. Na falta ou na impossibilidade da prova deveria prevalecer a regra geral da natureza não ocupacional da covid-19.

Desse modo, mesmo para a situação das vítimas que contraíram a covid-19 nas diversas atividades com risco acentuado de contágio ou transmissão do novo coronavírus, haveria a necessidade de provar que a doença teve etiologia ocupacional. Estava implícito, também, que um dos propósitos da previsão do art. 29 da MP nº 927/2020 era não sobrecarregar a Previdência Social com o pagamento dos benefícios de natureza acidentária, considerando que esse enquadramento, depois da promulgação da Emenda Constitucional nº 103/2020, gera rendimentos superiores aos benefícios previdenciários, conforme já anotamos.

Uma vez suspensa a eficácia jurídica do art. 29 mencionado, foi afastada a presunção legal no sentido de que a doença não tem natureza ocupacional. Então, o enquadramento como doença relacionada ou não ao trabalho será verificado considerando o caso concreto, as previsões contidas na Lei nº 8.213/1991 e os ajustes hermenêuticos decorrentes das singularidades dessa nova pandemia. Como indicado no julgamento da Corte Suprema, o grau de risco da exposição ao novo coronavírus, pela natureza da atividade do empregador, cria a presunção da etiologia ocupacional da covid-19 em favor da vítima.

Vale enfatizar para fins de orientação interpretativa o destaque registrado no julgamento do STF ao direito do empregado à "redução dos riscos inerentes ao trabalho, por meio de normas de saúde, higiene e segurança" como previsto expressamente no art. 7º, XXII, da Constituição da República de 1988. E não se trata de julgamento isolado porque em diversos acórdãos proferidos nos últimos anos a proteção jurídica à saúde do trabalhador vem adquirindo maior acolhimento no âmbito do Supremo Tribunal Federal.[23]

---

[23] A maior densidade normativa do art. 7º, XXII, da Constituição da República de 1988 pode ser observada nos julgamentos da ADIs nº 4.842, em 2016; ADIs nºs 3.937, 3.406, 3.470, 4.066 julgadas em 2017; ADIs 5.938 e RE 828.040 julgados em 2019 e ADIs nºs 6.342, 6.344, 6.346, 6.352, 6.354 e 3.931 julgadas em 2020.

6.3 Como doença ocupacional

Desde a primeira lei acidentária de 1919, as doenças provocadas pelo trabalho são consideradas como acidente do trabalho. O art. 1º do Decreto Legislativo nº 3.724/1919 mencionava a "moléstia contraída exclusivamente pelo exercício do trabalho." No correr do tempo, a legislação incorporou as doenças profissionais atípicas, que passaram a ser denominadas "doenças do trabalho", desde a quarta lei acidentária publicada em 1967.

Como adverte Mozart Russomano, o acidente e a enfermidade têm conceitos próprios. A equiparação entre eles se faz apenas no plano jurídico, com efeitos nas reparações e nos direitos que resultam para o trabalhador nos dois casos. Enquanto o acidente é um fato que provoca lesão, a enfermidade profissional é um estado patológico ou mórbido, ou seja, perturbação da saúde do trabalhador.[24]

A Lei nº 8.213/1991 disciplina atualmente as doenças ocupacionais com a seguinte redação:

> Art. 20. Consideram-se acidente do trabalho, nos termos do artigo anterior, as seguintes entidades mórbidas:
> I – doença profissional, assim entendida a produzida ou desencadeada pelo exercício do trabalho peculiar a determinada atividade e constante da respectiva relação elaborada pelo Ministério do Trabalho e da Previdência Social;
> II – doença do trabalho, assim entendida a adquirida ou desencadeada em função de condições especiais em que o trabalho é realizado e com ele se relacione diretamente, constante da relação mencionada no inciso I.

Cabe, neste passo, precisar o conceito das três denominações: doença profissional, doença do trabalho e doença ocupacional, já que a lei, como princípio hermenêutico, não contém palavras inúteis.

A doença profissional é aquela peculiar a determinada atividade ou profissão, também chamada de doença profissional típica, tecnopatia ou ergopatia. O exercício de determinada profissão pode produzir ou desencadear certas patologias, sendo que, nessa hipótese, o nexo causal da doença com a atividade é presumido. É o caso, por exemplo, do empregado de uma mineradora que trabalha exposto ao pó de sílica e contrai a silicose. Afirma Tupinambá do Nascimento que, nas tecnopatias, a relação com o trabalho é presumida *juris et de jure*,

---

[24] RUSSOMANO, Mozart Victor. *Curso de previdência social*. Rio de Janeiro: Forense, 1983. p. 350-351.

inadmitindo prova em sentido contrário. Basta comprovar a prestação do serviço na atividade e o acometimento da doença profissional.[25] Sinteticamente, pode-se afirmar que doença profissional é aquela típica de determinada profissão.

Por outro lado, a doença do trabalho, também chamada mesopatia ou doença profissional atípica, apesar de igualmente ter origem na atividade do trabalhador, não está vinculada necessariamente a esta ou aquela profissão. Seu aparecimento decorre da forma em que o trabalho é prestado ou das condições específicas do ambiente de trabalho. Nas doenças do trabalho, "as condições excepcionais ou especiais do trabalho determinam a quebra da resistência orgânica com a consequente eclosão ou a exacerbação do quadro mórbido, e até mesmo o seu agravamento".[26]

Diferentemente das doenças profissionais, as doenças do trabalho não têm nexo causal presumido, exigindo demonstração de que a patologia apareceu em razão das condições especiais em que o trabalho foi realizado.

Como se verifica dessa exposição genérica, a covid-19 quando relacionada ao trabalho tanto poder ser classificada como uma doença profissional, ou seja, aquela que foi "produzida ou desencadeada pelo exercício do trabalho peculiar a determinada atividade", quanto pode ser enquadrada como doença do trabalho quando se verificar que a enfermidade foi "adquirida ou desencadeada em função de condições especiais em que o trabalho foi realizado".

Em qualquer dessas duas modalidades a covid-19 estará caracterizada como doença de natureza "ocupacional", que é o gênero mais próximo que abrange as duas espécies (doença profissional e do trabalho). Pode-se utilizar também a expressão genérica de "doença relacionada ao trabalho", como mencionada na redação da NR-7, atualizada pela Portaria SEPRT nº 6.734, de 9 de março de 2020.

Naturalmente que o adoecimento pelo exercício de atividades que expõem ao maior risco de contágio, especialmente daqueles trabalhadores que atuam de alguma forma no diagnóstico, socorro, transporte, tratamento, atividades diversas de apoio e funeral das vítimas da covid-19, pode ser enquadrado como doença ocupacional pela presunção do nexo causal.

Nesse sentido, a Lista "A" das doenças relacionadas ao trabalho, publicada como Anexo II do Regulamento da Previdência Social (Decreto

---

[25] CASTRO DO NASCIMENTO, Tupinambá M. *Comentários à nova lei de acidentes do trabalho*. Porto Alegre: Síntese, 1977. p. 50.

[26] OLIVEIRA, José de. *Acidentes do trabalho*. 3. ed. São Paulo: Saraiva, 1997. p. 2.

nº 3.048/1999), indica no Campo XXV como agente etiológico ou fatores de risco a exposição ocupacional aos "micro-organismos e parasitas infecciosos vivos e seus produtos tóxicos (exposição ocupacional ao agente e/ou transmissor da doença, em profissões e/ou condições de trabalho especificadas"). E relaciona de forma exemplificativa várias doenças: tuberculose, dengue, febre amarela, hepatites virais, doença pelo vírus da Imunodeficiência Adquirida – HIV, malária etc..

Com efeito, o adoecimento pelo novo coronavírus, quando houver evidência da exposição ao maior risco de contágio, pode ser enquadrado neste campo como doença ocupacional típica, também chamada de doença profissional. Cumpre enfatizar que o próprio Regulamento da Previdência Social (Decreto nº 3.048/99) registra no início da Lista das doenças que: "Nota: 1. As doenças e respectivos agentes etiológicos ou fatores de risco de natureza ocupacional listados são exemplificativos e complementares". Isso indica que a lista não é exaustiva, mas apenas exemplificativa.

Também poderá ser caracterizado como ocupacional o adoecimento do empregado que executa outras atividades com menor risco visível de contágio pela covid-19, mas as condições singulares em que o trabalho foi realizado – sem os cuidados, orientações e treinamentos necessários, bem como pela insuficiência do fornecimento e da reposição dos equipamentos de proteção individual adequados – propiciaram o contágio da patologia. São as hipóteses da antiga denominação das doenças profissionais atípicas, também chamadas de doenças do trabalho. Reforça este enquadramento a previsão legal no sentido de que, "em caso excepcional, constatando-se que a doença não incluída na relação prevista nos incisos I e II deste artigo resultou das condições especiais em que o trabalho é executado e com ele se relaciona diretamente, a Previdência Social deve considerá-la acidente do trabalho" (art. 20, §2º, da Lei nº 8.213/1991). E este é mais um fundamento para justificar o caráter apenas exemplificativo da lista das doenças ocupacionais.

6.4 Exceção da doença de natureza endêmica (pandêmica)

Cabe apreciar neste passo a exceção prevista no art. 20, §1º, alínea "d", da Lei nº 8.213/1991, que excluí do enquadramento como ocupacional "a doença endêmica adquirida por segurado habitante de região em que ela se desenvolva, salvo comprovação de que é resultante de exposição ou contato direto determinado pela natureza do trabalho".

A doença endêmica é aquela que existe em determinada região ou população e que incide de forma constante ou variando a regularidade ao longo do tempo.[27] Em princípio, não tem natureza ocupacional porque todos os habitantes daquela região estão suscetíveis ao adoecimento. O sentido lógico é que não é o trabalho a causa do adoecimento, visto que a endemia pode afetar qualquer pessoa habitante daquela localidade. Contudo, é necessário enfatizar que o próprio dispositivo legal contempla uma ressalva importante: "salvo comprovação de que [a doença] é resultante de exposição ou contato direto determinado pela natureza do trabalho".

Essa previsão normativa direcionada para a doença endêmica pode ser aplicada também na hipótese da pandemia da covid-19, cuja base lógica *é* muito semelhante. A indagação básica *é*: a doença *é* resultante da exposição ao risco determinada pela natureza do trabalho?

Quando o exercício do trabalho expõe o empregado a um fator de risco de contágio acima do nível da exposição média da população daquela região da endemia ou da pandemia, surge a hipótese do risco criado, em razão da natureza da atividade desenvolvida, gerando o enquadramento da doença como de natureza ocupacional. Observam-se alguns exemplos de hipóteses similares que a própria regulamentação da Previdência Social disciplina.

A infecção pela doença endêmica da febre amarela não tem natureza ocupacional, mas o INSS a enquadra como tal quando ocorre a "exposição ocupacional ao mosquito (*Aedes aegypti*), transmissor do arbovírus da febre amarela, principalmente em atividades em zonas endêmicas, em trabalhos de saúde pública, e em trabalhos de laboratórios de pesquisa, entre outros (Z57.8) (Quadro XXV)".

O adoecimento por dengue em zonas endêmicas não tem natureza ocupacional, contudo deve ser enquadrado como relacionado ao trabalho se ocorrer a "exposição ocupacional ao mosquito (*Aedes aegypti*), transmissor do arbovírus da Dengue, principalmente em atividades em zonas endêmicas, em trabalhos de saúde pública, e em trabalhos de laboratórios de pesquisa, entre outros (Z57.8) (Quadro XXV)".

A infecção pela malária nas zonas endêmicas, em princípio, não tem relação com o trabalho, mas pode ser caracterizada como ocupacional se ocorrer a "exposição ocupacional ao *Plasmodium malariae*; *Plasmodium vivax*; *Plasmodium falciparum* ou outros protozoários, principalmente

[27] Cf. REY, Luís. *Dicionário de termos técnicos em saúde*. 2. ed. Rio de Janeiro: Guanabara Koogan, 2003. Verbete endemia

em atividades de mineração, construção de barragens ou rodovias, em extração de petróleo e outras atividades que obrigam a entrada dos trabalhadores em zonas endêmicas (Z57.8) (Quadro XXV)".[28]

6.5 Como contaminação acidental

Outra hipótese de possível enquadramento da covid-19 como doença ocupacional surgirá quando ocorrer a "contaminação acidental do empregado no exercício da sua atividade", como previsto no art. 21, III, da Lei nº 8.213/1991. Essa hipótese ocorre com frequência para o pessoal que atua na área de saúde ou que tenha contato com pacientes, materiais ou objetos utilizados por pacientes infectados. Aliás, é por essa maior probabilidade de contágio que a NR-15 da Portaria nº 3.214/78 do antigo Ministério do Trabalho indica, no Anexo XIV, a relação das atividades que envolvem agentes biológicos para fins de pagamento do adicional de insalubridade, no grau máximo ou médio.

A Previdência Social já tem rotina bem assentada para o enquadramento de diversas doenças como de natureza ocupacional, nas hipóteses de contaminação, valendo também citar alguns exemplos.

A tuberculose pode ser considerada como doença relacionada ao trabalho se houver "exposição ocupacional ao *Mycobacterium tuberculosis* (bacilo de Koch) ou *Mycobacterium bovis*, em atividades em laboratórios de biologia, e atividades realizadas por pessoal de saúde, que propiciam contato direto com produtos contaminados ou com doentes cujos exames bacteriológicos são positivos (Z57.8) (Quadro XXV)".

O contágio das hepatites virais pode ser enquadrado como equiparado a acidente do trabalho quando ocorre a "exposição ocupacional ao Vírus da Hepatite A (HAV); Vírus da Hepatite B (HBV); Vírus da Hepatite C (HCV); Vírus da Hepatite D (HDV); Vírus da Hepatite E (HEV), em trabalhos envolvendo manipulação, acondicionamento ou emprego de sangue humano ou de seus derivados; trabalho com 'águas usadas' e esgotos; trabalhos em contato com materiais provenientes de doentes ou objetos contaminados por eles (Z57.8) (Quadro XXV)".

De forma semelhante, a infecção pelo Vírus da Imunodeficiência Adquirida (HIV) pode ser enquadrada como de natureza acidentária quando houver "exposição ocupacional ao Vírus da Imunodeficiência

[28] Exemplos colhidos na Lista B do Grupo I que trata das "Doenças infecciosas e parasitárias relacionadas com o trabalho", aprovada pelo Decreto nº 6.957/2009 e incluída no Anexo II do Decreto nº 3.048/199, o Regulamento da Previdência Social. A relação das doenças tem suporte legal no art. 20, I, da Lei nº 8.213/1991.

Humana (HIV), principalmente em trabalhadores da saúde, em decorrência de acidentes pérfuro-cortantes com agulhas ou material cirúrgico contaminado, e na manipulação, acondicionamento ou emprego de sangue ou de seus derivados, e contato com materiais provenientes de pacientes infectados (Z57.8) (Quadro XXV)".[29]

6.6 Pelo Nexo Técnico Epidemiológico (NTEP)

Os profissionais da área da saúde do trabalhador reclamavam da dificuldade de conseguir a emissão da CAT pelo empregador, o que causava uma grande subnotificação, especialmente das doenças ocupacionais. Muitos benefícios eram concedidos pelo INSS como de natureza simplesmente previdenciária, deixando as vítimas sem as vantagens do enquadramento como acidentário.

Para combater os efeitos nocivos da subnotificação, foi instituído pela Lei nº 11.430/2006 o Nexo Técnico Epidemiológico, que determina ao INSS o reconhecimento da doença como de natureza ocupacional, tão somente a partir da constatação da predominância de determinadas doenças em certas atividades econômicas, de acordo com os levantamentos estatísticos oficiais dos últimos anos. Com efeito, foi acrescentando um novo artigo à Lei nº 8.213/1991, cujo teor foi também alterado pela Lei Complementar nº 150/2015:

> Art. 21-A. A perícia médica do Instituto Nacional do Seguro Social (INSS) considerará caracterizada a natureza acidentária da incapacidade quando constatar ocorrência de nexo técnico epidemiológico entre o trabalho e o agravo, decorrente da relação entre a atividade da empresa ou do empregado doméstico e a entidade mórbida motivadora da incapacidade elencada na Classificação Internacional de Doenças (CID), em conformidade com o que dispuser o regulamento.
> §1º A perícia médica do INSS deixará de aplicar o disposto neste artigo quando demonstrada a inexistência do nexo de que trata o caput deste artigo.
> §2º A empresa ou o empregador doméstico poderão requerer a não aplicação do nexo técnico epidemiológico, de cuja decisão caberá recurso, com efeito suspensivo, da empresa, do empregador doméstico ou do segurado ao Conselho de Recursos da Previdência Social. (NR)

[29] Exemplos também colhidos da Lista B do Grupo I que trata das "Doenças infecciosas e parasitárias relacionadas com o trabalho", aprovada pelo Decreto nº 6.957/2009 e incluída no Anexo II do Decreto nº 3.048/1999, o Regulamento da Previdência Social.

Após a implantação do NTEP desde o ano-base de 2007, a Previdência Social passou a publicar também a estatística dos acidentes do trabalho reconhecidos sem a emissão da CAT pelo empregador. Para mensurar a importância desta mudança, basta mencionar que somente nos últimos cinco anos de estatísticas oficiais publicadas pela Previdência Social (2013 a 2018) foram reconhecidos 735.515 benefícios como de natureza ocupacional, sem a emissão da CAT pelo empregador, apenas considerando a presunção instituída pelo Nexo Técnico Epidemiológico.

O cálculo do Fator Acidentário de Prevenção-FAP é feito a partir da base de dados dos benefícios previdenciários, levando-se em conta os índices de frequência, gravidade e custo, conforme especificam os arts. 202-A e 202-B do Regulamento da Previdência Social, após as alterações promovidas pelos Decretos nºs 6.042/2007, 6.957/2009 e 7.126/2010. Vale registrar que foi arguida no STF a inconstitucionalidade da inovação do NTEP, no entanto, a ação foi recentemente julgada improcedente, confirmando o acerto do legislador. Vejam a ementa do julgado:

> Ementa: Ação Direta de Inconstitucionalidade. Art. 21-A da Lei nº 8.213/1991 e §§3º e 5º a 13 do art. 337 do Regulamento da Previdência Social. Acidente de trabalho. Estabelecimento de nexo entre o trabalho e o agravo pela constatação de relevância estatística entre a atividade da empresa e a doença. Presunção da natureza acidentária da incapacidade. Ausência de ofensa ao inc. XIII do art. 5º, ao inc. XXVIII do art. 7º, ao inc. I e ao §1º do art. 201 da Constituição da República. Ação direta de inconstitucionalidade julgada improcedente. 1. É constitucional a previsão legal de presunção de vínculo entre a incapacidade do segurado e suas atividades profissionais quando constatada pela Previdência Social a presença do nexo técnico epidemiológico entre o trabalho e o agravo, podendo ser elidida pela perícia médica do Instituto Nacional do Seguro Social se demonstrada a inexistência. 2. Ação direta de inconstitucionalidade julgada improcedente. (STF. Pleno. ADI nº 3.931, Rel. Ministra Cármen Lúcia, DJe 12 maio 2020).

Além de poder apurar se a atividade que o acidentado exercia tem um grau de risco de acidente do trabalho considerado leve, médio ou grave, conforme previsto no art. 22, II, da Lei nº 8.212/1991 e no Anexo V do Regulamento da Previdência Social (Decreto nº 3.048/1999), é possível verificar se o "Fator Acidentário de Prevenção" daquela empresa a coloca num grau de risco acima ou abaixo da média da respectiva atividade econômica. É possível, portanto, obter duas informações relevantes: a do risco inerente, com base no potencial de risco da atividade, e a do risco criado, apurado a partir da sinistralidade específica daquele empregador, ou seja, quando o FAP da empresa estiver acima da média da respectiva atividade econômica. A Súmula nº 351 do STJ reforça esse entendimento: "A alíquota de contribuição para o Seguro de Acidente do Trabalho (SAT) é aferida pelo grau de risco desenvolvido em cada empresa, individualizada pelo seu CNPJ, ou pelo grau de risco da atividade preponderante quando houver apenas um registro".

Diante do exposto, é também possível enquadrar o adoecimento pela covid-19 como doença ocupacional pela utilização do Nexo Técnico Epidemiológico, mormente quando for ajustada a matriz da Classificação Nacional de Atividades Econômicas (CNAE) para contemplar essa patologia.

6.7 Como concausa

A covid-19 pode também ser enquadrada como ocupacional ainda que o trabalho tenha apenas contribuído para o adoecimento, pela conjugação de uma causa laboral com outra causa de natureza extralaboral.

A primeira lei acidentária de 1919 só admitia o acidente do trabalho ou doença profissional originados de causa única; todavia, desde o Decreto-Lei nº 7.036/1944, passou a ser admitida a teoria das concausas. A legislação atual (Lei nº 8.213/1991) tem previsão expressa admitindo a concausa:

> Art. 21. Equiparam-se também ao acidente do trabalho, para os efeitos desta Lei:
> I – o acidente ligado ao trabalho que, embora não tenha sido a causa única, haja contribuído diretamente para a morte do segurado, para a redução ou perda da sua capacidade para o trabalho, ou produzido lesão que exija atenção médica para a sua recuperação;

Importa mencionar que as doenças ocupacionais estão incluídas no conceito amplo de acidente do trabalho, conforme expressamente prevê o *caput* do art. 20 da Lei nº 8.213/1991. A Emenda Constitucional nº 103/2019, que promoveu a chamada reforma da previdência, preferiu indicar por extenso as espécies equivalentes quando mencionou no art. 26, §3º, a aposentadoria por incapacidade permanente decorrente "de acidente de trabalho, de doença profissional e de doença do trabalho".

Ensina Cavalieri Filho que a "concausa é outra causa que, juntando-se à principal, concorre adequadamente para o resultado. Ela não inicia e nem interrompe o processo causal, apenas o reforça, tal como um rio menor que deságua em outro maior, aumentando-lhe o caudal".[30]

As concausas podem ocorrer por fatores preexistentes, supervenientes ou concomitantes com aquela causa que desencadeou o acidente ou a doença ocupacional. Vale transcrever nesse sentido a lição de Antônio Lopes Monteiro:

> Em outras palavras, nem sempre o acidente se apresenta como causa única e exclusiva da lesão ou doença. Pode haver a conjunção de outros fatores – concausas. Uns podem preexistir ao acidente – concausas antecedentes; outros podem sucedê-lo – concausas supervenientes; por fim, há, também, os que se verificam concomitantemente – concausas simultâneas. Exemplo do primeiro caso é o diabético que venha a sofrer um pequeno ferimento que para outro trabalhador sadio não teria maiores consequências. Mas o diabético falece devido à intensa hemorragia causada. Temos assim uma morte para a qual concorre o acidente associado a um fator preexistente, a diabete.
> Já os fatores supervenientes verificam-se após o acidente do trabalho ou da eclosão da doença ocupacional. Se de um infortúnio do trabalho sobrevierem complicações como as provocadas por micróbios patogênicos (estafilococos, estreptococos etc.) determinando, por exemplo, a amputação de um dedo ou até a morte, estaremos diante de uma concausa superveniente.
> As causas concomitantes, por sua vez, coexistem ao sinistro. Concretizam-se ao mesmo tempo: o acidente e a concausa extralaborativa. O exemplo típico é a disacusia (PAIR), da qual é portador um tecelão de cinquenta anos. A perda auditiva é consequência da exposição a dois tipos de ruído concomitantes: o do ambiente do trabalho, muitas vezes elevado durante vinte ou trinta anos, e, durante o mesmo tempo, o do fator etário (extralaborativo): concausa simultânea.[31]

O "Manual de Acidente do Trabalho" adotado pela Resolução INSS nº 535/2016 conceitua como concausa "o conjunto de fatores, preexistentes ou supervenientes, suscetíveis de modificar o curso natural do resultado de uma lesão. Trata-se da associação de alterações anatômicas, fisiológicas ou patológicas que existiam ou possam existir, agravando um determinado processo." E na sequência do conceito esclarece: "O primeiro critério a ser considerado para definição da

[30] CAVALIERI FILHO, Sérgio. *Programa de responsabilidade civil*. 14. ed. São Paulo: Atlas, 2020. p. 71.

[31] MONTEIRO, Antônio Lopes; BERTAGNI, Roberto Fleury de Souza. *Acidentes do trabalho e doenças ocupacionais*. 5. ed. São Paulo: Saraiva, 2009. p. 19-20.

concausalidade é a modificação da história natural da doença, aquilo que o próprio conceito chama de curso natural do resultado de uma lesão ou doença. Assim, quando um determinado agente não levar à modificação da história natural da doença, ou quando forem verificados em seu quadro fatores exclusivamente ligados ao processo natural de envelhecimento, não será considerada a concausalidade".

A doença oriunda de causas múltiplas não perde o enquadramento como patologia ocupacional se houver pelo menos uma causa laboral que contribua diretamente para o seu aparecimento ou agravamento, conforme prevê o dispositivo legal retrocitado. Desse modo, a aceitação normativa da etiologia multicausal não dispensa a existência de uma causa eficiente, decorrente da atividade laboral, que "haja contribuído diretamente" para o adoecimento, ou seja, para que haja o reconhecimento da concausa, é imprescindível constatar a contribuição de algum fator causal de natureza ocupacional.

No âmbito da lei previdenciária, na apreciação da concausa, aplica-se a teoria da equivalência das condições ou da *conditio sine qua non*, como ocorre no Direito Penal, pois tudo o que concorre para o adoecimento é considerado causa, sem distinção entre causa e condição.[32] Para a Previdência Social não há necessidade de se precisar qual das causas foi aquela que efetivamente gerou a doença, como ocorre na aplicação da teoria da causalidade adequada no campo da responsabilidade civil, pois todas as condições ou causas têm valoração equivalente. Conforme previsto no art. 21, I, da Lei nº 8.213/1991, é necessário apenas que a causa laboral contribua diretamente para a doença, mas não que contribua decisivamente.

Além disso, o acolhimento já pacificado da concausa na lei acidentária está em sintonia com a finalidade do seguro social do ramo da infortunística, cujo propósito explícito é o de dar maior cobertura para o trabalhador.

Ao finalizar este tópico, cabe mencionar a questão controvertida a respeito do grau de contribuição do trabalho na formação do nexo concausal do adoecimento. Se o dano resultou da interação de fatores laborais e extralaborais (concausa), qual deve ser a consequência jurídica quando as provas demonstrarem as diferentes intensidades da contribuição do trabalho exercido pela vítima? O fator laboral pode ter contribuído de forma discreta, moderada ou intensa juntamente

---

32 OPTIZ, Oswaldo; OPTIZ, Sílvia. *Acidentes do trabalho e doenças profissionais*. 3. ed. São Paulo: Saraiva, 1988. p. 26.

com os fatores extralaborais que provocaram o acidente ou a doença ocupacional.

Na Previdência Social, portanto, basta que o trabalho tenha contribuído diretamente para ensejar o enquadramento do evento como de natureza acidentária, independentemente do grau dessa contribuição. Se o trabalho atuou como concausa é o suficiente para o pagamento integral dos benefícios acidentários previstos na Lei nº 8.213/1991, em sintonia com os objetivos sociais do seguro. Não há na lei, doutrina ou jurisprudência previdenciária preocupação alguma em mensurar a intensidade da participação de cada fator concausal.

Por outro lado, na seara da responsabilidade civil, o grau da contribuição do trabalho como fator concausal nos acidentes ou nas doenças ocupacionais deve ser considerado, gerando repercussões no arbitramento dos valores indenizatórios.

6.8 Como doença não ocupacional

Não cabe o enquadramento da covid-19 como de natureza ocupacional quando o adoecimento não tiver ligação alguma com o exercício da atividade do trabalhador. Nessa hipótese, a doença apenas apareceu na vigência do contrato de trabalho, mas não foi por causa dele desencadeada ou produzida, nem mesmo na modalidade de concausa. Foi apenas diagnosticada no trabalho, mas não teve o exercício do trabalho como fator etiológico; em suma, apareceu "no" trabalho, mas não "pelo" trabalho.

Como o INSS garante aos seus segurados cobertura das prestações nos afastamentos por todos os tipos de acidentes ou adoecimentos, havendo ou não nexo causal com o trabalho, o regulamento da Previdência Social registra um conceito genérico de acidente de qualquer natureza, sem as amarras da definição de acidente do trabalho, para os afastamentos sem relação com a prestação dos serviços, qual seja: "Entende-se como acidente de qualquer natureza ou causa aquele de origem traumática e por exposição a agentes exógenos (físicos, químicos e biológicos), que acarrete lesão corporal ou perturbação funcional que cause a morte, a perda, ou a redução permanente ou temporária da capacidade laborativa".[33] Nessa hipótese, porém, o trabalhador ou seus dependentes terão direito somente aos benefícios previdenciários, não havendo espaço para postular indenizações em face do empregador,

[33] Decreto nº 3.048, de 6 de maio 1999, art. 30, parágrafo único.

uma vez que o evento não se enquadra na definição normativa de acidente do trabalho.

7 Recurso administrativo contra o enquadramento

As diferenças dos direitos conferidos às vítimas, especialmente pelas modificações promovidas pela Emenda Constitucional nº 103/2019, mencionada no tópico 4, deverão gerar muitos recursos administrativos junto ao INSS ou mesmo ações na Justiça Comum para tentar conseguir o enquadramento do adoecimento como de natureza ocupacional.

Assim, quando o segurado discordar do enquadramento da covid-19 realizado pela Previdência Social, poderá interpor recurso administrativo, isto é, tentar modificar a decisão no âmbito do próprio INSS antes de ingressar com ação perante o Poder Judiciário. Pode-se dizer, portanto, que o recurso administrativo é o remédio jurídico disponível ao segurado para provocar o reexame de uma decisão, na esfera administrativa, pela mesma autoridade ou por outra de hierarquia superior.

Essa prerrogativa do segurado tem respaldo na Constituição da República, que assegura a todos, independentemente do pagamento de taxas, a possibilidade de petição aos Poderes Públicos[34] em defesa de direito ou contra a ilegalidade ou o abuso de poder e que assegura também aos litigantes, em processo judicial ou administrativo, o contraditório e a ampla defesa, com os meios e recursos a ela inerentes.[35] Tem apoio, ainda, no art. 126 da Lei nº 8.213/1991[36] e na Lei nº 9.784/1999, que regula o processo administrativo no âmbito da Administração Pública Federal. O detalhamento dos trâmites processuais do recurso administrativo pode ser verificado no Regimento Interno do Conselho de Recursos da Previdência Social (CRPS).[37]

Se o INSS, por exemplo, entender que a doença que acarretou o afastamento é de natureza degenerativa, sem nexo causal com o trabalho, e conceder ao segurado apenas o auxílio-doença previdenciário comum

---

[34] O INSS, que ainda detém o monopólio do seguro de acidente do trabalho, enquadra-se juridicamente como autarquia federal.

[35] Constituição da República, de 5 de outubro de 1988. Art. 5º, Incisos XXXIV e LV.

[36] Lei nº 8.213, de 24 jul. 1991, art. 126: "Das decisões do Instituto Nacional do Seguro Social – INSS nos processos de interesse dos beneficiários e dos contribuintes da Seguridade Social caberá recurso para o Conselho de Recursos da Previdência Social, conforme dispuser o Regulamento".

[37] O Regimento Interno do CRPS, que vigora atualmente, foi aprovado pela Portaria MDSA nº 116, de 20 de março de 2017.

(código B. 31), este poderá interpor recurso administrativo para tentar comprovar que a doença eclodiu em razão das tarefas exercidas, com agravamento em decorrência das condições inadequadas de trabalho, pelo que deveria receber o auxílio-doença por acidente do trabalho (código B. 91).

A primeira decisão do INSS quanto ao enquadramento ou não do evento como acidente do trabalho é tomada na Agência da Previdência Social (APS), onde foram registrados a CAT e o requerimento do benefício por incapacidade. Se a perícia médica desta Agência entender que não há nexo causal do evento com o trabalho, o segurado poderá interpor recurso ordinário no prazo de 30 dias para a Junta de Recursos do CRPS, que é considerada a primeira instância administrativa.[38]

Por outro lado, a empresa também poderá recorrer da decisão do INSS, com efeito suspensivo, conforme prevê o art. 337, §13, do Decreto nº 3.048/1999, com as modificações introduzidas pelo Decreto nº 6.042/2007. Conforme ocorre com os recursos em geral, o interessado deverá expor detalhadamente as razões do seu inconformismo, e o INSS, ao julgar o apelo, tem o dever de mencionar os fundamentos da decisão.

Uma vez apresentado o recurso, novo exame do nexo causal será feito. Se a conclusão for favorável ao segurado, comprovando o nexo, imediatamente será concedido o direito postulado, ficando dispensado o pronunciamento da Junta de Recursos; porém, se o parecer médico mantiver a decisão anterior, o processo seguirá para julgamento na JRPS.[39]

---

[38] Tem sido aceito em algumas APS o pedido de revisão do nexo causal por simples requerimento do segurado, antes mesmo da interposição de recurso para a JRPS, especialmente quando o segurado acrescenta documento ou exame convincente, oferecendo subsídios para o médico perito reanalisar a conclusão anterior. Essa postura tem suporte na garantia constitucional do direito de petição (art. 5º, XXXIV), tanto que a Portaria MDSA nº 116/2017 estabelece no art. 34 que: "O INSS pode, enquanto não tiver ocorrido a decadência, reconhecer expressamente o direito do interessado e reformar sua decisão, observado o seguinte procedimento: I – quando o reconhecimento ocorrer na fase de instrução do recurso ordinário o INSS deixará de encaminhar o recurso ao órgão julgador competente; II – quando o reconhecimento ocorrer após a chegada do recurso no CRSS, mas antes de qualquer decisão colegiada, o INSS deverá encaminhar os autos ao respectivo órgão julgador, devidamente instruído com a comprovação da reforma de sua decisão e do reconhecimento do direito do interessado, para julgamento do mérito. III – quando o reconhecimento ocorrer após o julgamento da Junta de Recurso ou da Câmara de Julgamento, o INSS deverá encaminhar os autos ao órgão julgador que proferiu a última decisão, devidamente instruído com a comprovação da reforma de sua decisão e do reconhecimento do direito do interessado, para que, se for o caso, seja proferida nova decisão. Parágrafo único. Na hipótese de reforma parcial de decisão do INSS, o processo terá seguimento em relação à questão objeto da controvérsia remanescente".

[39] Cf. Decreto nº 3.048, de 6 de maio 1999, art. 305, §3º.

Na etapa de instrução do processo administrativo, o recorrente poderá juntar documentos, atestados, exames complementares e pareceres médicos, requerer diligências ou perícias, aduzir alegações, sendo que os elementos probatórios deverão ser considerados nos fundamentos da decisão.[40] Somente poderão ser recusadas, mediante decisão fundamentada, as provas ilícitas, impertinentes, desnecessárias ou protelatórias.[41] Se os conselheiros da Junta de Recursos entenderem que a instrução processual está incompleta, poderão converter o julgamento em diligência para produção de novas provas, sendo que é vedado ao INSS escusar-se de cumprir as diligências solicitadas.[42]

Não cabe apelo da decisão das Juntas de Recursos para as Câmaras de Julgamento (segunda instância) quando se tratar de matéria exclusivamente médica relativa aos benefícios de auxílio-doença e houver convergência entre os pareceres da Assessoria Técnico-Médica e os laudos emitidos pelos Médicos Peritos do INSS. Essas questões são consideradas pelo INSS como matérias de alçada exclusiva da primeira instância administrativa, ou seja, das Juntas de Recursos.[43]

É oportuno mencionar que a tramitação do recurso administrativo, por expressa determinação legal, deve obedecer aos princípios jurídicos fundamentais do processo em geral e do Direito Administrativo, sob pena de nulidade, tais como: princípio da legalidade, finalidade, motivação, razoabilidade, proporcionalidade, moralidade, ampla defesa, contraditório, segurança jurídica, interesse público e eficiência.[44] Em sintonia com tais princípios, é pacífico o entendimento de que o INSS, percebendo seu eventual equívoco, pode, a qualquer tempo, reformar sua própria decisão, especialmente diante da relevância e da natureza dos benefícios acidentários e/ou previdenciários.[45]

Se a decisão do processo administrativo for desfavorável ao segurado, resta-lhe a possibilidade de ver atendida sua pretensão de enquadramento da natureza ocupacional da doença pela via judicial, conforme veremos no item seguinte.

---

[40] Cf. Lei nº 9.784, de 29 de janeiro de 1999, art. 38, bem como Portaria MDSA nº 116/2017, art. 37.

[41] Lei nº 9.784, de 29 de janeiro de 1999, art. 38, §2º.

[42] Decreto nº 3.048, de 6 de maio 1999. Art. 308, §2º, e Instrução Normativa INSS/PRES. nº 77, de 21 de janeiro de 2015, art. 549.

[43] Cf. Portaria MDSA nº 116/2017, art. 30, §2º.

[44] Lei nº 9.784, de 29 de janeiro de 1999, art. 2º.

[45] Cf. Decreto nº 3.048, de 6 de maio de 1999, art. 305, §3º e Portaria MDSA nº 116/2017, art. 34.

8 Ação judicial contra o enquadramento

A interposição de recurso administrativo não impede o ajuizamento de ação judicial posteriormente caso a decisão do INSS, rejeitando o enquadramento do evento como acidente do trabalho, não seja convincente para o segurado. Todavia, se, durante a tramitação do processo administrativo, houver ajuizamento de ação com o mesmo objeto, considera-se que houve renúncia ao direito de recorrer na esfera administrativa e desistência do recurso interposto.[46]

Após a Lei nº 5.316/1967, firmou-se o entendimento no STF de que o ajuizamento da ação acidentária só seria possível depois de esgotadas as possibilidades de recurso na esfera administrativa perante a Previdência Social.[47] Em decorrência das diversas mudanças legislativas posteriores, instalou-se acesa controvérsia doutrinária e jurisprudencial se permanecia tal exigência. No entanto, desde a Constituição de 1988 a discussão perdeu intensidade, porquanto restou consagrado que lei alguma pode excluir da apreciação do Poder Judiciário qualquer lesão ou ameaça de direito.[48] Atualmente, a matéria está pacificada no STJ pelo entendimento adotado pela Súmula nº 89: *A ação acidentária prescinde do exaurimento da via administrativa*, sendo que o próprio STF já deixou de aplicar a Súmula nº 552.[49]

A ação judicial contra o enquadramento será ajuizada em face do INSS, perante a Justiça Comum estadual, juntando-se com a inicial, sempre que possível, a prova da emissão da CAT e sua remessa à Previdência Social.[50] Naturalmente que todos os dados e exames realizados perante o INSS serão juntados no processo judicial, mas a perícia médica agora será realizada por profissional habilitado independente, de livre escolha do juiz, sem vinculação com as conclusões do processo administrativo. Se o Judiciário acolher o pedido do acidentado, o INSS, após o trânsito em julgado da sentença, deverá rever seu enquadramento, concedendo o benefício na categoria acidentária.

---

[46] Lei nº 8.213, de 24 de julho de 1991, art. 126, §3º.

[47] STF. Súmula nº 552: "Com a regulamentação do art. 15, da Lei nº 5.316/67, pelo Decreto nº 71.037/72, tornou-se exequível a exigência da exaustão da via administrativa antes do início da ação de acidente do trabalho".

[48] Constituição da República, de 5 de outubro de 1988, art. 5º, XXXV.

[49] No julgamento do RE nº 91.742 (RTJ 93/911), a Primeira Turma do STF, conhecendo e dando provimento ao recurso, entendeu que a Súmula nº 552 está superada com o advento da Lei nº 6.367/1976. Nesse sentido, veja também RE nº 87.160 (RTJ 98/1107).

[50] Lei nº 8.213, de 24 de julho de 1991, art. 129.

9 Enquadramento ocupacional da covid-19 mesmo sem a emissão da CAT

A não emissão da CAT pelo empregador, apesar de dificultar, não impede o enquadramento do evento como relacionado ao trabalho perante o Judiciário.

Segundo o art. 129 do Código Civil de 2002, reputa-se verificada, quanto aos efeitos jurídicos, a condição cujo implemento for maliciosamente obstado pela parte a quem desfavorecer. O enquadramento judicial perante a Justiça do Trabalho visa a obter os benefícios trabalhistas do enquadramento da doença como relacionada ao trabalho, tais como: garantia provisória de emprego, depósitos do FGTS do período de afastamento ou indenizações pelos danos decorrentes da covid-19.

Verificando-se pelas provas dos autos que ocorreu a hipótese legalmente classificada como doença ocupacional, são reconhecidos pela sentença todos os efeitos jurídicos, como se a CAT tivesse sido regularmente emitida:

> *Súmula TST 378 - Estabilidade provisória. Acidente do trabalho. Art. 118 da Lei nº 8.213/1991.* I - É constitucional o artigo 118 da Lei nº 8.213/1991 que assegura o direito à estabilidade provisória por período de 12 meses após a cessação do auxílio-doença ao empregado acidentado. II - São pressupostos para a concessão da estabilidade o afastamento superior a 15 dias e a consequente percepção do auxílio-doença acidentário, salvo se constatada, após a despedida, doença profissional que guarde relação de causalidade com a execução do contrato de emprego.
>
> *Acidente de trabalho. Estabilidade. Dano moral.* O empregado que sofre acidente de trabalho faz jus à estabilidade. Restou consignado na decisão matriz que a lesão sofrida pelo réu guarda relação de causalidade com a execução do contrato de trabalho, além de ter sido constatada a culpa da autora. *In casu*, a reintegração do reclamante ao emprego foi determinada em virtude do reconhecimento da existência de doença profissional equiparada a acidente de trabalho, muito embora não tenha ocorrido a emissão de CAT. Sendo assim, tem-se que o empregado detém estabilidade provisória independentemente do percebimento de auxílio-doença acidentário, nos termos da parte final do item II da Súmula 378 do TST. Por fim, presentes os requisitos da responsabilidade subjetiva da empregadora o reclamante faz jus a indenização por dano moral. TST. 2ª Turma. RR nº 80600-85.2006.5.02.0464, Rel.: Ministra Maria Helena Mallmann, *DEJT* 8 set. 2017.
>
> *Acidente do trabalho. Garantia provisória no emprego. Atraso na emissão da CAT. Omissão do empregador.* O entendimento jurisprudencial atual e iterativo desta Corte superior é no sentido de que a ausência de percepção

do auxílio-doença acidentário não se constitui em óbice à garantia provisória no emprego, quando evidenciado, na instância de prova, que o empregador deliberadamente deixou de, na época própria, emitir o Comunicado de Acidente do Trabalho – procedimento a que estava obrigado, na forma da lei. Reconhecido, em face dessa circunstância, o direito à indenização compensatória, porque exaurido o período da estabilidade assegurada no art. 118 da Lei nº 8.213/91, resultam incólumes os dispositivos de lei indicados pela recorrente. Recurso de revista não conhecido. TST. 1ª Turma. RR nº 155000-87.2011.5.17.0008, Rel.: Ministro Lélio Bentes Corrêa, *DJ* 29 ago. 2014.

É pertinente anotar que durante a 1ª Jornada de Direito Material e Processual na Justiça do Trabalho, realizada em Brasília em novembro de 2007,[51] foram aprovados dois importantes enunciados a respeito das consequências jurídicas da não emissão da CAT:

Enunciado 42. Acidente do trabalho. Nexo técnico epidemiológico. Presume-se a ocorrência de acidente do trabalho, mesmo sem a emissão da CAT – Comunicação de Acidente de Trabalho, quando houver nexo técnico epidemiológico, conforme art. 21-A da Lei nº 8.213/91.
Enunciado 43. Estabilidade acidentária. Ausência de emissão da CAT. A ausência de emissão da CAT – Comunicação de Acidente do Trabalho pelo empregador não impede o direito à estabilidade do art. 118 da Lei nº 8.213/91, desde que comprovado que o trabalhador deveria ter se afastado em razão do acidente por período superior a quinze dias.

Informação bibliográfica deste texto, conforme a NBR 6023:2018 da Associação Brasileira de Normas Técnicas (ABNT):

OLIVEIRA, Sebastião Geraldo de. Enquadramento da covid-19 como doença ocupacional. *In*: TUPINAMBÁ, Carolina (Coord.). *As novas relações trabalhistas e o futuro do Direito do Trabalho:* novidades derivadas da pandemia Covid-19 e da crise de 2020. Belo Horizonte: Fórum, 2021. (Coleção Fórum As novas relações trabalhistas e o futuro do Direito do trabalho. Tomo I). p. 141-173. ISBN 978-65-5518-118-0.

[51] A 1ª Jornada de Direito Material e Processual na Justiça do Trabalho foi realizada no mês de novembro de 2007, nas dependências do TST em Brasília, mediante promoção conjunta da Associação Nacional dos Magistrados da Justiça do Trabalho (ANAMATRA), do Tribunal Superior do Trabalho (TST) e da Escola Nacional de Formação e Aperfeiçoamento de Magistrados (ENAMAT). Mais detalhes dessa Jornada estão disponíveis em: www.anamatra.org.br/jornada/index.cfm.

DOENÇAS OCUPACIONAIS NA PANDEMIA DA COVID-19 E OS IMPACTOS TRABALHISTAS E PREVIDENCIÁRIOS

RICARDO CALCINI

1 Introdução

Antes do findar do ano de 2019, a população mundial tomou conhecimento acerca de um novo vírus de propagação rápida e violenta que iniciou na superpopulosa China. Vertiginosamente, o novo coronavírus se espalhou por todos os continentes, passando de uma simples transmissão pontual para a classificação de pandemia, atingindo números impetuosos de contágio e letalidade.

A pandemia do novo coronavírus salteou muitas nações de forma negativa, haja vista os efeitos provocados na saúde dos contagiados, a simplicidade da propagação e, sobretudo, o desconhecimento de estratégias rápidas e eficientes para atacar a doença com tratamentos medicamentosos, assim como a inexistência de vacina.

Assim, para reduzir a curva de contágio da doença, a principal e mais eficaz orientação encontrada pelas autoridades mundiais de saúde foi a adoção do isolamento e distanciamento sociais. Para isso, foi necessário o fechamento de estabelecimentos comerciais e serviços públicos não essenciais, empresas, aeroportos, estações rodoviárias, parques públicos, pontos turísticos, etc.

No início do mês de março a pandemia alcançou o Brasil e, com esse cenário, inevitavelmente, o setor econômico e as relações de trabalho foram impactados, de modo que foi necessária a adoção de medidas por parte do Governo Federal com o intuito de minimizar os efeitos negativos.

Assim, com a declaração do estado de calamidade pública através do Decreto Legislativo nº 6, de 20 de março de 2020, a Medida Provisória nº 927/2020 foi criada com o intuito de flexibilizar as relações de trabalho durante o período de pandemia e estado de calamidade pública, auxiliando as empresas e os empregados com alternativas excepcionais nos contratos de trabalho com o intuito de preservação do emprego e renda.

Contudo, o artigo 29 da referida medida provisória gerou inúmeros debates entre os operadores do Direito e as classes de empregadores e empregados, uma vez que o mencionado dispositivo estabelecia que os casos de contaminação pelo coronavírus não seriam considerados como equiparados a doenças ocupacionais, exceto se demonstrado o nexo de causalidade pelo empregado.

É certo que várias Ações Diretas de Inconstitucionalidade (ADIs)[1] foram ajuizadas contestando, entre outros, o referido artigo 29, sob o argumento de afronta ao valor constitucional social do trabalho.

Em razão disso, por maioria dos votos, o Plenário do Supremo Tribunal Federal (STF) decidiu pela suspensão da eficácia do artigo 29 da MP nº 927/2020, de modo que, a partir de então, o ônus da prova caberá ao empregador no que se refere à verificação de doença ocupacional do seu empregado contaminado pela covid-19.

Logo, isto significa, na prática, que a exposição do empregado a risco ambiental e laboral, com o consequente contágio pelo novo coronavírus, caracterizará doença ocupacional equiparada a acidente do trabalho, podendo acarretar a responsabilização civil do empregador por danos morais e materiais, bem como trazer diversas implicações trabalhistas e previdenciárias ao contrato de trabalho.

Neste viés, com base em fundamentos doutrinários e jurisprudenciais, procurar-se-á elucidar os melhores recursos para o enfrentamento

---

1 ADI 6.342, ADI 6.344, ADI 6.346, ADI 6.348, ADI 6.349, ADI 6.352, ADI 6.352.

da conjectura excepcional que afetará grande parte das relações trabalhistas do País.

2 Princípios e direitos fundamentais constitucionais e a saúde e segurança do trabalhador

Tipificando o Estado Democrático de Direito brasileiro estabelecido pela Constituição Federal de 1988 (CF), os direitos fundamentais lá dispostos instituem a proteção dos direitos inerentes à pessoa humana.[2]

Dessa forma, assumindo um caráter protetivo, os direitos fundamentais visam a garantia da proteção à vida, saúde, segurança, trabalho, previdência social, entre outros.[3]

Nessa senda, o ordenamento jurídico brasileiro delega aos princípios fundamentais a função normativa no sentido de nortear a observância dos direitos fundamentais, conforme apresenta o título inaugural da Constituição Federal, "Dos Princípios Fundamentais", especialmente seu artigo primeiro.[4]

Deste modo, considerando a relevância da função dos princípios fundamentais, Bezerra Leite sustenta que ao se deparar com um caso concreto o juiz deve, primeiramente, invocar um (ou mais) princípio fundamental para solucionar o caso que lhe é apresentado. Além disso, o referido autor defende que "violar um princípio fundamental, pois, é muito mais grave do que violar uma regra jurídica prevista

---

[2] Os direitos fundamentais caracterizam-se como verdadeiras liberdades positivas, de observância obrigatória em um Estado Democrático de Direito, tendo por finalidade a melhoria da condição social dos trabalhadores (CF, art. 7º, "caput"), em prol de um marco regulatório mínimo de cidadania, o qual configura um dos fundamentos da República Federativa do Brasil.

[3] Os direitos fundamentais são caracterizados pela historicidade, pela universalidade, pela irrenunciabilidade e pela imprescritibilidade, possuindo dupla dimensão: (i) objetiva, que é o fato de tais direitos se constituírem em normas; e (ii) subjetiva, que confere aos indivíduos a titularidade desses direitos. É na dimensão objetiva que surge a denominada "eficácia irradiante dos direitos fundamentais".

[4] TÍTULO I
Dos Princípios Fundamentais
Art. 1º A República Federativa do Brasil, formada pela união indissolúvel dos Estados e Municípios e do Distrito Federal, constitui-se em Estado Democrático de Direito e tem como fundamentos:
I - a soberania;
II - a cidadania;
III - a dignidade da pessoa humana;
IV - os valores sociais do trabalho e da livre iniciativa;
V - o pluralismo político.

no direito positivo, na medida em que implica tal violação manifesta inconstitucionalidade [...]" (LEITE, 2019, p. 1082).

Outrossim, como já referido anteriormente, a Constituição Federal consagra o trabalho como direito social, inserido no título dedicado aos "Direitos e Garantias Fundamentais", especialmente nos artigos 6º e 7º.

Dentre os direitos fundamentais elencados pelo referido artigo 7º da Constituição Federal,[5] se destaca a previsão contida no inciso XXII, que assim dispõe:

> Art. 7º São direitos dos trabalhadores urbanos e rurais, além de outros que visem à melhoria de sua condição social:
> [...]
> XXII - redução dos riscos inerentes ao trabalho, por meio de normas de saúde, higiene e segurança;

Atrelado à disposição legal que preceitua a higidez do trabalhador, os artigos 200, VIII, e 225 da Constituição Federal consagram ao obreiro o direito a um meio ambiente ecologicamente equilibrado, essencial à qualidade de vida sadia, senão vejamos:

> Art. 200. Ao sistema único de saúde compete, além de outras atribuições, nos termos da lei:
> [...]
> VIII - colaborar na proteção do meio ambiente, nele compreendido o do trabalho.
>
> Art. 225. Todos têm direito ao meio ambiente ecologicamente equilibrado, bem de uso comum do povo e essencial à sadia qualidade de vida, impondo-se ao Poder Público e à coletividade o dever de defendê-lo es preservá-lo para as presentes e futuras gerações.

Nesse mesmo intuito, a Organização Internacional do Trabalho (OIT) adota firme orientação quanto à observância de normas protetivas do meio ambiente de trabalho, conforme estabelece o artigo 4º da Convenção 155/1981, ratificada pelo Brasil:

---

[5] O princípio do não retrocesso social (CF, art. 7º, "caput"), também chamado de aplicação progressiva dos direitos sociais, consiste na impossibilidade de redução dos direitos sociais, garantindo ao indivíduo o acúmulo de patrimônio jurídico. Tem por objetivo precípuo impor limites constitucionais à atuação do legislador ordinário no que concerne à restrição e/ou supressão dos direitos fundamentais sociais.

> Art. 4º - 1. Todo Membro deverá, em consulta com as organizações mais representativas de empregadores e de trabalhadores, e levando em conta as condições e as práticas nacionais, formular, pôr em prática e reexaminar periodicamente uma política nacional coerente em matéria de segurança e saúde dos trabalhadores e o meio-ambiente de trabalho (BRASIL. Decreto Federal nº 10.088, de 05 de novembro de 2019).

Na legislação infraconstitucional brasileira, sobretudo na Consolidação das Leis do Trabalho (CLT) e Normas Regulamentadoras do atual Ministério da Economia, a proteção ao meio ambiente de trabalho preconiza, essencialmente, os aspectos atrelados à medicina, higiene e segurança do trabalho, em que pese a concepção moderna relacione o meio ambiente de trabalho com os direitos humanos, especialmente o direito à vida, à segurança e à saúde. Desse modo, unindo essas duas concepções chega-se ao mundo ideal de preservação e respeito à vida e à saúde do trabalhador.[6]

Destarte, é fundamental citar as palavras do saudoso mestre Amauri Mascaro no tocante à conceituação de meio ambiente de trabalho, a saber:

> [...] meio ambiente de trabalho é, exatamente, o complexo máquina--trabalho; as edificações, do estabelecimento, equipamentos de proteção individual, iluminação, conforto térmico, instalações elétricas, condições de salubridade ou insalubridade, de periculosidade ou não, meios de prevenção à fadiga, outras medidas de proteção ao trabalhador, jornadas de trabalho e horas extras, intervalos, descansos, férias, movimentação, armazenagem e manuseio de materiais que formam o conjunto de condições de trabalho etc. (NASCIMENTO, 1999, p. 584).

Nesse norte, a CLT destaca em seu Capítulo V regras referentes às medidas preventivas de medicina do trabalho, equipamentos de proteção individual, atividades insalubres e perigosas, que vão ao encontro das garantias fundamentais dos trabalhadores previstas na Carta da República, como a qualidade de vida e segurança no meio ambiente de trabalho.

---

[6] A saúde é um bem de todos estando prevista no art. 6º da Lei Maior como direito fundamental, sendo que o art. 7º, XII, resguarda o direito à redução dos ricos inerentes ao trabalho. Ainda, o meio ambiente de trabalho salubre é direito de todos os trabalhadores, independentemente da forma de contratação ou do local da prestação de serviços (CF, arts. 200, VIII, e 225, §3º). Essa, inclusive, é a orientação que se extrai da Convenção 155/OIT, ratificada pelo Brasil, que expressamente estabelece a adoção de medidas relativas à segurança e à higiene ao meio ambiente de trabalho.

Todas essas medidas de proteção ao trabalhador são imprescindíveis, já que algumas atividades laborais podem ameaçar a saúde e integridade física, moral e psíquica do trabalhador. Afinal, "a preservação da saúde do trabalhador constitui valioso e inarredável vetor axiológico na interpretação das normas, indicando a necessidade de adoção da exegese que melhor preserve o ser humano trabalhador" (PINHEIRO, 2014, p. 211).

Nesse prumo, incumbe ao empregador o dever de proporcionar ao empregado as condições de higiene, saúde e segurança no ambiente laboral, sob pena de afronta ao princípio da prevenção do dano ao meio ambiente, exteriorizado, no âmbito do Direito do Trabalho, na literalidade do artigo 7º, XXII, da Carta Magna, segundo o qual é direito dos trabalhadores, urbanos e rurais, dentre outros, "a redução dos riscos inerentes ao trabalho, por meio de normas de saúde, higiene segurança". A exegese perfilhada permite que se atribua ao mencionado princípio máxima efetividade, outorgando-lhe "o sentido que mais eficácia lhe dê (...)" e conferindo a essa norma fundamental, "ligada a todas as outras normas, o máximo de capacidade de regulamentação e de realização." (MIRANDA, 2003, p. 291).

Dito isto, pode-se afirmar que o legislador se preocupou tanto com a higidez do trabalhador quanto com a obrigatoriedade de o empregador em cumprir com as normas de segurança e medicina do trabalho, dando efetividade aos princípios e garantias fundamentais previstos na Constituição Federal.

3 Aspectos legais sobre as doenças ocupacionais e a correlação com o coronavírus

Após abordar os prismas referentes às garantias e princípios fundamentais que resguardam os direitos dos trabalhadores no tocante à saúde, segurança e meio ambiente de trabalho, é forçoso tratar das decorrências que sucedem o desrespeito pelas normas e princípios protetivos do trabalhador referentes àqueles direitos e garantias.

José Cairo Júnior sustenta que "o acidente de trabalho afastava o empregado de suas tarefas, gerando prejuízos para ele próprio, para sua família, para a sociedade e para a empresa, que deixava de contar com aquele empregado mais experiente" (CAIRO JÚNIOR, 2015, p. 62).

Nesse prumo, a Lei nº 8.213/91 conceitua acidente de trabalho em seu artigo 19 como aquele que ocorre pelo exercício do trabalho, provocando lesão corporal ou perturbação funcional que cause a morte ou perda ou a redução da capacidade permanente ou temporária para o trabalho.

Com isso, a lei delega ao empregador a responsabilidade pela adoção e uso das medidas de proteção e segurança da saúde do trabalhador, nos termos dispostos no parágrafo primeiro do referido artigo 19 da Lei nº 8.213/91: "§1º A empresa é responsável pela adoção e uso das medidas coletivas e individuais de proteção e segurança da saúde do trabalhador" (BRASIL. Lei nº 8.213, de 24 de julho de 1991).

No mesmo sentido, o artigo 20 da referida lei dispõe que são consideradas como acidente de trabalho as doenças ocupacionais, nos seguintes termos:

> Art. 20. Consideram-se acidente do trabalho, nos termos do artigo anterior, as seguintes entidades mórbidas:
> I - doença profissional, assim entendida a produzida ou desencadeada pelo exercício do trabalho peculiar a determinada atividade e constante da respectiva relação elaborada pelo Ministério do Trabalho e da Previdência Social;
> II - doença do trabalho, assim entendida a adquirida ou desencadeada em função de condições especiais em que o trabalho é realizado e com ele se relacione diretamente, constante da relação mencionada no inciso I. (BRASIL. Lei nº 8.213, de 24 de julho de 1991)

A par disso, convém diferenciar as espécies de doenças elencadas pelos incisos I e II do artigo supramencionado, sendo que as doenças profissionais "são desencadeadas pelo exercício profissional peculiar a determinada atividade. Dada sua tipicidade, prescindem de comprovação do nexo de causalidade com o trabalho" (MONTEIRO, 2018).

Já as doenças do trabalho, ou doenças profissionais atípicas, "são aquelas desencadeadas em função de condições especiais em que o trabalho é realizado e com ele se relacionem diretamente. [...] Contudo, por serem atípicas, exigem a comprovação do nexo de causalidade com o trabalho" (MONTEIRO, 2018).

Prosseguem os autores:

> Enquanto as doenças profissionais resultam de risco específico (característica do ramo de atividade), as do trabalho têm como causa ou concausa o risco específico indireto. Assim, por exemplo, uma bronquite asmática normalmente provém de um risco genérico e pode acometer qualquer pessoa. Mas, se o trabalhador exercer sua atividade sob condições especiais, o risco genérico transforma-se em risco específico indireto (MONTEIRO, 2018).

Por seu turno, o §1º do artigo 20 da lei previdenciária lista um rol taxativo das causas que não se enquadram como doenças ocupacionais, assim prevendo:

> §1º - Não são consideradas como doença do trabalho:
> a) a doença degenerativa;
> b) a inerente a grupo etário;
> c) a que não produza incapacidade laborativa;
> d) a doença endêmica adquirida por segurado habitante de região em que ela se desenvolva, salvo comprovação de que é resultante de exposição. (BRASIL. Lei nº 8.213, de 24 de julho de 1991)

Por outro lado, em que pese o disposto na alínea "d" do artigo supracitado, o inciso III do artigo 21 da Lei nº 8.213/91 considera como acidente de trabalho a doença proveniente de contaminação acidental do empregado no exercício de sua atividade:

> Art. 21. Equiparam-se também ao acidente do trabalho, para efeitos desta Lei:
> [...]
> III - a doença proveniente de contaminação acidental do empregado no exercício de sua atividade;

Importante referir também que o parágrafo segundo do artigo 20 da lei em comento estende, excepcionalmente, a proteção aos trabalhadores ao prever que outras moléstias não inseridas no Regulamento mencionado pela lei poderão relacionar-se com a atividade desenvolvida e, assim, serem consideradas como acidente de trabalho.

No mesmo sentido é o disposto no artigo 21-A da Lei Previdenciária que delega à perícia médica do Instituto Nacional do Seguro Social (INSS) a função de assinalar a natureza acidentária de incapacidade quando constatar ocorrência de nexo técnico epidemiológico entre o trabalho e a patologia decorrente da relação existente pela atividade desenvolvida pelo trabalhador. Aliás, nesse sentido há jurisprudência sedimentada pelo Superior Tribunal de Justiça (STJ), conforme teor do REsp 226.762-SC.[7]

---

7 BRASIL. Supremo Tribunal Federal. Recurso Especial nº 226.762/SC. Relator: Min. FERNANDO GONÇALVES – SEXTA TURMA. Data da publicação: 10.04.2000. Disponível em: https://ww2.stj.jus.br/processo/ita/documento/mediado/?num_registro=199900719786&dt_publicacao=10-04-2000&cod_tipo_documento=3&formato=PDF. Acessado em: 26 maio 2020.

Como já dito alhures, ao julgar um conjunto de ADIs[8] contra a MP nº 927/2020, o Excelsa Suprema Corte suspendeu a eficácia do artigo 29 da MP, de modo que a doença ocasionada pelo novo coronavírus pode então ser considerada como acidente de trabalho, em que pese a moléstia não esteja relacionada no Regulamento referido na Lei nº 8.213/1991.

No presente caso, pode-se dizer que a exegese legal mais adequada é o enquadramento da doença causada pelo coronavírus no inciso II do artigo 20 da Lei nº 8.213/1991, cumulada com a exceção prevista na alínea "d" do §1º do mesmo dispositivo:

> Art. 20. Consideram-se acidente do trabalho, nos termos do artigo anterior, as seguintes entidades mórbidas:
> [...]
> II - doença do trabalho, assim entendida a adquirida ou desencadeada em função de condições especiais em que o trabalho é realizado e com ele se relacione diretamente, constante da relação mencionada no inciso I.
> §1º Não são consideradas como doença do trabalho:
> [...]
> d) a doença endêmica adquirida por segurado habitante de região em que ela se desenvolva, *salvo comprovação de que é resultante de exposição ou contato direto determinado pela natureza do trabalho.* (g.n.)

No entanto, para que haja perfeita adequação da doença causada pela covid-19 como doença ocupacional, cumpre alertar para o fato de que é necessário o nexo causal da contaminação com a atividade desenvolvida.

E sobre o nexo causal a doutrina (DELGADO, 2016, p. 693) afirma que é decisivo que haja evidência bastante da relação de causalidade entre a conduta do empregador e o dano sofrido pelo empregado e, nos casos de doenças profissionais, ocupacionais e acidentes de trabalho, é possível a verificação de diversidade de causas com respeito à lesão, algumas inclusive fora da alçada do empregador (multicausalidade ou concausalidade). Essa peculiaridade não elimina a presença do nexo investigado desde que haja fator próprio ao ambiente laborativo que tenha atuado para a ocorrência do malefício. Verificada a concausalidade, desponta o requisito do nexo causal.

---

[8] ADI 6.342, ADI 6.344, ADI 6.346, ADI 6.348, ADI 6.349, ADI 6.352, ADI 6.352.

4 A responsabilização do empregador e as consequências pela contaminação do trabalhador pelo coronavírus nas relações de emprego

Cumpre lembrar que as complicações trazidas pelo atual e duro cenário da covid-19 já foram vivenciadas no Brasil, em certa medida, em meados de 2009, quando instalou-se aqui a pandemia do vírus H1N1 (influenza A).

Decisões judiciais referentes àquela situação de pandemia, que provavelmente servirão de parâmetro para eventuais demandas trabalhistas relacionadas com a adequação do coronavírus como doença ocupacional, conduziam para a necessidade de comprovação de que a doença ocupacional (contaminação pelo vírus) fosse a causa da incapacidade para o trabalho ou do óbito.

A título de exemplo, importante relembrar decisão proferida pelo Egrégio Tribunal Regional do Trabalho da 10ª Região (TRT/10), nos autos do processo RO 650201201110006 DF (DISTRITO FEDERAL, Tribunal Regional do Trabalho 10ª Região), em que o Desembargador Relator não acolheu o pleito de um funcionário de uma empresa do ramo de laboratório farmacêutico que alegava ter contraído o vírus da gripe H1N1 em determinada ocasião de viagem a trabalho, postulando, assim, o reconhecimento de doença ocupacional e o pagamento por danos morais, uma vez que foi acometido por sequela de insuficiência respiratória.

Naquela decisão, o Magistrado asseverou que a atividade do trabalhador não possuía nexo de causalidade com a contaminação pelo vírus H1N1, de modo que também não restou configurada eventual culpa por omissão ou ação da reclamada, sendo, portanto, indevidos os pleitos do reclamante.

Em sentido oposto, nos autos do processo RR-100800-30.2011.5.17.0009 (BRASIL, Tribunal Superior do Trabalho), o Colendo Tribunal Superior do Trabalho (TST) reconheceu o nexo causal entre a contaminação pelo vírus H1N1 e a atividade profissional de uma técnica de enfermagem empregada de um hospital.

Em tal caso foi reconhecida a atividade de risco da trabalhadora, uma vez que na fundamentação do *decisum* o Relator sustenta que "não há dúvida de que a atividade desenvolvida pela reclamada impõe riscos a seus empregados, haja vista que o ambiente ambulatorial, de enfermaria e de hotelaria de pacientes prolongados expõe a saúde desses profissionais a danos".

E no que toca a essa desafiadora problemática, pontua o Ministro do C. TST, Mauricio Godinho Delgado:

> De fato, essencialmente na seara da infortunística é que as atividades laborativas e o próprio ambiente de trabalho tendem a criar para o obreiro, regra geral, risco de lesões mais acentuado do que o percebido na generalidade de situações normalmente vivenciadas pelos indivíduos na sociedade (DELGADO, 2019, p. 746).

Em vista disso, nos termos do parágrafo único do artigo 927 do Código Civil (BRASIL, Lei nº 10.406, de 10 de janeiro de 2002), fica claro que nas atividades de risco em que a contaminação resultar de exposição ou contato direto determinado pela natureza do trabalho haverá responsabilidade objetiva do empregador, de modo que caberá a este o ônus de comprovar fato contrário.

Aliás, nesse mesmo sentido, foi a tese de repercussão geral (Tema 932), aprovada pelo Plenário do Supremo Tribunal Federal, que garante ao trabalhador que atua em atividade de risco o direito a indenização em razão de danos decorrentes de acidente de trabalho, independentemente da comprovação de culpa ou dolo do empregador. Impende recordar que no julgamento do Recurso Extraordinário (RE) 828040, realizado em setembro de 2019, os ministros entenderam, por maioria de votos, que é constitucional a imputação da responsabilidade civil objetiva do empregador por danos decorrentes de acidentes de trabalho em atividades de risco. Naquela oportunidade, ficou pendente a aprovação da tese.

Para tanto, a tese do relator do caso, ministro Alexandre de Moraes, também deve ser aplicada às atividades de risco pelo contágio da covid-19: "O artigo 927, parágrafo único, do Código Civil é compatível com o artigo 7º, XXVIII, da Constituição Federal, sendo constitucional a responsabilização objetiva do empregador por danos decorrentes de acidentes de trabalho nos casos especificados em lei ou quando a atividade normalmente desenvolvida, por sua natureza, apresentar exposição habitual a risco especial, com potencialidade lesiva, e implicar ao trabalhador ônus maior do que aos demais membros da coletividade".

Por outro lado, caso ocorra a contaminação pela covid-19 durante a execução das atividades laborais em situação de risco, mas que isso tenha se dado por culpa do empregado por não usar equipamentos de proteção individual, por exemplo, o empregador não será responsabilizado, uma vez que o nexo causal será interrompido por culpa exclusiva da vítima.

Nas palavras de Sebastião Geraldo de Oliveira, haverá fato da vítima ou culpa exclusiva da vítima quando "a causa única do acidente do trabalho tiver sido a sua conduta, sem qualquer ligação com o descumprimento das normas legais, contratuais, convencionais, regulamentares, técnicas ou do dever geral de cautela por parte do empregador" (OLIVEIRA, 2019, p. 147). Portanto, neste caso, o empregador não será responsabilizado em razão da ausência do elemento de nexo causal.

No tocante às atividades que não guardam relação direta com o risco de contaminação pelo coronavírus, tais como comércio, padarias, empregados domésticos, entregadores de *delivery* e outros serviços, a responsabilidade do empregador será subjetiva, ou seja, dependerá da demonstração efetiva da culpa por ação ou omissão em adotar medidas que evitem o acontecimento.

A regra geral é de que a responsabilização do empregador será subjetiva (mediante verificação de culpa geradora do dano),[9] cabendo, portanto, àquelas empresas que não possuem risco inerente às atividades desenvolvidas pelo trabalhador adotar as medidas higiênicas e sanitárias mais eficientes para prevenir a contaminação de seus empregados pelo vírus, fiscalizar de forma consistente o cumprimento dessas medidas para, assim, evitar a responsabilização por eventual agravo.

Não obstante, quando se verifica a ocorrência de acidente de trabalho ou de doença ocupacional, há reflexos também na relação de emprego de ordem previdenciária, trabalhista, tributária, inclusive na esfera da responsabilidade civil.

A par disso, é conveniente mencionar que o art. 118[10] da Lei nº 8.213/1991 prevê a garantia provisória de emprego ao trabalhador que

---

[9] A responsabilidade civil nos acidentes do trabalho, por força da norma constitucional (CF/88, art. 7º, "caput" e XXVIII), está positivada na responsabilidade subjetiva, consubstanciada na obrigação de o empregador indenizar o dano que causar mediante comprovada culpa ou dolo, ao passo que o Código Civil (arts. 927, 932, 933 e 942) prevê a responsabilidade objetiva, na qual não se faz necessária tal comprovação, pois fundada na teoria do risco da atividade econômica. A primeira, norma constitucional, trata de garantia mínima do trabalhador e não exclui a segunda, que, por sua vez, atribui maior responsabilidade civil ao empregador, perfeitamente aplicável de forma supletiva no Direito do Trabalho, haja vista o princípio da norma mais favorável, acrescida do fato de o Direito Laboral primar pela proteção do trabalhador e pela segurança e medicina do trabalho, institutos destinados a assegurar a dignidade, integridade física e psíquica do empregado no seu ambiente laborativo.

[10] Art. 118. O segurado que sofreu acidente do trabalho tem garantida, pelo prazo mínimo de doze meses, a manutenção do seu contrato de trabalho na empresa, após a cessação do auxílio-doença acidentário, independentemente de percepção de auxílio-acidente.

tiver sofrido acidente de trabalho pelo prazo mínimo de doze meses após a cessação do auxílio-doença acidentário.

A referida norma manifesta seu caráter eminentemente trabalhista a ela inerente ao estabelecer a proibição de o empregador de dispensar sem justa causa o obreiro que tenha sido vítima de acidente de trabalho ou de doença ocupacional, nos termos do já aludido art. 20 da Lei nº 8.213/91.

Além disso, vale lembrar que o empregado contratado por prazo determinado também possui direito a estabilidade provisória, conforme item III da Súmula nº 378 do Tribunal Superior do Trabalho: "O empregado submetido a contrato de trabalho por tempo determinado goza da garantia provisória de emprego decorrente de acidente de trabalho prevista no art. 118 da Lei nº 8.213/91" (BRASIL, Tribunal Superior do Trabalho. Súmula nº 378).

De acordo com o mencionado, um dos requisitos para a garantia da estabilidade provisória de emprego é a percepção de auxílio-doença, o qual ocorre quando o empregado permanece incapaz de exercer suas atividades laborais por mais de quinze dias, conforme disposição legal no artigo 59[11] da Lei nº 8.213/1991.

Em decorrência dessa situação, o empregador fica obrigado a emitir a Comunicação de Acidente de Trabalho (CAT) ao INSS, conforme determinação legal prevista no artigo 22[12] da Lei nº 8.213/91, o qual é imprescindível para que o trabalhador receba o benefício previdenciário e tenha direito à estabilidade provisória de emprego.

Ocorre que, ao emitir a CAT, a empresa estará sujeita à alteração do grau de risco de suas atividades em razão do registro da ocorrência de acidentes de trabalho, o que faz com que aumente sua alíquota de contribuição destinada ao financiamento da aposentadoria especial – Contribuição do Grau de Incidência de Incapacidade Laborativa decorrente dos Riscos Ambientais do Trabalho (GILRAT), previsto no artigo 202-A do Decreto nº 3.048/1999.[13]

---

[11] Art. 59. O auxílio-doença será devido ao segurado que, havendo cumprido, quando for o caso, o período de carência exigido nesta Lei, ficar incapacitado para o seu trabalho ou para a sua atividade habitual por mais de 15 (quinze) dias consecutivos.

[12] Art. 22. A empresa ou o empregador doméstico deverão comunicar o acidente do trabalho à Previdência Social até o primeiro dia útil seguinte ao da ocorrência e, em caso de morte, de imediato, à autoridade competente, sob pena de multa variável entre o limite mínimo e o limite máximo do salário de contribuição, sucessivamente aumentada nas reincidências, aplicada e cobrada pela Previdência Social.

[13] Art. 202-A. As alíquotas constantes nos incisos I a III do art. 202 serão reduzidas em até cinquenta por cento ou aumentadas em até cem por cento, em razão do desempenho da

Outrossim, ocorrendo afastamento do empregado por doença ocupacional ou acidente de trabalhado, o INSS poderá ajuizar ação de regresso em face do empregador, conforme o disposto no artigo 120 da Lei nº 8.213/1991:

> Art. 120. A Previdência Social ajuizará ação regressiva contra os responsáveis nos casos de:
> I - negligência quanto às normas padrão de segurança e higiene do trabalho indicadas para a proteção individual e coletiva (BRASIL, Lei nº 8.213 de 24 de julho de 1991).

Ademais, o empregador poderá sofrer ação por responsabilidade civil ajuizada pelo trabalhador contaminado pela covid-19 no exercício de suas atividades, conforme disposição constitucional do art. 7º, XXVIII, da CF/88:

> Art. 7º São direitos dos trabalhadores urbanos e rurais, além de outros que visem à melhoria de sua condição social:
> [...]
> XXVIII - seguro contra acidentes de trabalho, a cargo do empregador, sem excluir a indenização a que este está obrigado, quando incorrer em dolo ou culpa;

---

empresa em relação à sua respectiva atividade, aferido pelo Fator Acidentário de Prevenção – FAP.
(...) §4º Os índices de frequência, gravidade e custo serão calculados segundo metodologia aprovada pelo Conselho Nacional de Previdência Social, levando-se em conta:
I - para o índice de frequência, os registros de acidentes e doenças do trabalho informados ao INSS por meio de Comunicação de Acidente do Trabalho – CAT e de benefícios acidentários estabelecidos por nexos técnicos pela perícia médica do INSS, ainda que sem CAT a eles vinculados;
II - para o índice de gravidade, todos os casos de auxílio-doença, auxílio-acidente, aposentadoria por invalidez e pensão por morte, todos de natureza acidentária, aos quais são atribuídos pesos diferentes em razão da gravidade da ocorrência, como segue:
a) pensão por morte: peso de cinquenta por cento;
b) aposentadoria por invalidez: peso de trinta por cento; e
c) auxílio-doença e auxílio-acidente: peso de dez por cento para cada um; e
III - para o índice de custo, os valores dos benefícios de natureza acidentária pagos ou devidos pela Previdência Social, apurados da seguinte forma:
a) nos casos de auxílio-doença, com base no tempo de afastamento do trabalhador, em meses e fração de mês; e
b) nos casos de morte ou de invalidez, parcial ou total, mediante projeção da expectativa de sobrevida do segurado, na data de início do benefício, a partir da tábua de mortalidade construída pela Fundação Instituto Brasileiro de Geografia e Estatística – IBGE para toda a população brasileira, considerando-se a média nacional única para ambos os sexos.

Além disso, nos termos do artigo 15, parágrafo quinto, da Lei nº 8.036/1990,[14] na hipótese de afastamento do trabalhador por incapacidade laboral, o empregador deverá manter o depósito do FGTS (Fundo de Garantia por Tempo de Serviço).

Como visto, são diversos fatores tributários, empresariais, financeiros e judiciais que podem afetar o empregador em caso de ocorrência de acidente do trabalho por contaminação de trabalhador pela covid-19.

Diante desse cenário, é certo que o empregador deverá adotar medidas rígidas e eficientes a fim de minimizar o risco de contaminação dos seus empregados, prezando pela vida e segurança destes, e também evitar um passivo trabalhista.

Nesse prumo, acredita-se que este foi o intuito da Organização Internacional do Trabalho (OIT) ao editar um documento com orientações de condições seguras e eficazes para retorno ao trabalho durante a pandemia de covid-19. O propósito é de que os trabalhadores se sintam seguros em seus locais de trabalho em relação aos riscos do novo coronavírus de modo que o retorno às atividades laborais seja producente para ambas as partes, mas, sobretudo, que garanta a saúde e a segurança de todos os trabalhadores.

Esse documento[15] contém dez medidas de controle técnico e organizacional que fornecem uma estrutura normativa para a criação de um retorno seguro ao ambiente de trabalho, quais sejam: i) formar uma equipe conjunta para planejar e organizar o retorno ao trabalho; ii) decidir quando reabrir, quem retornará ao trabalho e de que forma; iii) adotar as medidas de engenharia, organizacionais e administrativas; iv) promover a limpeza e desinfecção do ambiente de trabalho; v) prover meios para higiene pessoal; vi) prover os equipamentos de proteção e higiene pessoal e informar seu uso correto; vii) manter a vigilância da saúde; viii) considerar outros perigos, incluindo psicossocial; ix) revisar os planos de preparação de emergência; e x) revisar e atualizar as medidas preventivas e de controle que envolvem a situação.

Incorporadas a essas medidas, reputa-se que façam parte ainda ações como: i) afastamento de trabalhadores com comorbidades;

---

[14] Art. 15. (...) §5º O depósito de que trata o caput deste artigo é obrigatório nos casos de afastamento para prestação do serviço militar obrigatório e licença por acidente do trabalho.

[15] INTERNATIONAL LABOUR ORGANIZATION. *A safe and healthy return to work during the COVID-19 pandemic / Policy Brief.* Disponível em: https://www.ilo.org/wcmsp5/groups/public/---ed_protect/---protrav/---safework/documents/instructionalmaterial/wcms_745541.pdf. Acesso em: 04 jun. 2020.

ii) propor alternativas de jornadas de trabalho, rodízios e *home office* quando houver possibilidade, reuniões por videoconferência e o cancelamento de todas as viagens enquanto durar o isolamento social; iii) reforçar as medidas de higiene e disponibilizar lavatórios com *dispenser* de sabão líquido, papel toalha e frascos ou *dispenser* de álcool gel.; iv) priorizar ventilação natural ao invés de sistema de ar-condicionado; v) fornecimento de equipamentos de proteção individual como máscaras, luvas, óculos, de acordo com a necessidade da atividade desenvolvida; vi) estabelecer regra de espaçamento de dois metros entre as estações de trabalho/indivíduos; vii) promover treinamentos e orientar os trabalhadores quanto às condutas de prevenção ao sair do ambiente laboral e, principalmente, para chegar a suas casas.

Estas ações demonstram boa-fé e preocupação por parte dos empregadores para com seus empregados, adotando atitudes com o intuito de manter um ambiente de trabalho mais seguro possível, protegendo ao máximo a saúde e a segurança de todos.

A atual conjuntura é inédita, pelo menos para o cenário moderno das relações trabalhistas, e dessa forma é imperativo que todos os envolvidos ao meio ambiente de trabalho cooperem com as novas medidas a fim de que a segurança e a vida de todos estejam a salvo, colaborando, também, com a retomada da economia e a restauração da renda dos trabalhadores.

5 A contaminação pelo novo coronavírus como acidente de trajeto

Com a extinção da MP nº 905/2019, que deixou de produzir efeitos em razão de sua revogação por ato do Presidente da República, o acidente de trajeto – que antes havia sido revogado pela referida medida provisória – retornou ao cenário jurídico.

Com isso, os acidentes de trajeto voltam a ser equiparados como acidente de trabalho, trazendo consequências trabalhistas e previdenciárias, inclusive de responsabilidade civil para os empregadores a depender do caso concreto.

O acidente de trajeto contém previsão legal na alínea "d" do inciso IV do artigo 21 da Lei nº 8.213/1991, senão vejamos:

> Art. 21. Equiparam-se também ao acidente do trabalho, para efeitos desta Lei:
>
> [...]

> IV - o acidente sofrido pelo segurado ainda que fora do local e horário de trabalho:
> [...]
> d) no percurso da residência para o local de trabalho ou deste para aquela, qualquer que seja o meio de locomoção, inclusive veículo de propriedade do segurado.

Assim, o acidente ocorrido no percurso entre residência-trabalho e vice-versa que venha a acometer o trabalhador e, assim, o deixe incapacitado para suas atividades por mais de quinze dias será considerado como doença ocupacional, revelando efeitos previdenciários e trabalhistas.

Nesse aspecto, a empresa deverá emitir a Comunicação de Acidente do Trabalho (CAT), ao passo que o trabalhador será encaminhado para a Previdência Social para perícia e recebimento de auxílio-doença acidentário e, ao retornar ao trabalho, terá direito a estabilidade provisória de doze meses, nos termos do já mencionado artigo 118 da Lei nº 8.213/1991.

No entanto, de acordo com a exegese do artigo 216, III, da Instrução Normativa nº 20/2007 do INSS, para que seja configurado o acidente de trabalho de trajeto, é necessário que o fato tenha as seguintes situações cumulativamente:

(i) que o acidente tenha ocorrido fora do local de trabalho ou das situações em que o empregado está a serviço da empresa;

(ii) no período de deslocamento de casa para o trabalho (critério cronológico) e vice-versa (cabe referir que a lei não prevê tempo máximo, de modo que se o trabalhador ficar preso em um congestionamento por várias horas, e desde que presentes os demais requisitos, estará segurado pelo INSS para fins de acidente de trabalho);

(iii) no trajeto habitual (critério topográfico) que o trabalhador usualmente utiliza para se deslocar de sua casa até o trabalho (se o obreiro desviar o caminho por qualquer motivo, por exemplo, parar em uma loja ou restaurante o acidente de trajeto é descaracterizado);

(iv) por qualquer meio de transporte (veículo próprio, público, carona, táxi, fornecido pela empresa etc.).

É importante elucidar que, segundo entendimento jurisprudencial do Tribunal Superior do Trabalho, a responsabilidade objetiva do empregador é atrelada tão somente para fins previdenciários e que nos casos de ausência de culpa e/ou nexo de causalidade é imperativo o afastamento da sua responsabilidade civil.

Nesse sentido, a responsabilidade do empregador por danos materiais ou morais sofridos pelo trabalhador estaria presente quando verificada a existência de culpa por ação ou omissão, por exemplo, na hipótese em que há fornecimento de transporte pela empresa.

A par disso, transcreve-se o atual entendimento do TST sobre o tema:

> AGRAVO DE INSTRUMENTO EM RECURSO DE REVISTA. ACIDENTE DE TRAJETO. DANOS MORAIS, ESTÉTICOS E MATERIAIS E PENSÃO VITALÍCIA. Segundo o Regional, embora o sinistro ocorrido fora das dependências da empresa, no percurso entre o local de trabalho e a residência, seja considerado acidente de trajeto e equiparado a acidente de trabalho para fins previdenciários, nos termos do artigo 21 da Lei nº 8.213/91, *não foram constatados, na hipótese, nexo causal e culpa da reclamada a ensejar a responsabilização civil subjetiva.* Deixou assentado que não restou comprovado nexo de causalidade entre o não fornecimento de transporte e o sinistro, tampouco que o acidente decorreu do cumprimento da sua jornada de trabalho, não sendo o fato de o obreiro ter de se deslocar em veículo próprio no percurso casa- trabalho-casa, elemento suficiente a ensejar a reparação civil. Descabe cogitar, ainda, segundo aquela Corte, de responsabilidade objetiva, nos termos do artigo 927, parágrafo único, do CC, por não tratar o caso de atividade laboral de risco (mesmo porque o infortúnio ocorreu fora do horário de trabalho e das dependências da empresa), nem envolver deslocamento durante a jornada na prestação de serviços para a reclamada. Diante de tal cenário, não se vislumbra ofensa aos artigos 5º, V e X, e 7º, XXVIII, da CF; e 186 e 927 do CC. Arestos inservíveis, nos termos da Súmula nº 296 do TST. Agravo de instrumento conhecido e não provido.[16] (g.n.)

De se ver que o entendimento é de que não pode ser imputada responsabilidade civil quando não houver nenhuma participação direta do empregador ou do exercício da atividade laboral para a ocorrência do dano.

No tocante ao acidente de trajeto sofrido pelo empregado em decorrência de contaminação pelo novo coronavírus, é possível dizer que haverá responsabilização previdenciária e trabalhista do empregador. Imagina-se tal situação para aqueles trabalhadores que utilizam transporte público, por exemplo, em que o distanciamento social é prejudicado e, ordinariamente, impraticável.

---

[16] TRIBUNAL SUPERIOR DO TRABALHO – Agravo de Instrumento no Recurso de Revista n.: 4089020165120027, Relator: Dora Maria da Costa, Data de Julgamento: 27.02.2019, 8ª Turma, Data de Publicação: DEJT 01.03.2019).

O grande embaraço de tal situação é a comprovação de que o contágio ocorreu efetivamente *in itinere*, sendo, todavia, ônus do empregador desqualificar tal ocorrência de modo a afastar as consequências do infortunístico.

Nesse caso, os efeitos seriam de ordem previdenciária (*v,g.*, auxílio-doença acidentário e pensão por morte) e também de ordem trabalhista (*v,g.*, estabilidade provisória em emprego, interrupção do contrato de trabalho, recolhimento do FGTS emissão de CAT).

No tocante à responsabilidade civil para reparação de danos materiais e morais sofridos por trabalhador contaminado pela covid-19 em acidente de trajeto, entende-se aplica-se igualmente a tese da necessidade de verificação de culpa e nexo causal por parte do empregador.

Não obstante, entende-se que por se tratar de uma situação excepcional no cenário das relações trabalhistas qualquer afirmativa inflexível ainda é muito frágil, dada a condição incomum envolvendo o presente caso, devendo a prestação jurisdicional ser pautada com prudência, razoabilidade e paridade a fim de que nenhuma das partes sustente um corolário supostamente alheio à volição de ambas.

6 Conclusão

Por todo o exposto, em que pese a situação excepcional trazida pela pandemia do novo coronavírus, sobretudo nas relações de trabalho, é forçoso perceber que o trabalhador não se divorcia de sua condição humana, razão pela qual é imperativo que se confira inalienável proteção também em seu âmbito pessoal, reconhecendo-lhe direitos que contemplem a sua segurança e a sua saúde, inclusive a psicológica, uma vez que seus direitos transcendem os da concessão de férias, horas extras, fundo de garantia e afins.

Destarte, além de um ambiente de trabalho seguro e saudável, especial atenção e uma adequada tutela aos agravos laborais são imprescindíveis para que se instrumentalize e privilegie a dignidade e a saúde, direitos intrínsecos da própria condição inafastável de cidadão de que o trabalhador se reveste.

Em arremate, diante deste novo cenário cheio de incertezas, para minimizar os riscos para ambas as partes, os empregadores devem estruturar os melhores sistemas de segurança para os seus trabalhadores, de modo a garantir eficientes condições higiênicas e sanitárias, fornecer os EPIs necessários na execução das atividades, oferecer treinamentos e orientações para a educação dos colaboradores, tudo em respeito aos princípios e garantias fundamentais constitucionais que protegem o elo mais fraco da relação de emprego, qual seja, o trabalhador.

Referências

BRASIL. *Constituição da República Federativa Brasil de 05 de outubro de 1988*. Disponível em: http://www.planalto.gov.br/ccivil_03/constituicao/constituicao.htm. Acesso em: 22 maio 2020.

BRASIL. *Decreto nº 3.048, de 6 de maio de 1999*. Aprova o Regulamento da Previdência Social, e dá outras providências. Disponível em: http://www.planalto.gov.br/ccivil_03/decreto/d3048.htm. Acesso em: 31 maio 2020.

BRASIL. *Decreto Federal nº 10.088, de 5 de novembro de 2019*. Consolida atos normativos editados pelo Poder Executivo Federal que dispõem sobre a promulgação de convenções e recomendações da Organização Internacional do Trabalho – OIT ratificadas pela República Federativa do Brasil. Disponível em: http://www.planalto.gov.br/ccivil_03/_Ato2019-2022/2019/Decreto/D10088.htm#art5. Acesso em: 26 maio 2020.

BRASIL. *Decreto Legislativo nº 6/2020*. Reconhece, para os fins do art. 65 da Lei Complementar nº 101, de 4 de maio de 2000, a ocorrência do estado de calamidade pública, nos termos da solicitação do Presidente da República encaminhada por meio da Mensagem nº 93, de 18 de março de 2020. Disponível em: http://www.planalto.gov.br/ccivil_03/portaria/DLG6-2020.htm. Acesso em: 22 maio 2020.

BRASIL. *Lei nº 8.213, de 24 de julho de 1991*. Dispõe sobre os Planos de Benefícios da Previdência Social e dá outras providências. Disponível em: http://www.planalto.gov.br/ccivil_03/leis/l8213cons.htm. Acesso em: 31 maio 2020.

BRASIL. *Lei nº 10.406, de 10 de janeiro de 2002*. Institui o Código Civil. Disponível em: http://www.planalto.gov.br/ccivil_03/leis/2002/l10406.htm. Acesso em: 29 maio 2020.

BRASIL. *Lei nº 8.036, de 11 de maio de 1990*. Dispõe sobre o Fundo de Garantia do Tempo de Serviço, e dá outras providências. Disponível em: http://www.planalto.gov.br/ccivil_03/leis/l8036consol.htm. Acesso em: 31 maio 2020.

BRASIL. *Medida Provisória nº 927, de 22 de março de 2020*. Dispõe sobre as medidas trabalhistas para enfrentamento do estado de calamidade pública reconhecido pelo Decreto Legislativo nº 6, de 20 de março de 2020, e da emergência de saúde pública de importância internacional decorrente do coronavírus (covid-19), e dá outras providências. Disponível em: http://www.planalto.gov.br/ccivil_03/_ato2019-2022/2020/Mpv/mpv927.htm. Acesso em: 22 maio 2020.

BRASIL. Supremo Tribunal Federal. *Recurso Especial nº 226.762/SC*. Relator: Min. FERNANDO GONÇALVES – SEXTA TURMA. Data da publicação: 10/04/2000. Disponível em: https://ww2.stj.jus.br/processo/ita/documento/mediado/?num_registro=199900719786&dt_publicacao=10-04-2000&cod_tipo_documento=3&formato=PDF. Acesso em: 26 maio 2020.

BRASIL. Tribunal Superior do Trabalho. Recurso de Revista n. 100800-30.2011.5.17.0009/ Relator: José Roberto Freire Pimenta, 2ª Turma, Data de Publicação: DEJT 06/10/2017. Disponível em: https://tst.jusbrasil.com.br/jurisprudencia/514495484/recurso-de-revista-rr-1008003020115170009?ref=juris-tabs. Acesso em: 29 maio 2020.

BRASIL. Tribunal Superior do Trabalho. *Súmula nº 378*. Disponível em http://www3.tst.jus.br/jurisprudencia/Sumulas_com_indice/Sumulas_Ind_351_400.html#SUM-378. Acesso em: 29 maio 2020.

CAIRO JÚNIOR, José. *O Acidente do Trabalho e a Responsabilidade Civil do Empregador*. 8. ed. São Paulo: LTr, 2015.

DELGADO, Mauricio Godinho. *Curso de direito do trabalho*: obra revista e atualizada conforme a lei da reforma trabalhista e inovações normativas e jurisprudenciais posteriores. 15. ed. São Paulo: LTr, 2016.

DELGADO, Mauricio Godinho. *Curso de direito do trabalho*: obra revista e atualizada conforme a lei da reforma trabalhista e inovações normativas e jurisprudenciais posteriores. 18. ed. São Paulo: LTr, 2019.

DISTRITO FEDERAL. Tribunal Regional do Trabalho 10ª Região – *Recurso Ordinário: 650201201110006*, Relator: Desembargador Douglas Alencar Rodrigues, 3ª Turma. Data de Publicação: 11.10.2013. Disponível em: https://trt-10.jusbrasil.com.br/jurisprudencia/24542728/recurso-ordinario-ro-650201201110006-df-00650-2012-011-10-00-6-ro-trt-10?ref=juris-tabs. Acesso em: 27 maio 2020.

INTERNATIONAL LABOUR ORGANIZATION. *A safe and healthy return to work during the COVID-19 pandemic / Policy Brief*. Disponível em: https://www.ilo.org/wcmsp5/groups/public/---ed_protect/---protrav/---safework/documents/instructionalmaterial/wcms_745541.pdf. Acesso em: 04 jun. 2020.

LEITE, Carlos Henrique Bezerra. *Curso de direito do trabalho*. 11. ed. São Paulo: Saraiva Educação, 2019.

MIRANDA, Jorge. *Manual de Direito Constitucional*. Tomo II – Constituição. 5. ed., rev. e atual. Lisboa: Coimbra Editora, 2003.

MONTEIRO, Antonio Lopes; BERTAGNI, Roberito Fleury de Souza. *Acidentes do trabalho e doenças ocupacionais*. 9. ed. São Paulo: Saraiva, 2018.

NASCIMENTO, Amauri Mascaro do. *A defesa processual do meio ambiente do trabalho*. São Paulo: LTr, vol. 63, n. 05, maio 1999.

OLIVEIRA, Sebastião Geraldo de. *Indenizações por acidente do trabalho ou doença ocupacional*. 11. ed. São Paulo: LTr, 2019.

PINHEIRO, Iuri Pereira. Cumulatividade dos adicionais de insalubridade e periculosidade. *In:* MIESSA, Elisson; CORREIA, Henrique (Org.). *Estudos aprofundados da magistratura do trabalho*. Vol. 2. Salvador: Juspodivm, 2014. p. 211.

Informação bibliográfica deste texto, conforme a NBR 6023:2018 da Associação Brasileira de Normas Técnicas (ABNT):

CALCINI, Ricardo. Doenças ocupacionais na pandemia da covid-19 e os impactos trabalhistas e previdenciários. *In*: TUPINAMBÁ, Carolina (Coord.). *As novas relações trabalhistas e o futuro do Direito do Trabalho:* novidades derivadas da pandemia Covid-19 e da crise de 2020. Belo Horizonte: Fórum, 2021. (Coleção Fórum As novas relações trabalhistas e o futuro do Direito do trabalho. Tomo I). p. 175-195. ISBN 978-65-5518-118-0.

PANDEMIA E "CULTURA TRABALHISTA": DESTRUIÇÃO CRIATIVA

OTAVIO AMARAL CALVET

Inspirado por debates com o jurista Antônio Carlos Aguiar, que em artigo publicado no CONJUR apresentou reflexões sobre a "destruição criativa e ressurreição da ética: momento para desaprender o Direito",[1] decidi apresentar algumas ideias próprias acerca da temática que me coube na presente obra coletiva: novidades derivadas da crise e da pandemia.

Para os fins pretendidos, abandonarei a confecção de artigo científico nos moldes tradicionais, adotando narrativa em primeira pessoa para demonstrar que as ideias aqui estabelecidas são oriundas do meu próprio sentimento acerca das lições retiradas do período da pandemia do coronavírus e seus impactos no que chamo de "cultura trabalhista", deixando claro que não há qualquer sentido pejorativo em tal expressão, mas apenas a constatação da existência de um modo de pensar e atuar típicos de uma área que, a meu ver, se encontra em xeque.

---

1 AGUIAR, Antonio Carlos: Destruição criativa e ressurreição da ética: momento para desaprender o Direito. Disponível em: https://www.conjur.com.br/2020-abr-28/momento-desaprender-direito#_ftn1. Acesso em: 07 jun. 2020, às 18h.

O uso logo no título do termo "destruição criativa" não esconde o objetivo deste ensaio: instigar o reconhecimento da necessidade do abandono de certas práticas, reinventando-se o modo de ser do Direito e Processo do Trabalho, bem como da própria Justiça do Trabalho e seus atores.

Utilizarei o estilo de narrativa livre, sem tópicos ou referências, salvo as necessárias para os créditos devidos, propositalmente tentando me aproximar do leitor, já que a premissa destas linhas é tão somente dialogar sobre nossas práticas e questionar novas formas de proceder.

Antes, porém, um pouco de contextualização. A área trabalhista já vinha passando por profundas transformações, para além das naturais decorrentes do processo evolutivo inerente ao capitalismo, sendo certo que o Direito do Trabalho, como ferramenta de proteção ao ser humano trabalhador que se insere no mercado através da força de trabalho, necessariamente dialoga com as alterações da economia.

Não estávamos passando por simples atualizações necessárias para adaptação da legislação ao fenômeno social, mas por uma profunda transformação de modelo de regulação do trabalho humano subordinado em nosso país. Desde a sinalização do STF quanto à força das negociações coletivas, passando pela abertura da terceirização em atividade fim, até a chamada "Reforma Trabalhista", operada em 2017 pela Lei nº 13.467, bem como pela regulamentação da terceirização no mesmo ano pela Lei nº 13.429, a área trabalhista se confrontou com modificações estruturais, a ponto de vários setores deste meio apresentarem forte resistência às mudanças impostas pelo Poder Legislativo (inclusive por segmentos da magistratura através de algumas associações de classe, que abertamente criticaram as referidas alterações).

O fato é que as modificações legislativas produziram no Direito Individual do Trabalho clara valorização da autonomia individual da vontade e no Direito Coletivo do Trabalho a valorização da autonomia coletiva, concedendo o legislador maior espaço para que os atores sociais deliberem sobre seus direitos, ao passo que definiu o mínimo essencial trabalhista através da positivação de diversos valores que não podem, de forma alguma, ser objeto de ato de disposição, conforme rol do art. 611-B da CLT.

Na seara do Processo do Trabalho e, portanto, da Justiça do Trabalho, as alterações provocaram a queda do número de ações em ao menos 30%, diante da atribuição de responsabilidade às partes, mormente a parte autora, com a criação dos honorários de sucumbência e os limites à gratuidade de justiça (matérias ainda objeto de ação direta de inconstitucionalidade pendente de julgamento no Supremo).

Na temática de métodos de solução de conflitos, abriu-se espaço para a arbitragem no âmbito das relações individuais e para acordos extrajudiciais, ainda que homologados judicialmente. Valorizou-se a prevenção de litígios com a extinção do contrato de trabalho por mútuo consentimento, entre outras novidades que não cabe aqui explicitar.

Com vigência a partir de 11 de novembro de 2017, a Reforma Trabalhista não chegou a demonstrar seus impactos no campo do direito material do trabalho, nem produziu o esperado efeito de geração de empregos, por razões diversas, de ordem econômica e política, sendo certo que a comunidade científica trabalhista já advertia que os postos de trabalho não surgem por simples alteração legislativa, mas pelo desenvolvimento econômico.

Passados dois anos de vigência da nova "estrutura" trabalhista e com novo governo comandando o país, havia alguns sinais de recuperação econômica quando adveio a pandemia do coronavírus, desarticulando qualquer prognóstico ou previsão acerca do futuro não só do trabalho humano, mas da própria sociedade.

O colapso iminente da economia, o desemprego em massa, as profundas alterações da sociedade após o isolamento social, tudo contribuiu para o reconhecimento de que vivemos um momento de destruição, sem sabermos as possibilidades de criação futura, sendo este o cenário em que a área trabalhista precisou abandonar certos dogmas, para enfrentar a maior crise do último século, com a incerteza sobre o porvir. E é sobre esta circunstância que pretendo tecer minhas considerações.

O primeiro tema diz respeito ao debate das negociações individuais como método de enfrentamento da crise, solução apresentada através de medidas provisórias (MP nº 927 e MP nº 936) que foram referendadas pelo STF, autorizando ao empregador estabelecer diretamente com seus empregados alguns modelos de trabalho diferenciados (banco de horas, teletrabalho, compensação de férias e feriados) e, para além do texto da Constituição, a realização de redução salarial e suspensão total do contrato de trabalho.

Não irei discutir o acerto de tais medidas, nem mesmo sua constitucionalidade. O objetivo aqui é outro, é constatar que o modelo sindical brasileiro mostrou sua ineficiência prática, bem como que a negociação individual não representa, automaticamente, um mal necessário nem precarização do trabalhador.

A "cultura trabalhista" forjada desde os primórdios do Direito do Trabalho, acertadamente, sempre foi avessa a qualquer tipo de negociação individual, em razão da disparidade de forças entre empregado e empregador. Trata-se da clássica constatação da necessidade de proteção ao trabalhador através da regulação pelo Estado de regras mínimas visando à preservação dos direitos do mais fraco, pois certo é que toda relação de emprego se reveste da essencialidade que indica a potencial vulnerabilidade de quem se lança em uma relação jurídica para obter sobrevivência digna.

Trata-se do chamado "paradigma da essencialidade" proposto por Teresa Negreiros na obra "Teoria dos Contratos: novos paradigmas", sendo patente que o objeto da relação de emprego (salário) possui não apenas natureza alimentar, sendo fundamental para a consecução dos direitos sociais em que a oferta pública para promoção de tais direitos é escassa. Afinal de contas, é do salário que se retira – com a qualidade desejada, na maioria dos casos – a percepção do direito à moradia, à educação, ao transporte, à saúde etc.

Não se quer, portanto, defender o simples abandono de séculos de formação da cultura trabalhista de rejeição a acordos individuais, nem de longe, mas simplesmente constatar que o modelo imaginado demonstrou uma falha intrínseca: o ente coletivo, voz desses indivíduos que necessitam de proteção, não teve a penetração necessária para amparar seu tutelado, ou ao menos não conseguiu agir com a rapidez que a crise exigia, restando a opção da negociação direta entre empregado e empregador.

Os dados do Ministério da Economia revelaram mais de oito milhões de acordos individuais em poucas semanas, que ajudaram na preservação dos empregos e na sobrevivência da própria empresa. O acordo individual não produziu efeito nefasto aos trabalhadores que realizaram aquela opção, tampouco seria cabível se imaginar qualquer tipo de vício de consentimento presumido diante do caos instalado abruptamente pelo isolamento social junto à demanda e ao consumo, sendo patente que a maior parte dos setores da economia foi fortemente abalada pela pandemia.

A cultura trabalhista, propalada por diversos atores quando da edição das medidas provisórias mencionadas, de que os acordos individuais não poderiam ocorrer nem se sobrepor à negociação coletiva, demonstrou uma face retrógrada que misturou teoria científica com questões políticas, à mingua do trabalhador que necessitava de uma resposta imediata e efetiva para a preservação do seu emprego e renda.

O quadro fático apresentado não deixou dúvidas quanto à necessidade de se aprofundar a Reforma Trabalhista na seara do Direito Coletivo do Trabalho, pois o reforço da autonomia da vontade e o fim da contribuição sindical compulsória devem vir acompanhados da quebra do monopólio sindical, adotando-se a pluralidade tão desejada pela Organização Internacional do Trabalho em sua Convenção 87, a qual o Brasil ainda não pôde ratificar, diante da permanência da unicidade do Texto Constitucional.

Paralelamente, a experiência do período de crise leva à constatação da possibilidade de coexistência de espaços de negociação individual com a coletiva, tal como já em vigor no texto da CLT em seu artigo 444, parágrafo único,[2] que criou a figura do trabalhador "hiperssuficiente", que já pode negociar individualmente as mesmas temáticas da negociação coletiva, com preponderância sobre esta.

Resta, assim, construirmos um modelo que possa averiguar o grau de intervenção necessária do Estado nas relações individuais trabalhistas, aprofundando o sistema de reconhecimento de tratamento diferenciado a quem precisa de proteção diversa, como o já iniciado pelo legislador no citado artigo celetista, concretizando-se plenamente o princípio da isonomia substancial.

De fato, o exercício prático do Direito do Trabalho em mais de duas décadas de magistratura revela não ser suficiente a existência de um único modelo de proteção a todo e qualquer trabalhador, pressupondo-se que, por exemplo, do ponto de vista da possibilidade de emitir e fazer valer sua vontade, um empregado analfabeto receba o mesmo tratamento de um alto executivo.

Por outro lado, também o tratamento uniforme às empresas se apresenta dissociado das necessidades brasileiras, onde a esmagadora maioria de empregos reside no seio das micro e pequenas empresas,

---

2 Art. 444, Parágrafo único da CLT. A livre estipulação a que se refere o *caput* deste artigo aplica-se às hipóteses previstas no art. 611-A desta Consolidação, com a mesma eficácia legal e preponderância sobre os instrumentos coletivos, no caso de empregado portador de diploma de nível superior e que perceba salário mensal igual ou superior a duas vezes o limite máximo dos benefícios do Regime Geral de Previdência Social (Incluído pela Lei nº 13.467, de 2017).

cujo Estatuto[3] é bastante tímido no que concerne ao favorecimento determinado pela Constituição em seu artigo 170, IX.[4]

No campo do Direito Individual do Trabalho, a pandemia acelerou as novas formas de trabalhar que já se avolumavam pela revolução digital, principalmente através do teletrabalho. Neste aspecto, a Reforma Trabalhista já havia efetuado a regulamentação do trabalho remoto praticado através de meios telemáticos, aprofundando o caminho inaugurado em 2011 pela Lei nº 12.551, que alterou o art. 6º da CLT,[5] reconhecendo a subordinação jurídica através dos meios telemáticos de controle, não distinguindo os tipos de trabalhadores por tal circunstância.

O teletrabalho, até a pandemia, era reservado a um determinado tipo de trabalhador que, na essência, presta serviços com a utilização de tecnologias de informação e de comunicação, nos termos do comando legal (art. 75-B da CLT[6]). Após a experiência da crise vivenciada, restou evidente que há muito espaço para o uso do trabalho remoto em todas

---

[3] A Lei Complementar nº 123/2006, que institui o Estatuto Nacional da Microempresa e da Empresa de Pequeno Porte, destina apenas dois artigos ao tratamento diferenciado quanto às obrigações trabalhistas: "Art. 51. As microempresas e as empresas de pequeno porte são dispensadas: I - da afixação de Quadro de Trabalho em suas dependências; II - da anotação das férias dos empregados nos respectivos livros ou fichas de registro; III - de empregar e matricular seus aprendizes nos cursos dos Serviços Nacionais de Aprendizagem; IV - da posse do livro intitulado 'Inspeção do Trabalho'; e V - de comunicar ao Ministério do Trabalho e Emprego a concessão de férias coletivas.
Art. 52. O disposto no art. 51 desta Lei Complementar não dispensa as microempresas e as empresas de pequeno porte dos seguintes procedimentos: I - anotações na Carteira de Trabalho e Previdência Social – CTPS; II - arquivamento dos documentos comprobatórios de cumprimento das obrigações trabalhistas e previdenciárias, enquanto não prescreverem essas obrigações; III - apresentação da Guia de Recolhimento do Fundo de Garantia do Tempo de Serviço e Informações à Previdência Social – GFIP; IV - apresentação das Relações Anuais de Empregados e da Relação Anual de Informações Sociais – RAIS e do Cadastro Geral de Empregados e Desempregados – CAGED. Parágrafo único. (VETADO)".

[4] Constituição da República, art. 170: "A ordem econômica, fundada na valorização do trabalho humano e na livre iniciativa, tem por fim assegurar a todos existência digna, conforme os ditames da justiça social, observados os seguintes princípios: IX - tratamento favorecido para as empresas de pequeno porte constituídas sob as leis brasileiras e que tenham sua sede e administração no País. (Redação dada pela Emenda Constitucional nº 6, de 1995)

[5] CLT, art. 6º "Não se distingue entre o trabalho realizado no estabelecimento do empregador, o executado no domicílio do empregado e o realizado a distância, desde que estejam caracterizados os pressupostos da relação de emprego. (Redação dada pela Lei nº 12.551, de 2011) Parágrafo único. Os meios telemáticos e informatizados de comando, controle e supervisão se equiparam, para fins de subordinação jurídica, aos meios pessoais e diretos de comando, controle e supervisão do trabalho alheio (Incluído pela Lei nº 12.551, de 2011)".

[6] Art. 75-B. Considera-se teletrabalho a prestação de serviços preponderantemente fora das dependências do empregador, com a utilização de tecnologias de informação e de comunicação que, por sua natureza, não se constituam como trabalho externo (Incluído pela Lei nº 13.467, de 2017).

as profissões, até naquelas em que tradicionalmente não se imaginaria sua realização a distância, como atividades físicas, consultas médicas, terapias de todo matiz, cultos religiosos, ensino infantil, enfim, um sem-número de exemplos que, certamente, exigirão uma recriação do modelo de labor remoto, para além dos que necessariamente trabalham com o uso de tecnologia.

Há quem aposte na retomada dos trabalhos após a pandemia com um profundo crescimento dessa ativação remota, seja porque a prática demonstrou ser possível, seja pela preferência que empregados e empregadores poderão ter pelo modelo testado, aquele por alguns benefícios inerentes ao trabalho em sistema de "home office", este pela redução de custos com a planta de trabalho (estabelecimento) e deslocamento do trabalhador.

A cultura trabalhista precisará novamente ser avaliada, pois nascemos e crescemos sob a ideia do trabalho em estabelecimento patronal, que permite o controle direto, a convivência social entre empregados, que nos primórdio auxiliou na formação da consciência coletiva, esta a gênese do Direito do Trabalho, além da formação de laços e sentido para o labor, bem como viabilizou o estabelecimento de um horário padrão de trabalho e claros limites de jornada.

De outra parte, o impacto na vida familiar pelo teletrabalho, questão que já vinha sendo debatida para o teletrabalho "tradicional", afeta diretamente o direito ao lazer e à desconexão da humanidade, bem como a forma de distribuição da jornada de trabalho.

Como já defendi há mais de 15 anos em minha dissertação de mestrado, o lazer é direito social de todos os trabalhadores, subordinados ou não, possuindo dois aspectos: econômico e humano. A todos os trabalhadores são reconhecidos a necessidade de uma limitação da duração do trabalho e o direito ao gozo do lazer, o que implica uma alteração na interpretação de institutos previstos na ordem infraconstitucional e na conduta do tomador do serviço, reconhecendo-se a posição jurídica subjetiva ao trabalhador de obtenção de tutela judicial com eventual reparação por dano imaterial sempre que lesionado esse valor, tanto na relação de emprego quanto nas demais relações privadas de trabalho, estas na medida de hipossuficiência de que o presta.

O teletrabalho afeta diretamente as ideias concebidas na cultura trabalhista acerca do tempo de trabalho, pois viabiliza que o próprio empregado seja responsável pela organização dos períodos de labor e descanso, interpenetrando e revolucionando espaços que, antes, eram claramente demarcados. E o isolamento social decorrente da pandemia demonstrou o melhor e o pior da convivência do mundo do trabalho com a esfera familiar, principalmente pela permanência de crianças fora da escola, convivendo diretamente com o trabalhador que precisa cumprir seu expediente.

A regulamentação preconizada pela Reforma Trabalhista, penso que acertadamente, determinou que não cabe fixação de jornada de trabalho ao teletrabalhador, inserindo-se na exceção do art. 62 da CLT, não pela impossibilidade desse controle remoto, mas por não ser ele desejável.

É da essência do teletrabalho a liberdade conferida ao próprio empregado para determinar em que momento da sua vida cotidiana vai se dedicar ao serviço, possuindo ampla autonomia na fixação do tempo de trabalho, isto, claro, desde que as tarefas exigidas sejam compatíveis com o período regular de trabalho. Seria totalmente inviável, burocratizado e conflituoso se determinar a fixação de horários rígidos de trabalho a quem permanece em sua própria casa e na convivência familiar, sendo de todo inimaginável o exercício do poder diretivo patronal de forma tão incisiva nesta modalidade.

Assim, caberá à nova cultura trabalhista acelerar o processo de discussão das formas de trabalho remoto, quiçá se procedendo à diferenciação dos tipos de teletrabalho, já que a pandemia também deixou evidente que algumas profissões podem ter suas atividades realizadas remotamente, porém sob o crivo do controle incisivo (a exemplo de um vendedor de loja que permaneceu durante a pandemia cumprindo seu expediente através do uso de telefone para realizar vendas mesmo distante do cliente).

Vale lembrar que o trabalho remoto também revolucionará a nossa cultura quanto ao exercício da magistratura, da advocacia e do Poder Judiciário como um todo, tema que abordo nas próximas linhas conjuntamente com algumas ideias para a própria Justiça do Trabalho e o Processo do Trabalho.

De plano, a experiência trazida com as audiências telepresenciais durante a pandemia revelou que os negócios processuais são uma realidade na Justiça do Trabalho.

A bem da verdade, cotidianamente, os juízes do trabalho participam da celebração de negócios processuais diretamente com partes e advogados, geralmente na própria audiência, estabelecendo procedimento e praxes para a condução do feito, principalmente durante a instrução.

A Instrução Normativa nº 39 do TST, editada para adequar a aplicação subsidiária e supletiva do Código de Processo Civil de 2015, optou por não reconhecer a aplicação do art. 190 daquele diploma legal na seara trabalhista, rejeitando a possibilidade de realização dos negócios processuais na esfera do Processo do Trabalho, contrariando a praxe estabelecida.

Ocorre que a realidade das audiências virtuais no período de calamidade pública revelou que o sucesso da medida é proporcional à participação dos advogados na sua realização, ou seja, que apenas através do estabelecimento de negócios processuais com as partes através de seus advogados é possível haver segurança para a relação de tais atos sem a possibilidade de futura arguição de nulidade.

Novamente, deve ser realçado que o advogado exerce papel fundamental na distribuição da Justiça, sendo reconhecido constitucionalmente como sujeito essencial para tal desiderato, razão pela qual deve ser reconhecida a democratização no exercício do poder jurisdicional, atribuindo-se a cada ator seu papel na construção de uma solução justa e eficaz para cada demanda.

Da mesma forma que a advocacia deve ser responsável ao utilizar os serviços do Poder Judiciário, só produzindo demandas com suporte real, também devemos reconhecer a importância deste profissional para as necessárias adaptações e flexibilizações procedimentais, a fim de avançarmos na efetividade do processo, inclusive no que concerne aos próprios meios de solução dos conflitos, abrindo-se espaço para medidas extrajudiciais com a participação obrigatória da advocacia.

Ainda vigora de forma majoritária a percepção de que os conflitos trabalhistas devem ser resolvidos perante a Justiça do Trabalho, fruto da extrema insegurança que os interessados sentem no uso de meios extrajudiciais pela possibilidade de anulação judicial daquilo que restou pactuado.

Embora seja preciso reconhecer que há fraudes na área trabalhista, por razões algumas evidentes e outras nem tanto, não se pode partir do pressuposto de que todo e qualquer ato extrajudicial seja praticado com o intuito de desvirtuar a aplicação dos direitos trabalhistas com lesão ao trabalhador, pois a boa-fé deve imperar nas presunções das condutas de todo cidadão. A cultura de desconstituição judicial da vontade externada pelos atores sociais fora da Justiça se configura em um círculo vicioso que retroalimenta o uso da própria máquina estatal e enfraquece a sociedade: fomenta-se o uso de ações trabalhistas ou, no máximo, a homologação judicial de acordos extrajudiciais (recurso este recente e ainda objeto de "preconceito" por diversos segmentos da nossa área).

Temos, então, de um lado, a tentativa de racionalização da Justiça com a adequação da quantidade de ações, através do recurso da responsabilização ao litigante (honorários de sucumbência e despesas processuais), e, de outro, a insegurança nos meios extrajudiciais de solução de conflitos que reabastece a Justiça: um paradoxo.

Espera-se uma enxurrada de ações trabalhistas decorrentes da extinção de contratos de trabalho durante o período da pandemia, além das diversas ações que questionarão a adoção de medidas emergenciais por empregadores (aqueles que sobreviverem), imaginando-se que o maior número de pedidos será apenas acerca de verbas rescisórias sem pagamento (demanda já corriqueira em tempos normais).

Para atender a esta demanda, não se pode imaginar que apenas o Poder Judiciário seja capaz de apresentar uma solução adequada a um conflito que não apresenta maior complexidade. Repita-se: verbas rescisórias por extinção de contrato. Uma questão de apuração do valor e verificação da possibilidade de pagamento. Por qual motivo a própria advocacia, por exemplo, não poderia propor tais soluções diretamente entre os interessados com formalização em cartório? Em época onde um trabalhador, casado e com patrimônio, pode realizar seu divórcio de forma consensual em cartório, por qual motivo não poderia ele, devidamente assistido por advogado – função essencial à Justiça – avençar o valor e a forma de pagamento de sua rescisão contratual?

Não se pode aceitar qualquer argumento de desconhecimento da legislação trabalhista, pois a assistência do advogado deve ser obrigatória, nem mesmo de presunção de fraude, considerando-se que o advogado fiscalizado pela OAB atua conforme os preceitos da ética de sua profissão.

E por qual motivo tal acordo extrajudicial não poderia ocorrer virtualmente, sem necessidade de deslocamento dos interessados? Foram milhares de acordos judiciais realizados por meio virtual, logo, tal prática não pode ser aplicada extrajudicialmente com as devidas cautelas (repita-se, entre elas ser essencial a presença de advogados para ambos os litigantes)?

A cultura trabalhista de que apenas o juiz do trabalho deve atuar na solução de litígios trabalhista se mostra manifestamente ultrapassada, ainda mais a prática de – necessariamente – se exigir a presença física do trabalhador para homologação de acordos quando os advogados contratados possuem poder especial de transigir, o que soa inclusive como um desrespeito à própria advocacia, pois pautada na desconfiança da sua atuação, salvo quando houver necessidade de algum esclarecimento sobre o pacto, a critério do magistrado.

Adicionalmente, o funcionamento do Poder Judiciário pode e deve ser otimizado pelos meios que se revelaram eficazes durante a pandemia, não apenas para busca da desejada celeridade, mas para redução dos custos ao erário.

Não se pode mais conceber a cultura trabalhista de contínuo aumento do quadro dos servidores e de magistrados, para atender também ao crescente número de ações trabalhistas, se há meios mais eficazes e economicamente sustentáveis para obtenção do mesmo resultado. A importância de uma Justiça não se dá pelo seu tamanho, mas pela qualidade de sua prestação jurisdicional.

A atribuição de meios extrajudiciais para solução de conflitos, aliada à racionalização do manejo de ações trabalhistas por meio da responsabilidade inerente a quem tem liberdade para o uso da máquina pública, produzirá o fortalecimento da Justiça do Trabalho, que já deve se preparar para o futuro das relações trabalhistas, onde se espera uma regulamentação do trabalho humano para além da relação de emprego, cumprindo-se finalmente a promessa do exercício da competência para toda e qualquer relação de trabalho, o que ainda não se concretizou.[7]

Quanto ao uso de meios virtuais para exercício da jurisdição, obviamente não se abandonará a experiência do período da pandemia, que acelerou um processo já existente de aplicação da tecnologia nos procedimentos judiciais, desde a implantação de sistema de gerenciamentos por *software*, passando pelo processo integralmente eletrônico e até com o uso da inteligência artificial.

Profundas transformações na forma de trabalhar na Justiça e em conceitos processuais serão possíveis com estas novas ferramentas.

Inicialmente, espera-se para muito em breve o fim das cartas precatórias inquiritórias, sendo facilmente possível a coleta de depoimentos testemunhais por meio de videoconferência. Em segundo lugar, o momento de encontro presencial nas sessões de julgamento em Tribunais e nas audiências trabalhistas tende a ser relativizado (não abandonado).

Entretanto, a principal consequência que se pode imaginar com a virtualização do serviço judiciário é a modificação do conceito de comarca, competência territorial, unidade jurisdicional e a carreira da magistratura.

---

[7] A reforma do Poder Judiciário, pela EC nº 45, ampliou a competência da Justiça do Trabalho para todas as relações de trabalho. Esperava-se na época um grande aumento de demanda, o que não se realizou.

Explica-se. Adotado o paradigma virtual no procedimento trabalhista, pode-se antever o fim da necessidade de estabelecimento de competência pelo território, através do critério de local da prestação de serviços, pois, em tese, nada impediria que o trabalhador ajuizasse sua ação virtualmente (como já acontece), tivesse sua ação designada a um juiz do trabalho, que atuaria virtualmente, com a coleta de prova oral fragmentada em diversas localidades através de videoconferência (não necessariamente nas dependências do Tribunal, como no momento da pandemia) e a realização do julgamento sem a necessidade de presença física em fórum.

Este caminho, possível, poderia afetar a carreira da magistratura, que não mais necessitaria de fixação de titulares por comarcas, com a distribuição realizada por juiz (e não por unidade jurisdicional), com igualdade entre juízes de primeiro grau (sem substitutos e titulares) e integrantes de uma mesma e única instituição.

Essa nova forma de atuação pode acelerar o fenômeno de reestruturação administrativa da Justiça do Trabalho, iniciada na gestão do Presidente do TST, Ministro Brito Pereira, que instituiu comissão destinada a tal fim, onde se pensava em reunião de secretarias de Varas e Turmas para otimização do serviço diante da realidade do processo eletrônico.[8]

Finalmente, devo registrar o impacto causado pelas decisões do STF que apreciaram as liminares requeridas nas ações diretas de inconstitucionalidade questionadoras das Medidas Provisórias nº 927 e nº 936, no que concerne à cultura trabalhista de ativismo judicial.

Quando ingressei nos quadros da magistratura, em 1997, com 25 anos de idade, era flagrante o elogio ao juiz com perfil ativista, ao menos assim sentia, louvando-se a atuação que questionava as escolhas do legislador trabalhista a partir de um viés ideológico de afirmação de um modelo de Direito do Trabalho, justamente aquele tradicional que faz parte de nossa cultura.

Produziu-se, assim, uma geração de magistrados, no qual me incluía, que entendia ser correto sempre questionar as opções do legislador, seja heterônomo, seja autônomo (aqui no que concerne às fontes formais do Direito do Trabalho criadas a partir da negociação coletiva, a convenção e o acordo coletivo de trabalho), não necessariamente sobre o corte de incompatibilidade com o texto constitucional da norma sob

---

[8] Ver Notícia do TST: http://www.csjt.jus.br/web/csjt/-/grupo-de-trabalho-de-trabalho-que-estuda-reforma-organizacional-da-justica-do-trabalho-apresenta-relatorio-parcial?inheritRedirect=true (acesso em: 06 jun. 2020).

análise, mas de sua inadequação a um modelo. Em outras palavras, o ativismo leva diversas normas a serem consideradas inconstitucionais, a partir do confronto com os valores abstratos da Constituição, gerando extrema insegurança jurídica e desequilíbrio entre os Poderes.

Exemplo notável do ativismo exacerbado foi a defesa, inclusive por associações de magistrados através de eventos jurídicos, da total inconstitucionalidade da Lei nº 13.467/17 (Reforma Trabalhista), integralmente, do ponto de vista formal e material, tese que nem de longe foi abraçada pela comunidade jurídica, mas que gerou enorme dificuldade para aplicação prática de seu preceitos pelo medo diante do "recado" passado por parte dos atores trabalhistas.

O mencionado julgamento das liminares referidas revelou uma grande preocupação de parte dos ministros do STF, entre eles o Ministro Luís Roberto Barroso, quanto à forma de atuação do Poder Judiciário ao se imiscuir nas soluções apresentadas legitimamente pelo Governo Federal, preconizando a necessidade de autocontenção, ou seja, de uma atuação que preserve as soluções apresentadas sem desarranjar o quadro geral fixado para o combate à pandemia.

Ora, tal lição deve ser aplicada de forma geral pela Justiça do Trabalho, pois o ativismo exacerbado desconstrói um sistema lógico criado a partir do poder legítimo para fixar a forma de regulação do trabalho humano, não sendo possível ao juiz crer que suas soluções pessoais sempre serão melhores que as adotadas pelo Poder Legislativo.

Vale lembrar a advertência da constitucionalista Ana Paula Barcellos, que, em parecer emitido à época dos debates sobre a Reforma Trabalhista, deixou claro o que inconstitucionalidade não é, a fim de entendermos os limites de atuação do Judiciário:

> Parece importante esclarecer desde logo o que é – e sobretudo o que não é – inconstitucionalidade, já que o parecer da OAB pretende afirmar que os dispositivos que se examinará a seguir, agora já de lei, seriam inconstitucionais. Será inconstitucional, sobretudo quando se trate de uma proposição aprovada pelo Legislativo, apenas aquilo que viole de forma clara, direta e irreconciliável algum dispositivo da Constituição. Embora óbvio, o ponto é importante já que se tornou comum no Brasil o uso político da noção de inconstitucionalidade, que é assim equiparada em muitos discursos com aquilo com o que se discorda politicamente. Trata-se, porém, de um equívoco evidente. Argumentos genéricos sobre a inconveniência de uma opção legislativa não conduzem a sua inconstitucionalidade.
>
> A Constituição contém diversos tipos de dispositivos e não é o caso de ingressar em uma exposição técnica aqui. Basta dizer que em

> determinados momentos a Constituição estabelece regras bastante específicas – como a que veda a tortura. Em outras circunstâncias ela fixa metas que delineiam um espaço de atuação possível por parte do Legislador, ou ainda dispõe sobre determinadas previsões básicas, que deverão então ser desenvolvidas pelo Legislativo. Isto é: a Constituição não toma todas as decisões, nem lhe cabe fazer isso. Como já referido, caberá ao pluralismo político definir, dentro dos limites constitucionais, qual a melhor solução em cada momento histórico para boa parte das questões relevantes para a sociedade.
>
> Na realidade, se a sociedade é plural e a própria Constituição protege o pluralismo político, isso significa necessariamente que em relação a muitos temas há vários e diferentes desenvolvimentos legislativos possíveis, todos eles compatíveis com a Constituição. As pessoas podem concordar mais ou menos com alguns deles, mas esse é um juízo político, e não constitucional, e caberá à maioria em cada momento histórico decidir acerca deles.
>
> Além disso, há uma presunção de validade acerca das opções do legislativo que, afinal, é eleito pela população. A inconstitucionalidade, portanto, depende da demonstração de que a opção do legislador viola claramente determinada regra constitucional ou não é – em um ambiente de pluralismo político – uma possibilidade plausível de desenvolvimento das previsões constitucionais. Assim, e em primeiro lugar, inconstitucionalidade não é aquilo com o que se discorda politicamente, mas sim o que viola de forma clara disposições constitucionais.

Deve o magistrado, portanto, saber respeitar e separar suas convicções pessoais do exame de constitucionalidade de uma norma, respeitando as escolhas do legislador que cabem dentro dos limites da Constituição.

Da mesma forma, não pode o Poder Judiciário se imiscuir nos resultados das negociações coletivas, anulando convenções e acordos coletivos de trabalho por entender que seu conteúdo não foi benéfico ao trabalhador, seja em respeito à autonomia da vontade coletiva, seja agora em estrita observância à legalidade, pois restou criado o princípio da intervenção mínima no art. 8º, §3º,[9] da CLT, com a Reforma Trabalhista.

Certo de que o presente ensaio apresenta inúmeros aspectos polêmicos e que muito ainda poderia ser dito, espero haver contribuído

---

9 §3º No exame de convenção coletiva ou acordo coletivo de trabalho, a Justiça do Trabalho analisará exclusivamente a conformidade dos elementos essenciais do negócio jurídico, respeitado o disposto no art. 104 da Lei nº 10.406, de 10 de janeiro de 2002 (Código Civil), e balizará sua atuação pelo princípio da intervenção mínima na autonomia da vontade coletiva. (Incluído pela Lei nº 13.467, de 2017).

para ao menos provocar a todos nós que dedicamos nossas carreiras ao estudo e prática da área trabalhista, deixando uma última constatação de que precisamos urgentemente alterar em nossa cultura: a abertura para o diálogo. Saibamos aceitar a destruição criativa e sejamos cocriadores da nova realidade.

Informação bibliográfica deste texto, conforme a NBR 6023:2018 da Associação Brasileira de Normas Técnicas (ABNT):

CALVET, Otavio Amaral. Pandemia e "cultura trabalhista": destruição criativa. *In*: TUPINAMBÁ, Carolina (Coord.). *As novas relações trabalhistas e o futuro do Direito do Trabalho:* novidades derivadas da pandemia Covid-19 e da crise de 2020. Belo Horizonte: Fórum, 2021. (Coleção Fórum As novas relações trabalhistas e o futuro do Direito do trabalho. Tomo I). p. 197-211. ISBN 978-65-5518-118-0.

A PRINCIPIOLOGIA DAS AUDIÊNCIAS TRABALHISTAS EM TEMPOS DE PANDEMIA

DANILO GONÇALVES GASPAR

1 Introdução

As audiências trabalhistas, historicamente, são norteadas por uma principiologia que valoriza, em grau de protagonismo, a presença (obrigatória) das partes, a solução pacífica dos conflitos (com, inclusive, dois momentos específicos para propostas conciliatórias) e, em especial, a oralidade, que acaba por se desdobrar em diversas regras e em outros princípios.

Os efeitos sociais, políticos, econômicos e jurídicos (esses últimos como reflexos naturais dos primeiros) decorrentes do novo agente do coronavírus (SARS-CoV-2), descoberto em dezembro de 2019, após casos registrados na China, que provoca a doença chamada de coronavírus (covid-19), estão a exigir, contudo, uma nova forma de vida em sociedade.

No âmbito interno, a Lei nº 13.979, de 6 de fevereiro de 2020, inaugurou uma série de medidas normativas destinadas ao enfrentamento da pandemia do novo coronavírus (declarada pela Organização

Mundial da Saúde – OMS no início de março de 2020), medidas que se intensificaram após a promulgação, pelo Congresso Nacional, do Decreto Legislativo nº 6, de 2020, que reconheceu, para os fins do art. 65 da Lei Complementar nº 101, de 4 de maio de 2000, a ocorrência do estado de calamidade pública, com efeitos até 31 de dezembro de 2020.

No âmbito trabalhista em sentido estrito, foram publicadas normas destinadas à preservação do emprego e da renda, destacando-se as Medidas Provisórias nº 927, de 22 de março de 2020, e nº 936, de 1º de abril de 2020.

Em termos de funcionamento dos Tribunais, ficou a cargo do Conselho Nacional de Justiça – CNJ e, no âmbito trabalhista especificamente, do Conselho Superior da Justiça do Trabalho – CSJT e da Corregedoria Geral da Justiça do Trabalho – CGJT a regulamentação do funcionamento do Poder Judiciário durante o estado e calamidade pública decorrente do novo coronavírus.

A referida regulamentação trouxe a temática das audiências telepresenciais para uma evidência até então não vivenciada no âmbito processual interno, o que impõe, assim, um (re)pensar da principiologia das audiências trabalhistas.

2 A principiologia clássica das audiências trabalhistas

Principiologia nada mais é do que o estudo do conjunto de princípios de um determinado tema. Pode-se dizer, assim, que o Direito do Trabalho possui a sua principiologia,[1] que o Processo do Trabalho também o faz, bem como pode ocorrer com institutos específicos de cada um destes ramos.

Assim, é possível falar em uma principiologia das audiências trabalhistas, referindo-se ao conjunto de princípios deste instituto do Direito Processual do Trabalho, sendo importante lembrar que, na contemporaneidade, princípio deve ser entendido como uma espécie normativa, ao lado das regras.

Os princípios são, pois, "normas imediatamente finalísticas, estabelecem um estado ideal de coisas a ser buscado, que diz respeito a outras normas do mesmo sistema, notadamente as regras".[2]

---

[1] Luiz de Pinheiro Pedreira da Silva (SILVA, Luiz de Pinho Pedreira. *Principiologia do direito do trabalho*. 2. ed. São Paulo: LTr, 1999) e Américo Plá Rodriguez (RODRIGUEZ, Américo Plá. *Princípios de direito do trabalho*. 3. ed. São Paulo: LTr, 2002), sem dúvidas, são, historicamente, dois dos principais expoentes sobre o tema.

[2] ÁVILA. Humberto. *Teoria dos princípios*. 4. ed. São Paulo: Malheiros Ed., 2005, p. 78.

Classicamente, a principiologia das audiências trabalhistas abrange o estudo dos seguintes princípios: a) presença obrigatória das partes; b) incentivo à conciliação; c) publicidade; d) oralidade; e) imediatidade ou imediaticidade ou imediação; f) identidade física do juiz; g) irrecorribilidade imediatada das decisões interlocutórias; h) concentração dos atos processuais em audiência e; i) ampliação dos poderes do juiz em audiência.

2.1 Princípio da presença obrigatória das partes

Historicamente, a presença obrigatória das partes é tratada[3] como um dos princípios da audiência trabalhista, por decorrência do disposto no art. 843[4] da CLT.

É bem verdade que a presença obrigatória das partes pode ser entendida como uma regra, já que o art. 843 da CLT não impõe, necessariamente, um fim a ser atingido, mas sim própria conduta a ser praticada.

Por outro lado, quando da análise conjunta dos arts. 843 e 844 da CLT, percebe-se que, de fato, o conteúdo do art. 843, *caput*, ao contemplar a presença obrigatória das partes, o faz numa perspectiva principiológica (visando um fim a ser atingido), ficando a cargo do art. 844 da CLT as consequências decorrentes da ausência da parte.

Assim é que se faz justificável concluir que a audiência trabalhista é norteada pelo princípio da presença obrigatória das partes (art. 843, *caput*, da CLT e Súmulas nºs 74, I,[5] e 122[6] do TST).

É importante destacar que o princípio da presença obrigatória das partes, apesar de não ter sido superado pela Lei nº 13.467/2017

---

[3] Nesse sentido a doutrina de Mauro Schiavi (SCHIAVI, Mauro. *Manual de Direito Processual do Trabalho*. 10. ed. São Paulo: LTr, 2016, p. 554).

[4] "Art. 843 - Na audiência de julgamento deverão estar presentes o reclamante e o reclamado, independentemente do comparecimento de seus representantes salvo, nos casos de Reclamatórias Plúrimas ou Ações de Cumprimento, quando os empregados poderão fazer-se representar pelo Sindicato de sua categoria.".

[5] "I - Aplica-se a confissão à parte que, expressamente intimada com aquela cominação, não comparecer à audiência em prosseguimento, na qual deveria depor (ex-Súmula nº 74 - RA 69/1978, DJ 26.09.1978)".

[6] "A reclamada, ausente à audiência em que deveria apresentar defesa, é revel, ainda que presente seu advogado munido de procuração, podendo ser ilidida a revelia mediante a apresentação de atestado médico, que deverá declarar, expressamente, a impossibilidade de locomoção do empregador ou do seu preposto no dia da audiência. (primeira parte - ex-OJ nº 74 da SBDI-1 - inserida em 25.11.1996; segunda parte - ex-Súmula nº 122 - alterada pela Res. 121/2003, DJ 21.11.2003)".

(Reforma Trabalhista), passou por uma reformulação a partir desta, na medida em que o §3º do art. 843 passou a prever que o preposto não precisa ser empregado da parte ré, superando, assim, a Súmula nº 377[7] do TST; o §2º do art. 844 passou a prever a responsabilidade da parte autora pelo pagamento de custas processuais em caso de arquivamento, mesmo se beneficiária da justiça gratuita, na hipótese de ausência de comprovação, no prazo de quinze dias, de que a ausência ocorreu por motivo legalmente justificável, sendo o referido pagamento, inclusive, condição para a propositura de nova demanda (§3º do art. 844); o §4º do art. 844 passou a contemplar, na mesma linha do art. 345 do CPC/2015, que a revelia, em algumas situações, não produz o efeito de presunção da veracidade das alegações da parte autora (confissão ficta); e o §5º do art. 844 passou a prever o dever (obrigatoriedade) de recebimento, pelo juiz, da contestação e documentos eventualmente apresentados, mesmo em caso de ausência da parte ré na audiência, desde que presente o seu advogado.

Importante destacar, no particular, que o §5º do art. 844 da CLT, ao prever que "Ainda que ausente o reclamado, presente o advogado na audiência, serão aceitos a contestação e os documentos eventualmente apresentados", reafirmou a tese de que a revelia, no processo do trabalho, significa ausência da parte (e não de defesa), na medida em que o conteúdo do referido dispositivo, quando lido de maneira sistemática com o *caput* do art. 844, leva a concluir que, ausente a parte ré na audiência, haverá o reconhecimento da revelia, mas, se presente o advogado na audiência, e tendo havido protocolo, no Processo Judicial Eletrônico – PJE, até a realização da proposta de conciliação infrutífera,[8] de contestação e respectivos documentos, o juiz deverá receber a contestação e eventuais documentos, ocasião na qual contestação e documentos deverão ser entendidos como provas pré-constituídas[9] para fins de confronto com a confissão ficta decorrente da revelia (por ausência da parte ré).

---

[7] "Exceto quanto à reclamação de empregado doméstico, ou contra micro ou pequeno empresário, o preposto deve ser necessariamente empregado do reclamado. Inteligência do art. 843, §1º, da CLT e do art. 54 da Lei Complementar nº 123, de 14 de dezembro de 2006".

[8] Na forma do art. 22 da Resolução nº 185/2017 do CSJT.

[9] Aplicação da essência do entendimento consubstanciado no item II da Súmula nº 74 do TST.

2.2 Princípio do incentivo à conciliação

O incentivo à solução consensual do litígio é da essência do processo do trabalho, historicamente marcado pela conciliação.

Não por outra razão, a CLT possui, pela leitura combinada dos arts. 846, *caput*, e 850, parte final, dois momentos, no mínimo, de propostas conciliatórias: o primeiro, quando da abertura da audiência (art. 846, *caput*, da CLT) e; o segundo, após as razões finais (art. 850, parte final, da CLT).

Assim, conclui-se que, no processo do trabalho, a audiência de conciliação é obrigatória, não se aplicando o disposto no art. 334 do CPC, que prevê a facultatividade da audiência de conciliação caso ambas as partes expressamente se manifestem nesse sentido (art. 2º, inciso IV, da Instrução Normativa nº 39 do TST, que dispõe sobre as normas do Código de Processo Civil de 2015 aplicáveis e inaplicáveis ao Processo do Trabalho).

Por fim, vale destacar que, nos termos da Súmula nº 418 do TST, o juiz não é obrigado a homologar o acordo, desde que o faça em decisão fundamentada. Desse modo, a súmula afirma que inexiste direito líquido e certo das partes tutelável pela via do mandado de segurança em razão da não homologação do acordo.

2.3 Princípio da publicidade

Por força do art. 93, IX, da CRFB/88, art. 11 do CPC/2015 e art. 813 da CLT, a regra é que as audiências sejam públicas, sem qualquer restrição de acompanhamento por qualquer que seja o cidadão.

No caso dos processos que tramitam sob segredo de justiça, pode ser limitada a presença, na audiência, das próprias partes e seus advogados, ou somente a estes, em casos nos quais a preservação do direito à intimidade do interessado no sigilo não prejudique o interesse público à informação (art. 93, IX, parte final, da CRFB/88).

De acordo com o art. 189 do CPC/2015, "Os atos processuais são públicos, todavia tramitam em segredo de justiça os processos: I - em que o exija o interesse público ou social; II - que versem sobre casamento, separação de corpos, divórcio, separação, união estável, filiação, alimentos e guarda de crianças e adolescentes; III - em que constem dados protegidos pelo direito constitucional à intimidade; IV - que versem sobre arbitragem, inclusive sobre cumprimento de carta arbitral, desde que a confidencialidade estipulada na arbitragem seja comprovada perante o juízo".

2.4 Princípio da oralidade

A oralidade é, historicamente, uma das principais marcas do processo do trabalho, revelando a possibilidade da prática de atos processuais pela via oral. Nesse sentido, há, no âmbito da CLT, permissão até mesmo para que a petição inicial seja apresentada oralmente (art. 840, §2º, da CLT).

No que se refere à audiência, a oralidade está expressa direta (por meio de regras que contemplam a prática de atos processuais oralmente) e indiretamente (por meio de princípios que são corolários do princípio da oralidade, como, por exemplo, os princípios da imediatidade, da concentração dos autos processuais em audiência e da irrecorribilidade imediata das decisões interlocutórias).

A aplicação direta do princípio da oralidade na sistemática das audiências trabalhistas encontra amparo na possibilidade de apresentação de defesa oral (art. 847 da CLT[10]), na previsão de apresentação de razões finais orais (art. 850 da CLT[11]) e na formulação do protesto antipreclusivo (art. 795, *caput*, da CLT[12]).

Ademais, é possível afirmar que a audiência trabalhista, como um todo, é norteada pelo princípio da oralidade, havendo, portanto, em todo o referido ato processual, o predomínio pela palavra falada em detrimento da palavra escrita.

A oralidade tem o condão de humanizar a audiência trabalhista. É por meio dela que o os sujeitos do processo dialogam, interagem e criam um ambiente propício à solução (consensual ou não) do litígio.

2.5 Princípio da imediatidade ou imediaticidade ou imediação

Um dos corolários do princípio da oralidade é o princípio da imediatidade. Por meio dele, se entende que o juiz condutor da instrução do processo deve manter contato direto com as provas produzidas (depoimentos das partes, depoimentos das testemunhas,

---

[10] "Art. 847 - Não havendo acordo, o reclamado terá vinte minutos para aduzir sua defesa, após a leitura da reclamação, quando esta não for dispensada por ambas as partes".

[11] "Art. 850 - Terminada a instrução, poderão as partes aduzir razões finais, em prazo não excedente de 10 (dez) minutos para cada uma. Em seguida, o juiz ou presidente renovará a proposta de conciliação, e não se realizando esta, será proferida a decisão".

[12] "Art. 795 - As nulidades não serão declaradas senão mediante provocação das partes, as quais deverão argui-las à primeira vez em que tiverem de falar em audiência ou nos autos".

prova pericial etc.), de modo a que obtenha os elementos necessários ao esclarecimento dos pontos e fatos controvertidos, formando, a partir daí, o seu convencimento.

É possível dizer que o princípio da imediatidade está presente, no âmbito da CLT, no conteúdo do art. 820,[13] bem como, no âmbito do CPC, no conteúdo do art. 139, VIII,[14] revelando, assim, uma proximidade do juiz condutor da instrução do processo com as provas produzidas nos autos.

Importante destacar que, por conta do princípio da imediatidade, conclui-se, ao longo do tempo, que a tarefa do juiz de primeiro grau, nesse particular, enquanto condutor da instrução processual, é única e, dificilmente, consegue ser derrubada, com exatidão, pelos Tribunais, afinal o princípio da imediatidade milita justamente em favor do juiz de primeiro grau, porquanto é ele, condutor do processo na fase probatória, que mantém contato direto e imediato com as testemunhas, estando funcionalmente melhor postado para aferir a veracidade de seus depoimentos.

A jurisprudência dos Tribunais Trabalhistas caminha, historicamente, nesse sentido:

> *PRODUÇÃO DA PROVA ORAL. FRAGILIDADE E INSEGURANÇA. PRINCÍPIOS DA ORALIDADE E DA PERSUASÃO RACIONAL. Considerando que o Juiz do Trabalho que presidiu a audiência de instrução foi o mesmo que proferiu a decisão recorrida, sua análise subjetiva sobre o depoimento testemunhal prestado não pode ser simplesmente desprezada por este Juizo "ad quem", exatamente em razão do contato pessoal daquele com a prova oral, podendo aferir diretamente da sua consistência ou fragilidade. A valoração da prova atendeu ao princípio do livre convencimento motivado, na forma prescrita pelo art. 131 do CPC, subsidiariamente aplicável ao processo trabalhista (art. 769, CLT).* (Tribunal Regional do Trabalho da 9ª Região Data de Publicação: 01/07/2008 Relator: LUIZ CELSO NAPP Número do Processo: TRT-PR-04395-2006-513-09-00-1 Número do Acórdão: ACO-22533-2008 – 4ª TURMA – DISPONÍVEL EM http://www.trt9.jus.br/internet_base/jurisprudenciaman.do?evento=Editar&chPlc=2938027)

[13] "Art. 820 - As partes e testemunhas serão inquiridas pelo juiz ou presidente, podendo ser reinquiridas, por seu intermédio, a requerimento dos vogais, das partes, seus representantes ou advogados".

[14] "Art. 139. O juiz dirigirá o processo conforme as disposições deste Código, incumbindo-lhe: VIII - determinar, a qualquer tempo, o comparecimento pessoal das partes, para inquiri-las sobre os fatos da causa, hipótese em que não incidirá a pena de confesso;".

Ementa: RECURSO ORDINÁRIO. HORAS EXTRAS. PROVA TESTEMUNHAL. É cediço que a valoração da prova testemunhal é melhor aquilatada pelo julgador de origem por ser quem estabelece contato direto com as partes e as testemunhas, tendo condições de avaliar, além dos signos representativos da linguagem, as reações próprias a tais situações. Assim, restando demonstrado a existência de horas extras, a unicidade contratual e os descontos indevidos por meio de prova testemunhal, deve-se manter a sentença. Recurso conhecido e improvido. (Tribunal Regional do Trabalho da 14ª Região Data de Julgamento: 02/02/2010 Relator: DESEMBARGADORA ELANA CARDOSO LOPES Número do Processo: 0101700-74.2009.514.0006 Órgão Julgador: PRIMEIRA TURMA – DISPONÍVEL EM http://www.trt14.jus.br/acordao/2010/Fevereiro_10/Data02_02_10/0101700-74.2009.514.0006_RO.pdf)

Ementa: Prova testemunhal. Valoração. Prevalência, como regra, do convencimento do Juiz que colheu a prova. Deve ser prestigiado, como regra, o convencimento do juiz que colheu a prova. Ele, afinal, é que manteve o contato vivo, direto e pessoal com as partes e testemunhas, mediu-lhes as reações, a segurança, a sinceridade, a postura. Aspectos, aliás, que nem sempre se exprimem, que a comunicação escrita, dados os seus acanhados limites, não permite traduzir. O juízo que colhe o depoimento "sente" a testemunha. É por assim dizer um testemunho do depoimento. Convencimento, portanto, melhor aparelhado e que, por isso, deve ser preservado, salvo se houver elementos claros e contundentes em contrário. Recurso do autor a que se nega provimento. (Tribunal Regional do Trabalho da 2ª Região Número do Acórdão: 20100529369 - Número do Processo: 02429-2008-022-02-00-3 - Turma: 11ª Data de Publicação: 15/06/2010 Relator: EDUARDO DE AZEVEDO SILVA – DISPONÍVEL EM http://aplicacoes.trtsp.jus.br/vdoc/TrtApp.action?viewPdf=&id=1235)

Assim, o princípio da imediatidade acaba por, diante das históricas limitações de contato direto dos Tribunais com as provas produzidas, colocar a valoração da prova feita pelo juiz de primeiro grau em uma situação de destaque, que deve ser valorizada, já que o juiz de primeiro grau está funcionalmente melhor postado para aferir a veracidade dos depoimentos prestados.

Possível dizer, assim, que o juiz de primeiro grau, ao manter contato direto com as provas (sobretudo depoimentos de partes e testemunhas), é capaz de "sentir" a prova, diferente do que ocorre com os julgadores das instâncias superiores, que acabam apenas e tão somente tendo a possibilidade de "ler", indiretamente, a prova, na medida em que o fazem mediante a leitura daquilo que foi transcrito na ata de audiência.

2.6 Identidade física do juiz

O princípio da identidade física do juiz, também corolário do princípio da oralidade, encontrava previsão expressa no âmbito do CPC/73, especificamente no art. 132, que dizia que: "O juiz, titular ou substituto, que concluir a audiência julgará a lide, salvo se estiver convocado, licenciado, afastado por qualquer motivo, promovido ou aposentado, casos em que passará os autos ao seu sucessor".

Assim, de acordo com o princípio em questão, o juiz que concluísse a audiência ficava vinculado ao processo, cabendo a ele a prolação da sentença, salvo se estivesse convocado, licenciado, afastado por qualquer motivo, promovido ou aposentado, casos em que passará os autos ao seu sucessor.

Durante muitos anos, o TST, por meio da Súmula nº 136, entendeu que "Não se aplica às Varas do Trabalho o princípio da identidade física do juiz". A referida súmula, contudo, foi cancelada no ano de 2012.

Ocorre que o CPC/2015 não reproduziu a norma prevista no art. 132 do CPC/73, instalando, assim, uma polêmica acerca de sua existência ou não no contexto contemporâneo.

O fato é que, em se entendendo ainda existir o princípio da identidade física do juiz, o cancelamento, pelo TST, da Súmula nº 136 leva à conclusão de que o processo do trabalho admite sua aplicação.

2.7 Princípio da irrecorribilidade imediatada das decisões interlocutórias

É também um dos corolários do princípio da oralidade o princípio da irrecorribilidade imediata das decisões interlocutórias, segundo o qual "Os incidentes do processo são resolvidos pelo próprio Juízo ou Tribunal, admitindo-se a apreciação do merecimento das decisões interlocutórias somente em recursos da decisão definitiva" (art. 893, §1º, da CLT).

Assim, como regra, as decisões interlocutórias, no processo do trabalho, não desafiam recursos de imediato, cabendo às partes, de modo a evitar a ocorrência de preclusão, formular o chamado protesto antipreclusivo, conforme previsão no art. 795 da CLT no sentido de que "As nulidades não serão declaradas senão mediante provocação das partes, as quais deverão argui-las à primeira vez em que tiverem de falar em audiência ou nos autos".

Vale destacar que, por meio da Súmula nº 214 do TST, há três exceções, no processo do trabalho, ao princípio da irrecorribilidade imediata das decisões interlocutórias, quais sejam: a) decisão de Tribunal Regional do Trabalho contrária à súmula ou orientação jurisprudencial do Tribunal Superior do Trabalho; b) decisão suscetível de impugnação mediante recurso para o mesmo Tribunal; c) decisão que acolhe exceção de incompetência territorial, com a remessa dos autos para Tribunal Regional distinto daquele a que se vincula o juízo excepcionado, consoante o disposto no art. 799, §2º, da CLT.

2.8 Princípio da concentração dos atos processuais em audiência

O princípio da concentração dos atos processuais evidencia a importância que a audiência trabalhista possui para o processo do trabalho. A audiência, no processo do trabalho, é, sem dúvidas, o seu ápice. Durante uma audiência trabalhista, "tudo pode acontecer, inclusive nada".[15]

Assim, o princípio em questão acaba por se materializar nas regras de audiências unas (arts. 849 e 852-C, da CLT), na apresentação de defesa em audiência (art. 847 da CLT), na produção de provas em audiência (art. 845 da CLT) e, até mesmo, se possível for, no julgamento em audiência (art. 850, parte final, da CLT).

2.9 Princípio da ampliação dos poderes do juiz em audiência

Costuma-se dizer que, no processo do trabalho, sobretudo durante a realização da audiência, há uma ampliação dos poderes do juiz, materializada nos arts. 765[16] e 816[17] da CLT.

Em decorrência desse princípio, portanto, seria possível dizer que, no âmbito das audiências trabalhistas, há uma preponderância do modelo processual adversarial, com prevalência do princípio inquisitivo.

---

[15] Trecho da música *A natureza das coisas*, composta por Accioly Neto.

[16] "Art. 765 - Os Juízos e Tribunais do Trabalho terão ampla liberdade na direção do processo e velarão pelo andamento rápido das causas, podendo determinar qualquer diligência necessária ao esclarecimento delas".

[17] "Art. 816 - O juiz ou presidente manterá a ordem nas audiências, podendo mandar retirar do recinto os assistentes que a perturbarem".

Contudo, é fundamental destacar que o CPC/2015 inaugurou uma nova ética processual ao prever, como modelo processual brasileiro, o modelo cooperativo, inspirado no princípio cooperativo (art. 6º do CPC/2015).

Assim, no contexto contemporâneo, a audiência trabalhista, por força dos arts. 769 da CLT e 15 do CPC/2015, deve ser entendida como um ambiente democrático, norteado pelo princípio da cooperação, com todos os sujeitos do processo se relacionando por meio do diálogo e comportando-se de acordo com a boa-fé (art. 5º do CPC/2015), redimensionando, assim, a própria noção do princípio do contraditório.

3 O distanciamento social decorrente da pandemia da covid-19 e o protagonismo das audiências telepresenciais

A pandemia da covid-19 provocou medidas rápidas do Poder Judiciário para prevenção e combate à propagação do novo coronavírus.

O CNJ, a quem cabe a fiscalização e a normatização do Poder Judiciário e dos atos praticados por seus órgãos (artigo 103-B, §4º, I, II e III, da CRFB/88), em 19 de março de 2020, por meio da Resolução nº 313/2020, estabeleceu o regime de Plantão Extraordinário, no âmbito do Poder Judiciário Nacional (art. 1º), regime esse que "importa em suspensão do trabalho presencial de magistrados, servidores, estagiários e colaboradores nas unidades judiciárias, assegurada a manutenção dos serviços essenciais em cada Tribunal" (art. 2º).

No âmbito específico da Justiça do Trabalho, a suspensão da prestação presencial de serviços veio, inicialmente, com o ATO CONJUNTO Nº 1/CSJT.GP.VP.CGJT, DE 19 DE MARÇO DE 2020, que, por meio do art. 1º, estabeleceu que "A prestação jurisdicional e de serviços pela Justiça do Trabalho de 1º e 2º graus efetivar-se-á por meio remoto.".

As referidas medidas foram prorrogadas, por tempo indeterminado, pelo ATO CONJUNTO CSJT.GP.GVP.CGJT º 5, de 17 de abril de 2020, mantendo, inclusive, a suspensão das audiências e as sessões presenciais, podendo ambas ser realizadas por meio virtual ou telepresencial (art. 2º).

Esse mesmo ATO CONJUNTO CSJT.GP.GVP.CGJT Nº 5, DE 17 DE ABRIL DE 2020, em seu art. 4º, previu a retomada gradual das audiências nas unidades judiciárias ou nos CEJUSCs-JT, todas por meio presencial: I - audiências de casos envolvendo tutelas de urgência e com cadastro do assunto covid-19, que poderão ser realizadas a partir de 4 de maio de 2020; II - audiências de conciliação com pedido das partes e, em qualquer fase processual, a critério do juiz, que poderão ser realizadas a partir de 4 de maio de 2020; III - processos com tramitação preferencial, na forma da lei, que poderão ser realizadas a partir de 11 de maio de 2020; IV - audiências iniciais, que poderão ser realizadas a partir de 18 de maio de 2020; e V - audiências unas e de instrução, que poderão ser realizadas a partir de 25 de maio de 2020.

Por fim, foi publicado o ATO CONJUNTO CSJT.GP. GVP.CGJT Nº 6, DE 05 DE MAIO DE 2020, que consolidou e uniformizou, no âmbito da Justiça do Trabalho de 1º e 2º graus, a regulamentação do trabalho remoto temporário, do funcionamento dos serviços judiciários não presenciais e da realização de sessões de julgamento telepresenciais, com o objetivo de prevenir o contágio pelo novo coronavírus – covid-19, bem como garantir o acesso à justiça.

Nesse último ato, manteve-se a regra no sentido de que "A prestação jurisdicional e de serviços pela Justiça do Trabalho de 1º e 2º graus efetivar-se-á por meio remoto, sendo vedado o expediente presencial" (art. 1º), mas inclui-se, no rol de atividades essenciais à manutenção mínima da Justiça do Trabalho de 1º e 2º graus, "a realização das audiências e sessões telepresenciais de julgamento e os serviços de apoio correlatos" (art. 3º, III).

Ainda sobre a realização das audiências, o art. 5º do ATO CONJUNTO CSJT.GP. GVP.CGJT Nº 6, DE 05 DE MAIO DE 2020, previu que "Está temporariamente vedada a realização de audiências e sessões presenciais, podendo ser realizadas por meio virtual ou telepresencial, observando-se, no pertinente, o disposto nas Resoluções números 313 e 314 do Conselho Nacional de Justiça", reservando os artigos 15 e 16 para sua regulamentação.

Como se vê, desde o ATO CONJUNTO CSJT.GP.GVP.CGJT Nº 5, DE 17 DE ABRIL DE 2020, que, em seu art. 4º, previu a retomada gradual das audiências nas unidades judiciárias ou nos CEJUSCs-JT, todas por meio presencial, o Poder Judiciário trabalhista buscou, como forma de garantir a continuidade da prestação jurisdicional efetiva, alternativas para a retomada das audiências.

Nesse particular, vale salientar que, por meio da Portaria nº 61, de 31 de março de 2020, o CNJ instituiu "a plataforma emergencial de videoconferência para realização de audiências e sessões de julgamento nos órgãos do Poder Judiciário, no período de isolamento social, decorrente da pandemia Covid-19", deixando claro, contudo, que "O uso da Plataforma é facultativo aos tribunais e não exclui a utilização de outras ferramentas computacionais que impliquem o alcance do mesmo objetivo" (art. 1º, parágrafo único).

4 A principiologia das audiências trabalhistas em tempos de pandemia

A realização de audiências telepresenciais é uma realidade inexorável, com a qual o processo judicial jamais deixará de lidar. Fundamental, contudo, que a principiologia clássica das audiências trabalhistas se adapte à realidade das audiências telepresenciais, com repaginação de princípios antigos e criação de novos princípios.

4.1 Breve histórico acerca das audiências telepresenciais

A audiência, enquanto ato processual complexo, admite diversas classificações, entre elas a diferenciação em relação ao meio de realização. Nesse particular, é possível afirmar que, quanto ao meio de sua realização, as audiências podem ser divididas em audiências presenciais e audiências telepresenciais.

As audiências presenciais são aquelas nas quais os sujeitos do processo comparecem pessoalmente/fisicamente ao local de realização da audiência, que se realiza em um determinado espaço físico (sede do Juízo ou Tribunal – art. 813 da CLT).

As audiências telepresenciais são aquelas realizadas por meio de instrumentos telemáticos informatizados, viabilizando, assim, a presença dos sujeitos do processo por meio virtual.

Desde já, é importante destacar que o uso da expressão telepresencial em detrimento da expressão virtual não se trata de mera filigrana jurídica, mas sim decorre do fato de que, no âmbito da sociedade contemporânea e da informatização do processo, a efetiva presença dos sujeitos do processo estará configurada seja por meio físico (audiência presencial), seja por meio digital (audiência telepresencial).

Não há como negar, assim, que, quando da realização de uma audiência telepresencial (mesmo nos casos em que a participação de todos os sujeitos do processo ocorre virtualmente), os sujeitos estão efetivamente presentes (com possibilidade de interações instantâneas), mas a presença se dá de maneira virtual/digital.

O mundo real, na atualidade, não é apenas o mundo físico; o mundo digital/virtual também o compõe.

No âmbito do Direito brasileiro, a Lei nº 11.419/2006 inaugurou a era da informatização do processo judicial, rompendo paradigmas anteriormente intocáveis (a própria existência de um processo físico, por exemplo), abrindo espaço, assim, para um "novo mundo processual".

Esse "novo mundo processual" (informatizado) passa a permitir, por meio da tecnologia, que barreiras/limites geográficos sejam progressivamente eliminados, que os atos processuais (ou parte deles) sejam praticados ao longo das 24h do dia (art. 3º, parágrafo único, da Lei nº 11.419/2006) e que, no que toca especificamente à realização das audiências, a presença dos sujeitos do processo seja efetivada por meio de instrumentos tecnológicos que garantam a participação instantânea.

Nessa linha, o Código de Processo Penal – CPP, a partir de uma alteração promovida pela Lei nº 11.719/2008, passou a prever, de maneira expressa, a possibilidade de colheita de depoimentos por meios digitais.

Conforme previsto no *caput* do art. 405 do CPP, "Do ocorrido em audiência será lavrado termo em livro próprio, assinado pelo juiz e pelas partes, contendo breve resumo dos fatos relevantes nela ocorridos". No §1º, contudo, há expressa previsão no sentido de que, "Sempre que possível, o registro dos depoimentos do investigado, indiciado, ofendido e testemunhas será feito pelos meios ou recursos de gravação magnética, estenotipia, digital ou técnica similar, inclusive audiovisual, destinada a obter maior fidelidade das informações", complementando o §2º que, "No caso de registro por meio audiovisual, será encaminhado às partes cópia do registro original, sem necessidade de transcrição".

Não por outra razão, o CNJ, no ano de 2010, por meio da Resolução nº 105, regulamentou "a documentação dos depoimentos por meio do sistema audiovisual e realização de interrogatório e inquirição de testemunhas por videoconferência", deixando claro o art. 1º que "O Conselho Nacional de Justiça desenvolverá e disponibilizará a todos os tribunais sistemas eletrônicos de gravação dos depoimentos e de realização de interrogatório e inquirição de testemunhas por videoconferência", e o seu parágrafo único que "Os tribunais deverão desenvolver sistema eletrônico para o armazenamento dos depoimentos documentados pelo sistema eletrônico audiovisual".

Como se vê, com o advento das Leis nºs 11.419/2006 e 11.719/2008 e da Resolução nº 105/2010 do CNJ, a realização de audiências telepresenciais passou a ser uma realidade fático-jurídica no Brasil.

Com o advento da Lei nº 13.105/2015 (CPC/2015), a prática de atos processuais por meio de videoconferência passou a ser, também, objeto de regulação pelo Código de Processo Civil.

Prevê o art. 236, §3°, do CPC/2015 que "Admite-se a prática de atos processuais por meio de videoconferência ou outro recurso tecnológico de transmissão de sons e imagens em tempo real".

Por sua vez, prevê o art. 385, §3°, do referido Código, ao tratar do depoimento pessoal da parte, que "O depoimento pessoal da parte que residir em comarca, seção ou subseção judiciária diversa daquela onde tramita o processo poderá ser colhido por meio de videoconferência ou outro recurso tecnológico de transmissão de sons e imagens em tempo real, o que poderá ocorrer, inclusive, durante a realização da audiência de instrução e julgamento".

Por fim, ao tratar do depoimento de testemunhas, o CPC/2015, em seu art. 453, §1°, prevê que "A oitiva de testemunha que residir em comarca, seção ou subseção judiciária diversa daquela onde tramita o processo poderá ser realizada por meio de videoconferência ou outro recurso tecnológico de transmissão e recepção de sons e imagens em tempo real, o que poderá ocorrer, inclusive, durante a audiência de instrução e julgamento".

O sistema de videoconferência é ainda previsto para acareação de testemunhas (art. 461, §2°, do CPC/2015) e para sustentação oral pelo advogado com domicílio profissional em cidade diversa daquela onde está sediado o tribunal (art. 937, §4°, do CPC/2015).

No âmbito da CLT, não há, até a presente data, nenhuma regra específica sobre a prática de atos processuais por videoconferência, o que não impede, por aplicação dos arts. 7651 e 769 da CLT2 e do art. 15 do CPC/20153, a aplicação subsidiária das citadas regras do Código de Processo Civil.

Dessa maneira, a realização de atos processuais (inclusive realização de audiências) por videoconferência, no processo do trabalho, também já é uma realidade possível, seja fática, seja técnica, seja normativamente falando.

4.2 Repaginação da principiologia clássica das audiências

Alguns princípios da principiologia clássica das audiências trabalhistas demandam, em face do advento das audiências telepresenciais, uma repaginação.

4.2.1 Princípio da presença obrigatória das partes

As audiências telepresenciais demandam uma interpretação do art. 813 da CLT que permita concluir que a expressão "sede do Juízo ou

Tribunal" ali contida abranja não apenas a sede física (estabelecimento físico), mas também o ambiente virtual do Juízo ou Tribunal.

Ademais, uma leitura contemporânea do princípio em questão propõe que a presença obrigatória das partes contemplada no art. 843 da CLT abranja não apenas a presença física, mas também a presença digital, de modo que a presença de parte autora (reclamante) e parte ré (reclamado) estará caracterizada seja com a presença física na sede física do Juízo ou Tribunal, seja com a presença digital na sede virtual do Juízo ou Tribunal.

4.2.2 Princípio do incentivo à conciliação

A repaginação do princípio do incentivo à conciliação não implica dizer que o princípio está em desuso ou deve ser relativizado. A realidade das audiências telepresenciais permite, em igualdade de condições, a atuação de todos os sujeitos do processo, mesmo distantes (no todo ou em parte) fisicamente, em prol da solução pacífica do litígio.

Não há, no contexto das técnicas conciliatórias, nenhum dificultador concreto à conciliação criado pela via telepresencial de realização das audiências, até porque, conforme destacado no tópico anterior, todos os sujeitos do processo estarão, mesmo que pela via telepresencial, presentes.

Em tempos de pandemia, a necessidade (obrigatoriedade) de realização de audiências iniciais (para tentativa de conciliação, apresentação da defesa e saneamento do processo), no processo do trabalho, sucumbiu à necessidade do distanciamento social, passando a ser possível (faculdade do juiz) "a utilização do rito processual estabelecido no artigo 335 do CPC quanto à apresentação de defesa, inclusive sob pena de revelia, respeitado o início da contagem do prazo em 4 de maio de 2020" (art. 6º do Ato nº 11/GCGJT, de 23 de abril de 2020).

Assim, nesse caso, salvo a pedido das partes, ajuizada a ação, a parte ré deve ser imediatamente notificada para que, no prazo de 15 (quinze) dias a contar da data do recebimento da notificação, apresente, querendo, contestação escrita e documentos, sob pena de revelia e confissão.

Não se diga que a possibilidade de adoção do rito processual estabelecido no artigo 335 do CPC viola o princípio do incentivo à conciliação, afinal às partes, em qualquer fase do processo, é conferido o direito de requerer a inclusão do feito em pauta para tentativa de conciliação, não havendo qualquer elemento que impeça a sua realização pela via telepresencial, havendo, nesse caso, um poder/dever do Magistrado de realizá-la, salvo absoluta impossibilidade técnica ou prática de fazê-lo, sendo importante destacar que, em face do distanciamento social imposto (e necessário) pela covid-19, o próprio Magistrado pode não dispor da infraestrutura telemática mínima e adequada necessária para sua presença digital, situação que pode, a depender do caso concreto (na hipótese de não existir outro Magistrado que possa realizar o ato processual), impedir a realização de uma audiência de conciliação, mesmo a pedido das partes, em tempos de pandemia.

4.2.3 Princípio da imediatidade ou imediaticidade ou imediação

A realização de audiências telepresenciais amplia o conteúdo do princípio da imediatidade, na medida em que, com a gravação das audiências telepresenciais, as instâncias superiores também poderão "sentir" os depoimentos prestados, na medida em que passarão não apenas a "ler" os depoimentos, mas acompanhá-los em suas próprias execuções.

5 A nova principiologia das audiências trabalhistas

O implemento das audiências telepresenciais, acelerado em face da pandemia da covid-19, provoca a criação de uma nova principiologia das audiências trabalhistas, com o surgimento de princípios efetivamente novos, cujo conteúdo se destina a assegurar que as audiências telepresenciais sejam, na essência, instrumentos de maximização da efetividade dos direitos fundamentais de índole processual.

5.1 O princípio da igualdade digital, o direito fundamental ao acesso digital à justiça e a garantia de infraestrutura telemática mínima e adequada à prática do ato processual

A participação em uma audiência telepresencial demanda que todos os sujeitos do processo possuam disponível, em condições de igualdade, acesso a uma infraestrutura telemática mínima e adequada à prática do ato processual. É o que se denomina, neste texto, de princípio da igualdade digital, um corolário do princípio da igualdade previsto no art. 5º, *caput*, da CRFB/88.

Considera-se telemática o conjunto de tecnologias da informação e da comunicação resultante da junção entre os recursos das telecomunicações (telefonia, satélite, cabo, fibras ópticas etc.) e da informática (computadores, periféricos, *softwares* e sistemas de redes), que possibilita o processamento, a compressão, o armazenamento e a comunicação de grandes quantidades de dados, em curto prazo de tempo, entre usuários localizados em qualquer ponto do planeta.[18]

Essa infraestrutura telemática mínima e adequada requer, portanto, tanto recursos das telecomunicações quanto recursos da informática que possibilitem a participação e interação instantânea de todos os sujeitos do processo.

Para tanto, é indispensável que todos os sujeitos do processo tenham acesso a um computador (ou dispositivo semelhante, como *smartphone* ou *tablet*) com conexão à rede mundial de computadores (internet).

Nesse sentido, como forma de materializar o direito fundamental ao devido processo legal, a ampla defesa e ao contraditório, cabe ao Poder Judiciário disponibilizar essa infraestrutura telemática mínima e adequada para todos os sujeitos do processo, aparelhando (e colocando à disposição da sociedade), assim, os estabelecimentos oficiais de justiça para que, caso seja de interesse e/ou necessidade dos sujeitos do processo, esses possam se valer da infraestrutura informatizada disponibilizada pelo Estado.

Não por outra razão, o art. 4º da Resolução nº 105/2010 do CNJ prevê que "No fórum deverá ser organizada sala equipada com equipamento de informática conectado com a rede mundial de computadores (internet), destinada para o cumprimento de carta precatória pelo sistema de videoconferência, assim como para ouvir a testemunha presente à audiência una, na hipótese do art. 217 do Código de Processo Penal".

Assim, uma vez existindo o estabelecimento físico da unidade jurisdicional, o que permite, portanto, a presença física de todos os sujeitos do processo, a presença digital desses sujeitos do processo é uma faculdade *(aquilo que se pode chamar de direito fundamental ao acesso digital à justiça – nova roupagem do inciso XXXV do art. 5º da CRFB/88)* que, para ser exercida por qualquer dos sujeitos do processo, demanda apenas e tão somente que o sujeito do processo em questão encontre-se,

---

[18] Disponível em: https://pt.wikipedia.org/wiki/Telem%C3%A1tica.

geograficamente, em "em comarca, seção ou subseção judiciária diversa daquela onde tramita o processo" (arts. 385, §3°, e 453, §1°, ambos do CPC/2015).

Dessa maneira, independentemente de dificuldade financeira para o deslocamento (trata-se, de fato, de requisito que não se encontra presente na norma jurídica que disciplina a oitiva do sujeito do processo por videoconferência), o mero fato do sujeito do processo encontrar-se, geograficamente, "em comarca, seção ou subseção judiciária diversa daquela onde tramita o processo", já impõe (poder/dever) ao Magistrado a sua oitiva por videoconferência, fazendo, portanto, dessa audiência, uma audiência (no todo ou em parte) telepresencial.

Nada impede, a partir de uma interpretação extensiva dos dispositivos citados, extensão essa resultante de uma interpretação dos dispositivos à luz do direito fundamental do acesso à justiça (art. 5°, XXXV, da CRFB/88), que o Juiz autorize a oitiva, via videoconferência, de um sujeito do processo que, a despeito de residir na comarca, seção ou subseção judiciária onde tramita o processo, esteja com algum tipo de dificuldade (de ordem financeira, profissional ou até mesmo pessoal) para comparecer, presencialmente, ao local designado para a realização da audiência.

Isso porque, no âmbito da sociedade contemporânea, a tecnologia eliminou todas as barreiras geográficas que um dia foram capazes de impedir que a noção de local se confundisse com a noção de mundial. Hoje, sem dúvidas, a noção de local se confunde com a noção de mundial, de modo que o local designado para a realização da audiência ("sede do Juízo ou Tribunal" - art. 813 da CLT) deve ser entendido como a conjugação do espaço físico (sede física do Juízo ou Tribunal) e do espaço digital (sede digital do Juízo ou Tribunal), que permitam a presença (física ou digital) de um ou de todos os sujeitos do processo.

Desse modo, em "Condições Normais de Temperatura e Pressão – CNTP", todos os sujeitos do processo possuem, *em igualdade de condições*, todas as condições necessárias para a realização da audiência telepresencial, havendo, assim, respeito ao princípio da igualdade digital.

Em tempos de pandemia, contudo, com a suspensão dos atendimentos presenciais e as regras de distanciamento social, é fundamental que se garanta a materialização do princípio da igualdade digital para fins de realização de audiências telepresenciais.

Inicialmente, cumpre destacar que, caso as partes e advogados estejam de acordo com a realização da audiência telepresencial (sobretudo em se tratando de audiência una ou de instrução), trata-se de situação que, mesmo em tempos de pandemia da covid-19, imporá ao Juiz sua realização.

Assim, se a audiência una ou de instrução for requerida, de comum acordo, pelas partes, não há qualquer elemento que impeça a sua realização, havendo, nesse caso, um poder/dever do Magistrado de realizá-la, salvo absoluta impossibilidade técnica ou prática de fazê-lo, sendo importante destacar que, em face do distanciamento social imposto (e necessário) pelo novo coronavírus, o Magistrado pode não dispor da infraestrutura telemática mínima e adequada necessária para sua presença digital, situação que pode, a depender do caso concreto (na hipótese de não existir outro Magistrado que possa realizar o ato processual), impedir a realização de audiência una ou de instrução, mesmo a pedido das partes.

Por outro lado, caso a audiência una ou de instrução esteja previamente designada ou o juiz inclua o feito em pauta em tempos de pandemia, sua realização dependerá de uma realidade na qual todos os sujeitos do processo possuam disponível, em condições de igualdade, acesso a uma infraestrutura telemática mínima e adequada à prática do ato processual, o que dependerá, diante da ausência de atendimento presencial pelo sistema de justiça, de sua condição particular.

Assim, se, diante da designação de audiência una ou de instrução, qualquer dos sujeitos do processo se depare com uma situação de impedimento técnico ou prático que impeça ou prejudique a prática de qualquer ato processual na audiência, a audiência deve ser adiada, mediante decisão fundamentada do juiz, como forma de assegurar o direito fundamental ao devido processo legal, ao contraditório e a ampla defesa, sob pena de violação ao princípio da igualdade digital.

A combinação dos fatores elencados evidencia, portanto, que, diante dos diversos obstáculos criados pelo distanciamento social provocado pela pandemia do novo coronavírus, a efetiva realização de audiência una ou de instrução está condicionada, enquanto perdurar o estado de calamidade pública reconhecido pelo Decreto Legislativo nº 6/2020, à concordância das partes e advogados (indispensáveis à administração da justiça – art. 133 da CRFB/88), o que dependerá, naturalmente, do fato de disporem (ou não) da infraestrutura telemática mínima e adequada para a prática do ato processual.

É de fundamental importância destacar, contudo, que a noção de concordância das partes e advogados aqui citada (e nos normativos citados) deve ser interpretada à luz dos princípios da cooperação (art. 6º do CPC/2015) e boa-fé objetiva (art. 5º do CPC/2015), de modo que eventual discordância das partes e advogados em realizar a audiência una ou de instrução precisa, necessariamente, ser fundamentada em razões de ordem técnica ou fática.

Não se trata, portanto, de um livre-arbítrio[19] dos sujeitos do processo em realizar ou não a audiência una ou de instrução, mas sim de uma escusa legítima, desde que fundamentada em razões de ordem técnica ou fática, em realizar um ato processual sem que, para tanto, se disponha de todos os meios e recursos inerentes ao contraditório, à ampla defesa, ao devido processo legal (inclusive digital) e ao acesso à justiça.

5.2 O princípio da aptidão digital e o domínio dos recursos tecnológicos

A realização de audiências pela via telepresencial demanda um domínio, por parte de todos os sujeitos do processo, dos recursos tecnológicos envolvidos, de modo a que se consiga criar um ambiente digital capaz de acomodar os interesses e necessidades de todos os sujeitos do processo. Trata-se, na linha proposta neste texto, do princípio da aptidão digital.

O princípio em questão demanda, assim, que todos os sujeitos do processo possuam, individualmente ou mediante auxílio do Poder Público, condições efetivas de dominar os recursos tecnológicos necessários à prática do(s) ato(s) processuais necessários à salvaguarda do direito fundamental ao devido processo legal e do direito fundamental ao contraditório e ampla defesa.

6 Conclusão

A principiologia das audiências trabalhistas, portanto, continua sendo fundamental para que os direitos fundamentais de índole processual sejam materializados durante a realização deste ato processual complexo.

O advento das audiências telepresenciais provoca, assim, a repaginação da principiologia clássica das audiências trabalhistas, com o surgimento, inclusive, de princípios novos, como os princípios da igualdade digital e da aptidão digital.

---

[19] Possibilidade de decidir, escolher em função da própria vontade, isenta de qualquer condicionamento, motivo ou causa determinante.

A materialização dos referidos princípios permitirá, pois, que as audiências telepresenciais sejam, na essência, instrumentos de maximização da efetividade dos direitos fundamentais de índole processual.

Referências

ÁVILA, Humberto. *Teoria dos princípios*. 4. ed. São Paulo: Malheiros Ed., 2005.

RODRIGUEZ, Américo Plá. *Princípios de direito do trabalho*. 3. ed. São Paulo: LTr, 2002.

SCHIAVI, Mauro. *Manual de Direito Processual do Trabalho*. 10. ed. São Paulo: LTr, 2016.

SILVA, Luiz de Pinho Pedreira. *Principiologia do direito do trabalho*. 2. ed. São Paulo: LTr, 1999.

Informação bibliográfica deste texto, conforme a NBR 6023:2018 da Associação Brasileira de Normas Técnicas (ABNT):

GASPAR, Danilo Gonçalves. A principiologia das audiências trabalhistas em tempos de pandemia. *In*: TUPINAMBÁ, Carolina (Coord.). *As novas relações trabalhistas e o futuro do Direito do Trabalho:* novidades derivadas da pandemia Covid-19 e da crise de 2020. Belo Horizonte: Fórum, 2021. (Coleção Fórum As novas relações trabalhistas e o futuro do Direito do trabalho. Tomo I). p. 213-234. ISBN 978-65-5518-118-0.

O TELETRABALHO NA PANDEMIA E A EVIDÊNCIA DA DESIGUALDADE DE GÊNERO NO ÂMBITO LABORAL

JOANA REGO SILVA RODRIGUES

1 Introdução

O mundo hoje tem se deparado com profundas transformações sociais, políticas, econômicas e jurídicas advindas da conjuntura de enfrentamento à pandemia do novo coronavírus, o que inclui, essencialmente, medidas como o distanciamento/isolamento social. Exsurgem então novos paradigmas de comportamento e inúmeros desafios para solucionar problemas oriundos desses tempos, inclusive, e sobretudo, nas relações laborais.

Nessa perspectiva o teletrabalho, cuja previsão legal não é exatamente nova, assume nova roupagem legal e garante o protagonismo como atividade produtiva que viabiliza, através do uso de tecnologia, a manutenção do sistema produtivo durante a crise, com o funcionamento de empresas de diversos setores, bem ainda permite uma maior preservação da saúde de milhões de colaboradores, eis que, embora forçados a migrar de modo acelerado e urgente para esse formato, passam a laborar circunscritos às suas respectivas residências.

Noutro giro, tem se observado e algumas pesquisas vêm demonstrando que esta realidade afeta de modo diferenciado homens e mulheres, haja vista que a sensação de sobrecarga oriunda da suposta conciliação entre trabalho formal remunerado e tarefas cotidianas domésticas não remuneradas recai preponderante e tradicionalmente sobre as mulheres.[1]

Diante disso, o presente estudo justifica-se ante a necessidade de análise dos efeitos gerados pela implementação do instituto do teletrabalho nas realidades laborais pandêmicas das mulheres, em especial, no que toca à precarização laboral e ao aprofundamento do processo de vulnerabilização da mulher historicamente relacionado ao debate de gênero.

Com base nisso, este artigo foi dividido em três partes. Da primeira parte, decorrem reflexões e ponderações que norteiam a desigualdade de gênero existente na sociedade, bem assim no mundo do trabalho, cumprindo ainda a esta seção delinear as características do mundo de trabalho no momento atual, as quais afetam diretamente o labor das mulheres. Já na segunda etapa do estudo, busca-se explorar as particularidades decorrentes desta modalidade contratual eleita como capaz de arrefecer o impacto do novo coronavírus na seara juslaboral durante a pandemia; o teletrabalho.

E, por fim, antes das considerações finais, o presente texto, através de pesquisa bibliográfica, pretende enfrentar o eixo central do estudo, onde se discute a correlação existente entre o teletrabalho ou trabalho remoto, realizado no âmbito residencial, e a desigualdade de gênero, de modo e destacar as consequências provenientes desse novo cenário para a vida das trabalhadoras.

2 Mundo do trabalho, a ordem jurídica e a mulher: perspectivas sociais e de gênero e as raízes estruturais da desigualdade

O trabalho exerce importante função, não apenas no aspecto social, mas também na perspectiva individual, na medida em que

---

[1] ESTATÍSTICAS de gênero: responsabilidade por afazeres afeta inserção das mulheres no mercado de trabalho. *Agência IBGE Notícias*, 07 mar. 2018. (Estatísticas Sociais). Disponível em: https://agenciadenoticias.ibge.gov.br/agencia-sala-de-imprensa/2013-agencia-de-noticias/releases/20232-estatisticas-de-genero-responsabilidade-por-afazeres-afeta-insercao-das-mulheres-no-mercado-de-trabalho. Acesso em: 12 maio 2020.

propicia ao ser humano a formação e afirmação da sua identidade, por lhe oportunizar o desenvolvimento de qualidades e capacidades pessoais. Assim, seja na produção de um bem, seja na realização de um serviço, a subjetividade do trabalhador é mobilizada, de modo que as suas qualidades passam a ser evidenciadas por meio do seu trabalho.

Nesse contexto, pode-se afirmar que o ordenamento jurídico contribui sobremaneira na formação identitária do trabalhador, posto que exerce relevante papel ao lhe garantir condições mínimas de valorização do seu labor por meio da efetivação dos princípios constitucionais e trabalhistas.

Contudo, cumpre ressaltar que, historicamente, as mulheres/trabalhadoras não eram devidamente amparadas pela ordem jurídica, de modo que esta não lhes conferia a mesma dignidade e os mesmos direitos legitimados aos homens, principalmente no que concerne à execução de trabalhos reconhecidos como unicamente masculinos.

Nesse sentido, só a partir do século XX, a proteção ao trabalho da mulher começa a ganhar notoriedade e reconhecimento. Nessa perspectiva, constata-se que os avanços das mulheres no mercado de trabalho, principalmente no que tange à tutela jurídica, têm se concretizado à medida que há o enfrentamento da reprodução de tradições e valores de uma sociedade majoritariamente patriarcal, machista e sexista.

No entanto, ainda na atualidade, a mulher se esbarra com a desvalorização e inferiorização da sua força laboral, vez que o patriarcado, radicado no domínio histórico masculino, persiste em influenciar as premissas e valores da sociedade hodierna de modo a tornar o perfil do trabalhador/homem aquele prioritariamente requisitado pelo mercado de trabalho, eis que dotado de virilidade e dedicação integral ao labor. Nessa perspectiva, segue o posicionamento de Adriana Wyzykowski e Jessica Chaves Rabelo:

> A manutenção no imaginário da sociedade, acerca da distinção entre os papéis que devem ser supostamente, exercidos por homens e mulheres, corrobora para a propagação das desigualdades de gênero, uma vez que essa dicotomia funda-se, precipuamente, na concepção de doçura e fragilidade da mulher.[2]

---

[2] WYZYKOWSKI, Adriana; RABELO, Jessica Chaves. Amélia é que era mulher de verdade: Uma análise do trabalho intermitente implementado pela Lei nº 13.467/17, como pressuposto do aprofundamento das desigualdades de gênero no ambiente laboral. Capítulo 10. *In*: FREITAS, Carlos Eduardo Soares; OLIVEIRA, Murilo Carvalho Sampaio; DUTRA, Renata

Portanto, por mais que se tenha constatado avanços significativos da mulher no mercado de trabalho nas últimas décadas, a aceitação do seu protagonismo é ainda assunto bastante controvertido, levando à hierarquização de papéis que impactam diretamente o mundo do trabalho, gerando desigualdades de ordem material entre colegas, ilustradas por disparates remuneratórios, ausência de isonomia em premissas de acessão profissional e até mesmo possível desumanização do ambiente laboral.

Essa realidade de disparidade de gênero já vem sendo quantificada pelo Estado brasileiro, de modo que o estudo de Estatísticas de Gênero do IBGE em 2018 apontou que "o salário médio pago às mulheres foi apenas 77,5% do rendimento pago aos homens no Brasil. Enquanto eles receberam R$ 2.410, elas ganharam R$ 1.868".[3]

Essa discriminação na remuneração da mulher e consequentemente nas suas respectivas relações sociais, ora evidenciada por dados tão atuais, traduz ainda expressões ou consequências da "divisão sexual do trabalho que determina, historicamente, que as mulheres são responsáveis pelas atividades domésticas, e pelo papel 'natural' de cuidadora, incluindo aqui os doentes, as pessoas com deficiência e os idosos".[4]

A despeito desta leitura do senso comum, importa salientar que "literaturas feministas expressam esta realidade como tão somente cultura, ou seja, pode ser modificado de acordo com a vivência de novas experiências".[5] Assim, é certo que, ao longo dos anos frente aos desafios e à luta feminista no mundo do trabalho, alguns paradigmas foram quebrados, mas o papel social, sobretudo nas relações privadas em verdade, vem mudando muito lentamente. A feminização de determinadas profissões e o avanço das mulheres em alguns espaços de poder têm conduzido a um cenário onde "o homem deixou de ser o exclusivo provedor do sustento, mas a mulher não deixou de ser a única responsável pelo cuidado".[6]

Queiroz. *Reforma Trabalhista e Crise do Direito do Trabalho no Brasil:* Apontamentos Críticos. Curitiba: Appris, 2020.

3 MULHERES ganham 77,5% do salário dos homens no Brasil, diz IBGE. *Diário do Poder*. 11.04.2018. Disponível em: https://diariodopoder.com.br/brasil-e-regioes/mulheres-ganham-775-do-salario-dos-homens-no-brasil-diz-ibge. Acesso em: 10 jun. 2020.

4 BORIS, Eileen. Produção e reprodução, casa e trabalho. *Tempo Social, revista de sociologia da USP*, São Paulo, v. 26, n. 1, 2014. Disponível em: https://www.scielo.br/pdf/ts/v26n1/08.pdf. Acesso em: 10 jun. 2020.

5 *Ibidem*.

6 SANTOS, Giseli Maria dos. *Teletrabalho e a mulher:* o papel social do cuidado e igualdade na relação de gênero no Brasil. 2016, p. 7. Disponível em: http://repositorio.ufgd.edu.br/jspui/bitstream/prefix/1874/1/ GiseliMariaSantos.pdf. Acesso em: 10 jun. 2020.

Entre os motivos que impediu a variação desses papeis foi a desvalorização desse trabalho do lar, a responsabilidade das mulheres pelo cuidado não remunerado para com a família em termos de segmentação do mercado de trabalho (divisão sexual do trabalho), de psicodinâmica (a maternagem das mulheres reproduz mulheres que cuidam) e de status social (homens não querem fazer tal atividade).[7]

Assim, toda essa realidade é, curiosamente, ora retomada diante do momento que se vive no mundo com as consequências oriundas da pandemia. Essa premente influência da disparidade de gênero na seara do trabalho reassume o eixo de inúmeras discussões, eis que se observa uma junção em alguma medida involuntária, porém, eminentemente visceral, desses múltiplos papéis exercidos pela mulher no trabalho realizado em sua própria casa, em decorrência da priorização do teletrabalho pela ordem jurídica trabalhista emergencial. As características e consequências dessa realidade é que serão analisadas a seguir.

2.1 Um breve panorama acerca das consequências do isolamento/distanciamento social na vida das trabalhadoras

Declarada como pandemia global pela Organização Mundial da Saúde (OMS), a covid-19 alcançou também o Brasil e tem impactado diversos setores da vida em sociedade, bem assim fortemente o cenário juslaboral. A necessidade de reconhecimento de calamidade pública pelo Estado, através do Decreto nº 6, de 20 de março de 2020,[8] e da emergência de saúde pública de importância internacional decorrente do coronavírus (covid-19), decretada pelo Ministro de Estado da Saúde, em 3 de fevereiro de 2020, nos termos do disposto na Lei nº 13.979, de 6 de fevereiro de 2020,[9] provocou como medida de prevenção o fechamento ou restrição de diversas atividades econômicas e laborais. Esta situação por

[7] BORIS, Eileen. *Op. cit.*

[8] BRASIL. *Decreto Legislativo nº 6, de 2020*. Reconhece, para os fins do art. 65 da Lei Complementar nº 101, de 4 de maio de 2000, a ocorrência do estado de calamidade pública, nos termos da solicitação do Presidente da República encaminhada por meio da Mensagem nº 93, de 18 de março de 2020. Disponível em: http://www.planalto.gov.br/ccivil_03/portaria/DLG6-2020.htm#:~:text=decreto%20legislativo%20n%c2%ba%2 06%2c%20de,18%20de%20mar%c3%a7o%20de%202020. Acesso em: 12 maio 2020.

[9] BRASIL. *Lei n. 13.979 de 06 de fevereiro de 2020*. Dispõe sobre as medidas para enfrentamento da emergência de saúde pública de importância internacional decorrente do coronavírus responsável pelo surto de 2019. Disponível em: https://www.in.gov.br/en/web/dou/-/lei-n-13.979-de-6-de-fevereiro-de-2020-242078735.

sua vez ensejou uma transferência do trabalho presencial de inúmeras categorias para o teletrabalho.

Os desafios para esses teletrabalhadores, em realizar uma rápida adaptação aos meios informáticos e telemáticos no exercício laboral, bem assim a adequação das atividades funcionais ao ambiente doméstico, foram intensificados frente a outras consequências dessa crise sanitária, entre essas, a necessidade de fechamento de escolas e creches, ocasionando a demanda de convívio de todos os membros da família em tempo integral dentro de suas residências.

Nessa seara, a potencialização de possíveis conflitos casa (vida)/ trabalho toca de forma particular a realidade das mulheres trabalhadoras, eis que, conforme já salientado em tópico antecedente, em decorrência da conformação sócio-histórica da divisão sexual do trabalho, recai sobre elas a responsabilidade pelo trabalho não remunerado, decorrente de atividades cotidianas e ou em tese não produtivas, bem ainda a função de cuidado com os demais membros da casa, em especial a educação do filhos.

Com isso, a ausência e ou limitações na disponibilização da rede de proteção social formal (escolas, creches, cuidadores de idosos etc.) e informal (parentes, família extensa, vizinhos etc.), essas trabalhadoras passam a vivenciar uma dinâmica de aprofundamento de vulnerabilidades sociais, com a precarização de trabalho, sobrecarga objetiva, psíquica e emocional, além da negação do direito à vida individual e subjetiva, haja vista o tempo subtraído pela exploração continuada do trabalho.

Segundo dados divulgados em 2019 pelo Instituto Brasileiro de Geografia e Estatística (IBGE), mulheres dedicam em média 18,5 horas semanais aos afazeres domésticos e cuidados de pessoas, na comparação com 10,3 horas semanais gastas nessas atividades pelos homens. De certo a operacionalização da conciliação entre esses afazeres domésticos e os labores da vida pública atinge de maneira mais severa, também as mulheres, cabendo aqui ressaltar que pesquisas[10] já indicam o elevado número de mulheres ocupando postos de trabalho intermitente, eis que, apesar de não conferir ao trabalhador(a) nenhuma estabilidade quanto ao exercício da atividade, tampouco quanto à jornada, permite como ponto suspostamente favorável a possibilidade de auto-organização e flexibilidade inerentes à modalidade de trabalho.

---

[10] GÓES, Geraldo Sandoval; MARTINS, Felipe dos Santos; NASCIMENTO, José Antonio Sena do. Potencial de teletrabalho na pandemia: um retrato no Brasil e no mundo. *Carta de Conjuntura*, n. 47, 2º trimestre de 2020.

Diante de tudo isso, o teletrabalho, o qual será objeto de análise pormenorizada no item a seguir, passa a ser, na atualidade, o instrumento indutor de uma realidade dicotômica, visto que entrelaça vantagens e desvantagens consideráveis, tais quais a possibilidade da manutenção de obrigações laborais formais com certa liberdade, podendo ser compreendido como relativo privilégio em tempos de desemprego, e, a um só tempo, o sentido opressor a essas trabalhadoras, eis que viabiliza a manutenção de cobranças de produtividade comumente desconectadas da realidade *sui generis* impostas através do confinamento e a sobrecarga já mencionada, para essas profissionais.

3 Breves apontamentos sobre o teletrabalho sob a égide da nova regulamentação emergencial do trabalho

Considerando as medidas de distanciamento social adotadas, conforme já sinalizado, o teletrabalho passou a compor a alternativa possível e mais economicamente viável de manter vivas as atividades empresariais em todo o mundo. Segundo nota técnica elaborada do IPEA,[11] que buscou classificar a viabilidade do chamado *homework*, ou teletrabalho, para todas as profissões da Classificação de Ocupações para Pesquisas Domiciliares (COD) – utilizada na Pesquisa Nacional por Amostra de Domicílio (PNAD) Contínua – em uma lista com 87 países, o Brasil ocupou a 47ª posição, com um percentual de 25,7% de teletrabalho. Já quando foi feita a adequação desse trabalho para o Brasil, utilizando a COD, constatou-se que 22,7% dos empregos no Brasil podem ser realizados inteiramente em casa, com variações significativas entre as diferentes Unidades da Federação (UFs) e os tipos de atividades ocupacionais.

Fato é que o teletrabalho não é exatamente algo novo, muito pelo contrário. Apesar dessa possibilidade, na atualidade, estar associada a profissões que dialogam proximamente com a tecnologia e os instrumentos telemáticos, a própria CLT, em 1943, em seu artigo 6º, já salientava que o trabalho realizado na casa do empregado deve

[11] ESTATÍSTICAS de gênero: responsabilidade por afazeres afeta inserção das mulheres no mercado de trabalho. *Agência IBGE Notícias*, 07 mar. 2018. (Estatísticas Sociais). Disponível em: https://agenciadenoticias.ibge.gov.br/agencia-sala-de-imprensa/2013-agencia-de-noticias/releases/20232-estatisticas-de-genero-responsabilidade-por-afazeres-afeta-insercao-das-mulheres-no-mercado-de-trabalho. Acesso em: 12 maio 2020.

merecer o mesmo tratamento do trabalho realizado nas dependências do patrão.[12]

Porém, não há dúvidas de que as transformações das relações de trabalho ao longo dos anos tornaram o teletrabalho uma tendência, gerando a necessidade por uma regulação mais adequada dessa nova forma de organizar o trabalho. Isto veio a ocorrer com a edição da Lei nº 13.467/17, precisamente através dos dispositivos 75-A a 75-E, incluídos à CLT pelo referido diploma legal comumente denominado de Lei da Reforma Trabalhista.

Pois bem, a despeito de algumas críticas por uma parte da doutrina, é neste aparato normativo que se encontra o conceito de teletrabalho, explicitado pela norma com sendo aquele realizado fora das dependências da empresa com a utilização de tecnologias, *ex vi* do artigo 75-B da CLT:

> Art. 75-B. Considera-se teletrabalho a prestação de serviços preponderantemente fora das dependências do empregador, com a utilização de tecnologias de informação e de comunicação que, por sua natureza, não se constituam como trabalho externo.[13]

Ocorre que, já no âmbito da pandemia, o teletrabalho encontrou novo respaldo legal, agora sob a égide da regulamentação emergencial do trabalho, através da Medida Provisória nº 927,[14] mantendo-se a modalidade de prestação de serviços, entretanto, apresentando novas nuances à possibilidade, em sentidos distintos das previsões celetistas.

Esta Medida Provisória nº 927 dispõe sobre as medidas trabalhistas que poderão ser adotadas pelos empregadores para a preservação do emprego e da renda e para o enfrentamento do mencionado estado de calamidade pública. E é no artigo 4º que se encontra a possiblidade de alteração do regime presencial de trabalho para o teletrabalho unilateralmente pelo empregador, concedendo à medida o caráter de exercício do poder diretivo do empregador:

---

[12] BRASIL. *Decreto-Lei nº 5.452, de 1º de maio de 1943*. Aprova a Consolidação das Leis do Trabalho. Disponível em: http://www.planalto.gov.br/ccivil_03/decreto-lei/del5452.htm. Acesso em: 17 mar. 2020.

[13] BRASIL. *Op. cit.*

[14] BRASIL. *Medida Provisória nº 927, de 2020* (Medidas trabalhistas para enfrentamento da emergência de saúde pública decorrente do Coronavírus). Presidência da República. Congresso Nacional, 2020.

> Art. 4º Durante o estado de calamidade pública a que se refere o art. 1º, o empregador poderá, a seu critério, alterar o regime de trabalho presencial para o teletrabalho, o trabalho remoto ou outro tipo de trabalho a distância e determinar o retorno ao regime de trabalho presencial, independentemente da existência de acordos individuais ou coletivos, dispensado o registro prévio da alteração no contrato individual de trabalho.[15]

Já para fins de conceituação, a norma entendeu por agrupar o teletrabalho ao trabalho remoto e ainda ao trabalho a distância no disposto no §1º do artigo consignado, identificando essas modalidades como serviços preponderantes ou totalmente fora das dependências do empregador, com a utilização de tecnologias da informação e comunicação que, por sua natureza, não configurem trabalho externo,[16] porém consignou ainda ser aplicável o disposto no inciso III do *caput* do art. 62 da Consolidação das Leis do Trabalho.

Apesar da MP nº 927 ser merecedora de algumas críticas quanto à incoerência na redação em alguns dispositivos, há que se reconhecer a espera ansiosa de parte do empresariado, que em alguma medida a partir da MP e, com um pouco mais de segurança jurídica, passou a valer-se do teletrabalho para manter em funcionamento suas respectivas atividades econômicas.

Assim, passando rapidamente a ser uma modalidade contratual generalizada, a dinâmica do teletrabalho, em si complexa por relativizar tempo e espaço, passou a provocar nos trabalhadores e trabalhadoras impactos ainda mais intensos em virtude da já inerente tensão vivenciada por essas pessoas em razão da pandemia. Desse modo, o teletrabalho, enquanto fenômeno a que se assiste hoje, passou a ser observado em diversas áreas do conhecimento para além do Direito, a exemplo da psicologia, da psicodinâmica e da sociologia do trabalho.

> O teletrabalho expõe o teletrabalhador à tensão de conviver constantemente com situações conflitantes: a mistura do espaço da produção e da reprodução, a presença física e a não disponibilidade para os entes queridos, a tentação do horário flexível e a autopressão por apresentar bons resultados de trabalho. O teletrabalhador é um indivíduo constantemente pressionado pelas posições de sujeito oriundas de discursos

---

[15] BRASIL. *Medida Provisória nº 927, de 2020* (Medidas trabalhistas para enfrentamento da emergência de saúde pública decorrente do Coronavírus). Presidência da República. Congresso Nacional, 2020.

[16] *Ibidem.*

> conflitantes: exigido, quando "no trabalho" no seu papel de pai/mãe, filho/filha, marido/mulher, irmão/irmã; quando "em casa", exigido no seu papel de trabalhador/trabalhadora.[17]

Com efeito, é a partir dessa complexa tentativa de conciliação entre vantagens e desvantagens do teletrabalho que se impõe a preocupação acerca do papel social da mulher como cuidadora e teletrabalhadora. Pois, conforme engendrado no capítulo antecedente, a remoção das fronteiras físicas entre a vida profissional e pessoal do indivíduo, entre os domínios público e privado, pronunciada no contexto do teletrabalho durante a pandemia, coloca em evidência ainda maior a desigualdade de gênero no país.

4 O teletrabalho na pandemia como elemento a evidenciar as desigualdades de gênero no âmbito laboral

Os aspectos que permeiam a desigualdade de gênero remetem a valores endossados por uma cultura imbricada no modelo essencialmente patriarcal, perpetuada, diuturnamente, por intermédio de simbologias que rememoram que o poder destina-se àqueles considerados dominantes.[18] Assim, esse patriarcalismo, enquanto estrutura/dinâmica que se encontra presente em todas as sociedades contemporâneas, insiste em, ao longo dos anos e a despeito das reviravoltas democráticas nas famílias e no mercado de trabalho, impulsionar o exercício da autoridade do homem sobre a mulher e os filhos, atingindo não apenas a família, mas a política, a cultura, bem como o universo do trabalho.

> O uso de anticoncepcionais, a postergação do casamento e da maternidade, a queda na média de filhos, a proliferação de mulheres chefes de família, a maior participação feminina na renda familiar, o aumento proporcional de divórcios, a constituição de famílias menores, a subversão relativa das hierarquias de gênero nas relações conjugais, a expansão da escolaridade feminina e o ingresso vertiginoso das mulheres nas

[17] COSTA, I. S. A. Teletrabalho: subjugação e construção de subjetividades. *Revista de Administração Pública*, v. 41, p. 117, 2007.

[18] FREITAS, Carlos Eduardo Soares; OLIVEIRA, Murilo Carvalho Sampaio; DUTRA, Renata Queiroz. *Reforma Trabalhista e Crise do Direito do Trabalho no Brasil:* Apontamentos Críticos. Curitiba: Appris, 2020, p. 160.

> universidades e no mercado de trabalho são sintomáticos de uma reorganização do público e do doméstico que, embora expressiva do ângulo da igualdade constitucional, pouco desafia a divisão sexual do trabalho, cujo "princípio de separação" distingue trabalhos de homens de trabalhos de mulheres e cujo "princípio hierárquico" estabelece que trabalho de homem conta mais do que um trabalho de mulher.[19]

A tradução dessa realidade se materializa quando se constata que mulheres ainda se dedicam aos encargos domésticos e de cuidado não remunerados, em média, pelo menos duas vezes e meia a mais do que os homens, conforme sinalizado anteriormente. Já os homens, porque socialmente desobrigados desse tipo de encargo, podem dedicar mais tempo ao trabalho chamado produtivo, gerador de mais-valia.

Assim, essa esperada operacionalização de conciliação entre afazeres domésticos e os labores da vida pública permite perpetuar a exploração da mulher e da sua jornada dupla. Insto porque, a despeito de se esperar das mulheres a participação necessária no orçamento familiar, ignora-se toda a estrutura necessária para que isso seja concretizável sem que tal quadro gere uma responsabilidade excessiva às mulheres.[20]

Ocorre que, com o teletrabalho, essa suposta conciliação se apresenta com um ingrediente a mais; o fato da dupla jornada ocorrer em um mesmo local, no caso a residência da própria trabalhadora. E mais! A pandemia não nivela, mitiga ou elimina tais circunstâncias. Ao contrário, a emergência em que se deu a necessidade pelo teletrabalho permitiu uma realização sem gerenciamento e desconectada da realidade do não funcionamento de creches e escolas, que possibilitam em regra a autonomia profissional feminina.

Desse modo, o teletrabalho na pandemia deixa de ser visto como alternativa para mulheres que ficam sem ter com quem deixar os filhos em razão do alto custo e da pouca disponibilidade de serviços de cuidados, passando a ser encarado como um elemento que contribui para uma desigualdade mais latente, impondo às mulheres situação adicional de sofrimento.

---

[19] HIRATA, Helena; KERGOAT, Danièle. Novas configurações da divisão sexual do trabalho. *Cadernos de Pesquisa*, v. 37, n. 132, p. 599, set./dez. 2007.

[20] FREITAS, Carlos Eduardo Soares; OLIVEIRA, Murilo Carvalho Sampaio; DUTRA, Renata Queiroz. *Reforma Trabalhista e Crise do Direito do Trabalho no Brasil:* Apontamentos Críticos. Curitiba: Appris, 2020, p. 160.

A percepção desse sofrimento foi mensurada por uma pesquisa[21] da Fundação Oswaldo Cruz (Fiocruz), realizada com mais de 40 mil pessoas, em que mulheres relataram problemas no estado de ânimo em índice bastante superior aos dos homens: as que se sentem tristes ou frequentemente deprimidas foram 50% das entrevistadas, enquanto para os homens esse percentual chegou a 30%. O índice de quem disse ter se sentido ansioso ou nervoso no período foi de 60% para as entrevistadas, chegando a 43% no segmento masculino.

Esses resultados são atribuíveis em grande medida ao excesso de trabalho que cabe a elas durante a pandemia, bem ainda em função do rompimento da barreira temporal entre o tempo de trabalho e a necessária desconexão laboral, fato que compromete acentuadamente a recuperação emocional e psíquica da trabalhadora, necessária inclusive para a continuação eventual do trabalho.

A inobservância do direito à desconexão do trabalho, bem assim a tolerância à ideia de que o trabalho a distância pode ser realizado intermitentemente, 24 horas ao dia, corrobora fortemente a precarização do trabalho da mulher e, noutro giro, se transforma também em ferramenta de desagregação do tecido social familiar durante a pandemia.

Nesse sentido, em tempos de trabalho a distância, sem o planejamento possível, em que inclusive aqueles indivíduos que já faziam o teletrabalho tiveram reduzidas e/ou limitadas as suas condições práticas e objetivas de labor, cumpre às empresas, considerando o quanto ora exposto, a apreensão realista do cenário do teletrabalho, de modo a não negar a excepcionalidade da situação por elas vivenciada.

Desse modo, é preciso salientar que a implementação e a análise dos impactos do teletrabalho para a sociedade, durante a pandemia, sem que se utilizem as lentes de gênero, não apenas conduzem à intensificação das desigualdades que historicamente tocam as mulheres no ambiente de trabalho, pois tão somente sabotam as possibilidades de avanço no que tange às relações de gênero e de classe.

5 Considerações finais

É inegável que as mulheres ainda estão sob uma cultura de provedoras do cuidado e que há pouquíssimo comprometimento da sociedade com a redivisão democrática dos encargos domésticos com os

---

21 A pesquisa consistia em responder a um questionário on-line sobre as mudanças vividas durante o isolamento social no período da pandemia. Disponível em: https://convid.fiocruz.br/index.php?pag=estado_saude.

homens. Nesta lógica, a prática social – constante e rotineira – conduz a uma consciência coletiva que identifica as mulheres como destinatária "natural" de duplas jornadas e de responsabilidades extras àquelas atribuíveis através da atividade formal do trabalho.

Isto posto, não há dúvidas quanto ao farto cabedal teórico-científico nas diversas áreas do conhecimento que faz uma intersecção com o Direito e presta-se a validar o fenômeno da desigualdade de gênero no mercado de trabalho. Sendo assim, a divisão sexual do trabalho e as relações sociais de gênero foram aqui o ponto de partida para a compreensão do impacto do teletrabalho na vida das mulheres durante a pandemia e em decorrência do isolamento social.

Isto porque o cenário do coronavírus e a necessidade imperiosa de diminuição de circulação de pessoas causaram também a ausência e ou limitações na disponibilização da rede de proteção social formal (escolas, creches, cuidadores de idosos etc.) e informal (parentes, família extensa, vizinhos etc.) das mulheres, essenciais à garantia de suas autonomias profissionais. Sendo assim, essas trabalhadoras passaram a vivenciar uma dinâmica de sobrecarga objetiva, psíquica e emocional ao tentar coadunar o gerenciamento das cobranças do trabalho realizado a distância e as tarefas domésticas e de cuidado a elas tradicionalmente impostas.

Desse modo, ficou evidenciado que o cenário de hierarquização de papéis que corrobora a segregação do gênero feminino no ambiente laboral foi intensificado no âmbito desse teletrabalho, ora sob a égide da regulamentação de emergência do trabalho. Tanto é que a Organização Internacional do Trabalho (OIT) vem alertando quanto à necessidade de se combater a desigualdade de gênero no momento presente e tornar essa práxis parte das respostas que os países devem construir no campo do trabalho considerando a crise e o pós-pandemia.

Conclui-se que o teletrabalho é uma alternativa de trabalho que se adéqua ao mundo contemporâneo e sobretudo ao tempo presente de crise sanitária, porém, à medida que conduzido sem considerar o grau de afetação da pandemia na vida das mulheres, passa a projetar para o futuro o agravamento da situação de desigualdade de gênero, precarização do trabalho e sofrimento da mulher.

Por fim, cumpre atentar para o fato de que o presente trabalho versa sobre fenômeno ainda em plena construção, de modo que busca tão somente lançar algumas reflexões acerca da temática, considerando ainda a sobrelevada tendência de permanência, ainda que parcial, do teletrabalho em período pós-pandêmico e assim a urgência em conferir importância do acompanhamento dos seus efeitos no trabalho feminino.

Referências

BORIS, Eileen. Produção e reprodução, casa e trabalho. *Tempo Social, revista de sociologia da USP*, São Paulo, v. 26, n. 1, 2014. Disponível em: https://www.scielo.br/pdf/ts/v26n1/08.pdf. Acesso em: 10 jun. 2020.

BRASIL. *Decreto Legislativo nº 6, de 2020*. Reconhece, para os fins do art. 65 da Lei Complementar nº 101, de 4 de maio de 2000, a ocorrência do estado de calamidade pública, nos termos da solicitação do Presidente da República encaminhada por meio da Mensagem nº 93, de 18 de março de 2020. Disponível em: http://www.planalto.gov.br/ccivil_03/portaria/DLG6-2020.htm#:~:text=decreto%20legislativo%20n%c2%ba%206%2c%20de,18%20de%20mar%c3%a7o%20de%202020. Acesso em: 12 maio 2020.

BRASIL. *Decreto nº 62.150, de 19 de janeiro de 1968*. Promulga a Convenção nº 111 da OIT sobre discriminação em matéria de emprego e profissão. Disponível em: http://www.planalto.gov.br/ccivil_03/decreto/1950-1969/D62150.htm. Acesso em: 2 jun. 2017.

BRASIL. *Decreto-Lei nº 5.452, de 1º de maio de 1943*. Aprova a Consolidação das Leis do Trabalho. Disponível em: http://www.planalto.gov.br/ccivil_03/decreto-lei/del5452.htm. Acesso em: 17 mar. 2020.

BRASIL. *Medida Provisória nº 927, de 2020* (Medidas trabalhistas para enfrentamento da emergência de saúde pública decorrente do Coronavírus). Presidência da República. Congresso Nacional, 2020.

MELO, Maria Aparecida Mendonça Toscano de. *Legislação do Direito do Trabalho da Mulher*: uma perspectiva de sua evolução. Disponível em: https://www.jurisway.org.br/v2/dhall.asp?id_dh=6254. Acesso em: 3 jun. 2017.

CALVO, Adriana. *O direito fundamental* à *saúde mental no ambiente de trabalho:* o combate ao assédio moral institucional: visão dos tribunais trabalhistas. São Paulo: Ltr, 2004.

CASTELLS. Manuel. *O poder da identidade*. V. 2: A era da informação: economia, sociedade e cultura. 7ª Reimpressão, Tradução: Klaus Brandini Gerhardt. São Paulo: Paz e Terra, 1999.

CONVENÇÃO sobre a Eliminação Convenção sobre a Eliminação de Todas as Formas de Discriminação contra a Mulher – Cedaw 1979. Disponível em: http://www.compromissoeatitude.org.br/wp-content/uploads/2012/11/SPM2006_ CEDAW_portugues.pdf. Acesso em: 31 maio 2017.

COSTA, I. S. A. Teletrabalho: subjugação e construção de subjetividades. *Revista de Administração Pública*, v. 41, 2007.

ESTATÍSTICAS de gênero: responsabilidade por afazeres afeta inserção das mulheres no mercado de trabalho. *Agência IBGE Notícias*, 07 mar. 2018 (Estatísticas Sociais). Disponível em: https://agenciadenoticias.ibge.gov.br/agencia-sala-de-imprensa/2013-agencia-de-noticias/releases/20232-estatisticas-de-genero-responsabilidade-por-afazeres-afeta-insercao-das-mulheres-no-mercado-de-trabalho. Acesso em: 12 maio 2020.

FREITAS, Carlos Eduardo Soares; OLIVEIRA, Murilo Carvalho Sampaio; DUTRA, Renata Queiroz. *Reforma Trabalhista e Crise do Direito do Trabalho no Brasil:* Apontamentos Críticos. Curitiba: Appris, 2020.

FREITAS, Silvia Rodrigues de. *Teletrabalho na administração pública federal:* uma análise do potencial de implantação na diretoria de marcas do INPI. 2008. 172f. Dissertação (Mestrado) Administração Pública, Faculdade Getulio Vargas, Rio de Janeiro, 2008.

GÓES, Geraldo Sandoval; MARTINS, Felipe dos Santos; NASCIMENTO, José Antonio Sena do. Potencial de teletrabalho na pandemia: um retrato no Brasil e no mundo. *Carta de Conjuntura*, n. 47, 2º trimestre de 2020.

GUEDES, Márcia Novaes. *Terror Psicológico no Trabalho*. 2. ed. São Paulo: LTr, 2005.

HIRATA, Helena. *Nova divisão sexual do trabalho?* Um olhar voltado para empresa e a sociedade. Tradução de Wanda Caldeira Brant. São Paulo: Boitempo Editorial, 2012.

HIRATA, Helena; KERGOAT, Danièle. Novas configurações da divisão sexual do trabalho. *Cadernos de Pesquisa*, v. 37, n. 132, set./dez. 2007.

HIRIGOYEN, Marie-France. *Todo lo que hay que saber sobre el acoso moral en el trabajo*. Ciudad Autónoma de Buenos Aires: Paidós, 2014.

MARTINEZ, Luciano. *Curso do direito do trabalho*. 11. ed. São Paulo: Saraiva Educação, 2020.

MULHERES ganham 77,5% do salário dos homens no Brasil, diz IBGE. *Diário do Poder*. 11.04.2018. Disponível em: https://diariodopoder.com.br/brasil-e-regioes/mulheres-ganham-775-do-salario-dos-homens-no-brasil-diz-ibge. Acesso em: 10 jun.2020.

OLIVEIRA, Eleonora Menicucci de. *A mulher, a sexualidade e o trabalho*. São Paulo: CUT, 1999.

ONU. *Declaração Universal dos Direitos Humanos*. Disponível em: http://www.direitoshumanos.usp.br/index.php/Declara%C3%A7%C3%A3o-Universal-dos-Direitos-Humanos/declaracao-universal-dos-direitos-humanos.html. Acesso em: 31 maio 2017.

SANTOS, Giseli Maria dos. *Teletrabalho e a mulher:* o papel social do cuidado e igualdade na relação de gênero no Brasil. 2016. Disponível em: http://repositorio.ufgd.edu.br/jspui/bitstream/prefix/1874/1/ GiseliMariaSantos.pdf. Acesso em: 10 jun. 2020.

SOBOLL, Lis Andréa; HORST, Ana Carolina. O assédio moral como estratégia de gerenciamento: solicitações da forma atual de gestão. *In*: SILVEIRA, Marco Antonio (Org. principal); SZNELWAR, Laerte I.; KIKUCHI, Leticia S.; MAENO, Maria (Org.). *Inovação para Desenvolvimento de Organizações Sustentáveis*: Trabalho, Fatores Psicossociais e Ambiente Saudável. Campinas, SP: CTI (Centro de Tecnologia da Informação "Renato Archer"), 2013. Disponível em: http://www.assedioorganizacional.com.br/downloads/inovacao-para-desenvolvimento.pdf. Acesso em: 20 maio 2017.

WYZYKOWSKI, Adriana; RABELO, Jessica Chaves. Amélia é que era mulher de verdade: Uma análise do trabalho intermitente implementado pela Lei nº 13.467/17, como pressuposto do aprofundamento das desigualdades de gênero no ambiente laboral. Capítulo 10. *In*: FREITAS, Carlos Eduardo Soares; OLIVEIRA, Murilo Carvalho Sampaio; DUTRA, Renata Queiroz. *Reforma Trabalhista e Crise do Direito do Trabalho no Brasil:* Apontamentos Críticos. Curitiba: Appris, 2020.

Informação bibliográfica deste texto, conforme a NBR 6023:2018 da Associação Brasileira de Normas Técnicas (ABNT):

RODRIGUES, Joana Rego Silva. O teletrabalho na pandemia e a evidência da desigualdade de gênero no âmbito laboral. *In*: TUPINAMBÁ, Carolina (Coord.). *As novas relações trabalhistas e o futuro do Direito do Trabalho:* novidades derivadas da pandemia Covid-19 e da crise de 2020. Belo Horizonte: Fórum, 2021. (Coleção Fórum As novas relações trabalhistas e o futuro do Direito do trabalho. Tomo I). p. 235-249. ISBN 978-65-5518-118-0.

NOVIDADES DERIVADAS DA CRISE E DA PANDEMIA

JOSÉ AFFONSO DALLEGRAVE NETO

1 A nova onda chamada mundo 4.0, hiper ou pós-modernidade

Hoje se utiliza muito a expressão *mundo 4.0* ao se referir ao universo tecnológico decorrente da Quarta Revolução Industrial. Iniciada há uma década, na Alemanha, a nova proposta visa integrar tudo o que existe de mais avançado no campo físico, biológico e digital.[1] Desde a robotização das indústrias, as fibras óticas, a telemática, as impressoras 3D e 4D até a chamada internet das coisas (*Internet of Things – IoT),* os aplicativos de plataforma e as renovadas fontes energéticas de autônomos veículos elétricos. Esta nova revolução, aliada às descobertas biológicas, engenharia genética e alimentos transgênicos, impactou não só a indústria como também o comportamento diuturno do homem

[1] A expressão foi usada pela primeira vez em 2011, quando da apresentação de um projeto estratégico de alta tecnologia do governo alemão, na feira industrial de Hannover Messe.

e seu modo de conceber filhos pela Fertilização *in Vitro* (FIV). Eis o mundo 4.0!

O sociólogo alemão Ulrich Beck (1944-2015) observou que o *mundo* e a *humanidade* são as duas estrelas fixas pelas quais orbitam as nações, na atual era pós-moderna. Ele chama este novo paradigma de um novo pensar cosmopolita (do grego *Kosmopolít⊠s:* 'cidadão do mundo'). Nesta perspectiva, as tradicionais reflexões e decisões nacionalistas estariam com seus dias contados? Não há consenso nisso. Ao contrário, vivemos uma polarização colérica. E aqui reside um dos parâmetros da ideologia de direita e da esquerda.

De um lado ultranacionalistas de extrema direita, a exemplo de Trump e do primeiro-ministro da Hungria, Viktor Orbán, que apostam em uma globalização apenas da economia, e rebatem qualquer tentativa de universalizar (ou globalizar) direitos humanos. De outro, há os cosmopolitas tendentes a uma ideologia moderada de esquerda, ao defender a força dos organismos internacionais como a ONU, a OMS e os Pactos de Sustentabilidade. Assim o fazem para fincar um padrão civilizatório digno, ao mesmo tempo em que criticam a nova ordem mundial da globalização neoliberal em que a economia dos grandes sufoca a dos países em desenvolvimento.

Na 73ª Assembleia Geral da ONU, em Nova York, ficou evidente este embate de ideias. De um lado Emmanuel Macron, presidente da França, de outro Donald Trump, dos Estados Unidos, o qual usou a tribuna para dizer: "rejeitamos a ideologia do globalismo e abraçamos a doutrina do patriotismo". Na mesma sessão, Macron refutou a lei do mais forte para resolver conflitos, propondo que os países parassem de assinar acordos comerciais com os que não cumprem o Acordo de Paris, uma clara alfinetada aos EUA, até então o único dissidente do pacto cujo objetivo é frear o aquecimento global.[2] Trump, ao contrário de Macron, também ataca, com certa frequência, órgãos internacionais como a ONU, Unesco, OMC e OMS.

Apesar de modificações de sentido durante a história, hoje prevalece uma diferença gritante entre os termos: *globalização* (como fenômeno econômico) e *globalismo* (como fenômeno político). O primeiro é uma das bandeiras de movimentos neoliberais (de direita) que defendem a interação comercial da economia dos países em escala

---

2 *"Em que diferem Trump e Macron?"* Presidentes dos EUA e da França apresentam na ONU visões contrastantes para a solução de crises mundiais. Por Sandra Cohen, G1, publicado em 25.09.2018. Fonte: https://g1.globo.com/mundo/post/2018/09/25/analise-em-que-diferem-trump-e-macron.ghtml.

mundial, mantendo-se a soberania, a cultura e a tradição de cada Estado-Nação. Um ultranacionalismo político misturado com uma ultra-abertura econômica. Já o cosmopolitismo, pejorativamente chamado de globalismo pelo primeiro grupo, é visto como um movimento de esquerda e antinacionalista, propenso a um dirigismo centralizado em escala mundial.

O economista francês Claude Frédéric Bastiat (1801-1850) ficou famoso por defender o individualismo, a liberdade e a propriedade privada. Como deputado criticava, de forma bem humorada, qualquer tendência socialista da França que havia naquele momento histórico. Sua frase mais famosa é "*If goods cannot cross borders, armies will*", em tradução livre: "se as mercadorias não puderem atravessar fronteiras, os exércitos irão fazer".[3] Os defensores do capitalismo globalizado gostam de repetir esta frase. Contudo, é possível parafraseá-la em sentido inverso: "se os direitos humanos não puderem atravessar fronteiras, os exércitos de refugiados, venezuelanos e esfomeados (e até grupos terroristas) irão fazer".

Tudo é uma questão de viés ideológico. A minha prioridade pode ser a liberdade econômica para lucrar, gerar prosperidade aos grandes (e um pouco aos pequenos que vêm a reboque) ou, ao contrário, a minha bandeira política pode ser a inclusão social e o acolhimento aos vulneráveis. Antecipo aqui o meu ponto de vista. Sou refratário a qualquer reverência ao deus-mercado e defendo um capitalismo temperado que equacione liberdade e segurança, livre-iniciativa com ajustes do Estado para melhor distribuição da renda e oportunidade a todos (não apenas aos detentores do capital). Não é possível defender que o mercado acomodará tudo. Num contexto desenfreado, ele não prioriza a sociedade, mas os interesses do grande capital.

Desde a civilização do homem, sobretudo a partir da *sedentarização* em que se passou da colonização nômade para a fixação permanente do homem, por meio de técnicas agrícolas e pecuárias, surgiu a noção de pode público como provedor de segurança e direito à vida. A aludida revolução agrícola ocorreu dentro do chamado período Neolítico (7000 a.C. até 2500 a.C.). Vinte e cinco séculos depois iriam aparecer os teóricos contratualistas, que descreveriam a origem, o fundamento e o papel do Estado.

Neste debate não se pode ignorar, *ab initio*, que tudo o que o Estado arrecada é dinheiro do povo, sendo razoável que a gestão

---

3 *Apud* RUSSET, Bruce M. *International Security and Conflict*. Ashgate, 2008, p. 7.

deste montante seja retornada à sociedade com critérios justos, sociais e abrangentes. Neste passo de contraprestação está o contratualismo, inaugurado pelos iluministas. Aqui destaco Jean-Jacques Rousseau (1712-1778), ao sustentar que a ordem social é um direito "que serve de alicerce a todos os outros"; um direito que não vem da natureza, pois fundamentado sobre "convenções que formam um corpo e vontade única", e relacionado com "a comum conservação e o *bem-estar geral*".[4]

Desde que o homem se viu ameaçado por viver em sociedade, passou a ter necessidade de se proteger por meio de uma instituição soberana. Esta relação entre sujeitos e Estado se manifesta por um *contrato social*. Antes de Rousseau, dois outros contratualistas se destacaram. O primeiro foi Thomas Hobbes (1588-1679), ao defender o Estado como um modelo *Leviatã*, expressão inspirada no Livro de Jó ao descrever um monstro do mar indomável. Logo, neste modelo tenta se justifica o poder absoluto do rei. Assim, os súditos amedrontados diante das ameaças do inimigo abdicam de liberdade em troca da segurança do soberano. O segundo que se destacou foi John Locke (1632-1702), ao defender uma organização política em que o Estado tem a função de viabilizar a liberdade do homem, com destaque para a proteção da propriedade privada. Em síntese, pode-se dizer que Hobbes legitimou o regime absolutista, Locke lançou as bases do liberalismo econômico e do livre mercado, enquanto Rousseau, o mais importante contratualista, fez nascer e desenvolver a noção de democracia social.

Após o Iluminismo moderno e o advento do Estado Democrático de Direito tornou-se inconcebível defender regimes extremados, sejam eles de que lado for. Hanna Arendt demonstrou isso no plano ideológico e político, ao denunciar o totalitarismo da Alemanha nazista de extrema direita e o stalinismo da União Soviética, em sua vertente socialista de extrema esquerda.[5]

Penso que é preciso defender a liberdade de empreender e a competitividade saudável que o capitalismo propicia à iniciativa privada, ao mesmo tempo em que se deve pugnar por um papel do Estado associado às diretivas dos agentes de regulação e dos organismos

---

4 ROUSSEAU, Jean-Jacques. *Do contrato social.* Tradução: Rolando Roque da Silva. Edição eletrônica: Ed Ridendo Castigat Mores, p. 5 e 49. Fonte: http://www.dhnet.org.br/direitos/anthist/marcos/hdh_rousseau_contrato_social.pdf.

5 ARENDT, Hanna. *Origens do Totalitarismo.* Copyright renovado 1979 by Mary McCarthy West. Published by arrangement with Harcourt Brace Jovanovich, Título original: *The origins of totalitarianism*, 1951. p. 23. A autora acresce: "O *nacionalismo* nazista assemelhava-se à propaganda nacionalista da União Soviética, que também é usada apenas como repasto aos preconceitos das massas".

multilaterais que estabelecem programas sociais e limites éticos, sobretudo no que diz respeito à valorização do trabalho humano e à geração de oportunidades a um maior número possível de pessoas.

Quanto ao *socialismo*, é difícil fazer sua defesa seja por que tolhe qualquer liberdade econômica, seja porque ele inibe a reprodução de riqueza tão necessária ao bem-estar geral. Todo regime socialista morreu pobre (ou está pobre, como é o caso de Cuba e Coreia do Norte). Por outro lado, também é difícil defender o *neoliberalismo* do mercado total que, em prol da rentabilidade das empresas, justifica a gritante desigualdade social e a exploração econômica de poucos sobre muitos. A história revela que nenhum destes dois regimes funcionou bem. A prolongada pandemia do coronavírus reforçou esta ilação ao demonstrar, de um lado, a paralisação da engrenagem capitalista de consumo (fato que provocou sensível empobrecimento mundial) e, de outro, a necessária intervenção do Estado para restaurar a ordem, a prevenção e a dignidade, nomeadamente em relação à distribuição de renda mínima aos necessitados por intermédio de benefícios emergenciais. A quarentena também revelou a força das grandes empresas em detrimento dos pequenos empresários conduzidos à bancarrota.

Não há como defender a mão invisível do Estado como pretendia o liberalismo de Adam Smith (1723-1790), pois isso só seria eficiente dentro de um contexto utópico de muitos competidores em um mesmo pé de igualdade. Na atual arena díspar e globalizada, em que a força das grandes corporações sobrepõe-se aos pequenos, a ausência de Estado é perversa para com os que não têm a mesma pujança, oportunidade ou sorte hereditária. Não há competitividade justa e saudável quando faltam condições mínimas para estudar em boas escolas ou pagar por um simples sinal de internet.

Conforme bem assinala Bresser-Pereira,[6] na medida em que a sociedade se torna mais complexa os sistemas de regulação afinam-se na mesma linha. Mercados bem ajustados são capazes de coordenar novas atividades, além de estimular indivíduos a celebrarem compromissos com seus concidadãos. Há uma dialética permanente entre o egoísmo, de um lado, e o espírito republicano de solidariedade, de outro. A liberdade por si só, como ausência de regulação, é *uma tese neoliberal sem sentido*. Assim, quanto mais desenvolvidas forem as sociedades,

---

[6] BRESSER-PEREIRA, Luiz Carlos. Modernidade neoliberal. *Revista Brasileira de Ciências Sociais – RBCS*, vol. 29, n. 84, p. 101, fev. 2014. Fonte: https://www.scielo.br/pdf/rbcsoc/v29n84/05.pdf.

do ponto de vista econômico, mais democráticas e complexamente reguladas serão elas, completa Pereira.[7]

Logo, não vejo nada de errado no cosmopolitismo, tampouco nos agentes de regulação internos e internacionais. Ao contrário, penso que a melhor opção da ordem mundial seria a do *acolhimento do diverso;* uma nova postura includente, humana e menos soberba em relação ao outro que nos é diferente. Lembrando que diferente aqui não é (nem deveria ser) sinônimo de *inferior*. Não há razão para nos sentirmos melhores ou piores do que os outros. O olhar para o vulnerável jamais deveria ser de cima para baixo. Todas as pessoas, independente da nacionalidade, credo ou deficiência, têm algo a nos ensinar, seja o índio, o pobre, o homossexual, a mulher, o negro ou o refugiado. É deste espírito cosmopolita que o mundo está precisando, este mesmo que nos ensinou a proporção pandêmica da crise sanitária. Dito de modo simples: é preciso maior sensibilidade para perceber que estamos no mesmo barco que singra as ondas do planeta.

É compreensível o preconceito dos neoliberais que preferem apostar todas as suas fichas no mercado financeiro e na economia globalizada. O grande capital não quer interferências no atual sistema que lhe é favorável. Observe os índices de concentração de riqueza: aumento exponencial para os bilionários na mesma proporção de pobreza aos miseráveis. Diante deste impasse surgem as perguntas:

- Afinal, o que querem as organizações internacionais senão regular um mínimo de dignidade ao trabalho, ao planeta, às mulheres e às classes menos favorecidas?

- Será errado fixar parâmetros que assegurem não apenas liberdades individuais, mas direitos sociais, fraternos e de sustentabilidade?

Observe-se que são exatamente estes os direitos humanos de primeira, segunda e terceira geração. A bandeira de defesa de direitos universais irrita boa parcela do poder, seja ela no plano econômico (ao propor mão de obra aviltante com redução de direitos trabalhistas) ou na esfera política (ao preferir regimes de baixo teor democrático). Assim, a chamada superestrutura do poder econômico passa a rotular os direitos fundamentais de "conspiratórios e invasivos". Simples assim. E muita gente tem embarcado neste discurso falacioso. Não por outro motivo o papa Francisco observa:

---

7 BRESSER-PEREIRA, Luiz Carlos. Modernidade neoliberal. *Revista Brasileira de Ciências Sociais – RBCS*, vol. 29, n. 84, p. 101, fev. 2014. Fonte: https://www.scielo.br/pdf/rbcsoc/v29n84/05.pdf.

> *Molto facilmente, l'interesse economico prevale sul bene comune e manipola le informazioni in modo da non vedere i suoi progetti interessati.*
> (Muito facilmente o interesse econômico prevalece sobre o bem comum e manipula informações para não ver seus projetos afetados).[8]

De minha parte, defendo a liberdade de empreender que o capitalismo confere à iniciativa privada, ao mesmo tempo em que pugno pela importância do papel do Estado e dos organismos internacionais. Seja para estabelecer programas sociais ou limites éticos, especialmente no que diz respeito à valorização do trabalho humano.

Como se vê o debate gira em torno da definição da função pública e do mercado. As ideologias vão desde a extrema esquerda, que prega o comunismo, até o modelo neoliberal, que pretende a total abstinência da ordem pública em prol do mercado total. Comunismo e neoliberalismo. Dois regimes extremos que nunca funcionaram bem. A prolongada pandemia do coronavírus demonstrou isso ao revelar, de um lado, a paralisação da engrenagem capitalista de consumo (fato que provocou empobrecimento mundial) e, de outro, a necessária intervenção do Estado para restaurar a ordem, a prevenção e a dignidade, nomeadamente em relação à distribuição de renda mínima por intermédio de benefícios emergenciais.

A propósito, há uma famosa frase de Henri Lacordaire (1802-1891) que reforça a ideia de que a liberdade total de mercado faz com que o rico engula o pobre, devendo, portanto, a norma do Estado restabelecer o equilíbrio das relações assimétricas, a exemplo do emprego e do consumo. Assim, diz o educador francês:

> *Entre le fort et le faible, entre le riche et le pauvre, entre le maître et le serviteur, c'est la liberté qui opprime et la loi qui affranchit.*
> (Entre os fortes e fracos, entre ricos e pobres, entre senhor e servo é a liberdade que oprime e a lei que liberta).

No plano da centralidade histórica cabe observar que, enquanto a Idade Antiga se baseava no cosmocentrismo (cosmos como antítese do caos e alinhado pelo logos), a Idade Média se explicava pelo teocentrismo (prevalência da versão católica da igreja), e a Moderna a partir de um antropocentrismo iluminista. Atualmente, o núcleo das preocupações está na preservação do planeta para as gerações futuras. Eis o *biocentrismo* pautado na solidariedade ou disposição ética do ser humano, consistente

---

[8] Fonte: https://350.org/pt/10-frases-de-papa-francisco-contra-o-aquecimento-global/.

em sua vontade altruísta na obtenção de fins comuns.[9] Marcelo Gleiser, a propósito, fala de um *humanocentrismo*. O cientista admite a hipótese de vida inteligente em outras galáxias, sem antes reafirmar ser o homem uma entidade rara, em que células procariotas evoluíram em máquinas moleculares capazes de sentir, questionar e pensar sobre a sua própria existência. Logo, a ciência moderna, ainda que de forma metafórica, restitui o homem a uma "posição central no cosmo, como guardiões da vida e do planeta onde existimos", completa Gleiser.[10]

Mas nem tudo são flores nos dias correntes. O próprio conceito de pós-modernidade, lançado nos *Protestos de 1968* pelos estudantes franceses, surgiu como uma declaração de que as promessas científicas e de um mundo melhor não deram muito certo. Antes disso, com o fim da Segunda Guerra, em 1945, o movimento de frustração em relação às juras não cumpridas foi se expandindo.

Com exceção da varíola, até mesmo doenças antes erradicadas ameaçam a voltar, como no caso do sarampo, poliomielite, difteria ou rubéola. Isso sem falar no temor do aparecimento periódico de novos vírus e pandemias. Assim, os metarrelatos utópicos deixam de seduzir cada vez mais. Estão ruindo os postulados sólidos e axiomáticos da Modernidade, dando início a um período de *transição paradigmática* em que há momentos contraditórios de ruptura e continuidade. Vive-se uma era de *incerteza e caos*; um saudosismo fora de tempo e uma vontade excessiva pelo novo que não se sabe bem quando começa e muito menos quando acaba, mas que repercute nas práticas sociais e na vida vivida, conforme observa Boaventura de Souza Santos.[11]

A nova onda pós-moderna é, pois, a dimensão cultural do nosso tempo baseada em valores redimensionados, algumas vezes antagônicos ao período Moderno que a antecedeu, com destaque para os temas da diversidade, do excesso e do ecletismo; a fragmentação, a fluidez e a velocidade. Também o consumismo, a sedução e o hedonismo. A entropia, a heterotopia e o niilismo. Agora não mais a *diacronia* que

---

9 Entretanto, é de tal maneira indispensável para o bom êxito da vida social permitir ao legislador exigi-la de todos os indivíduos como uma obrigação jurídica, pretendendo "que se generalize dentro do corpo social", assinala Eduardo Novoa Monreal. *In*: *O direito como obstáculo à transformação social*. Tradução: Gérson Pereira dos Santos. Porto Alegre: Sergio Fabris, 1988. p. 154.

10 GLEISER, Marcelo. *O caldeirão azul*: o universo, o homem e seu espírito. Rio de Janeiro: Record, 2019, p. 25.

11 SANTOS, Boaventura de Souza. *Pela mão de Alice*: o social e o político na pós-modernidade. 8. ed. São Paulo: Cortez, 2001.SANTOS, Boaventura de Souza. *A crítica da razão indolente*: contra o desperdício da experiência. 6. ed. São Paulo: Cortez, 2007, p. 257.

pretendia ligar os fatos históricos numa única narrativa, mas a *sincronia* vista como recorte temporal (de um momento e de uma tribo qualquer).[12] Vive-se um momento em que a mera opinião subjetiva (doxa) prevalece sobre a razão objetiva (episteme), a estética sobre a ética. O fanatismo sobre a Ciência. A quarentena compulsória da pandemia nos faz refletir sobre todos estes valores. Como ficará o mundo pós-pandemia? Por certo teremos surpresas positivas e negativas a serem desveladas quando dela sairmos.

2 A pandemia e o precariado

Por força do Decreto Legislativo nº 06, o Brasil encontra-se em Estado de Calamidade Pública desde a sua edição, em 20 de março, até o dia 31 de dezembro do mesmo ano de 2020. Esta iniciativa do Congresso Nacional propiciou maior liberdade de gestão e afrouxamento na alocação de recursos por parte do Executivo. Não há dúvidas de que este tempo de contágio, isolamento e medo enquadra-se no conceito de *Força Maior*.[13] Quanto à sua origem, é sabido que os primeiros casos da covid-19 ocorreram em um mercado de frutos do mar na cidade de Wuhan, na China, na virada do ano de 2019/20. Especula-se que o vírus tenha como hospedeiro os morcegos, que transmitiram para os pangolins, os quais foram vendidos em mercados úmidos da China e, posteriormente, consumidos como carne exótica naquele país.

O cenário da globalização, como facilitador da mobilidade das pessoas, foi decisivo para o seu rápido contágio intercontinental. A crise sanitária que agrava a saúde e a qualidade de vida de milhões de pessoas trouxe consigo a crise econômica, também chamada de *segunda onda*. Não por acaso tivemos tamanho empobrecimento generalizado do mundo neste período. O Brasil está entre os países mais atingidos por estas duas crises, sobretudo porque potencializadas por uma terceira: a

---

[12] Enquanto a sincronia é o recorte de um fato no tempo, sem qualquer preocupação com um fio condutor evolutivo, a diacronia é feita pela soma conexa de pequenas sincronias. Até o século XIX os linguistas enfatizavam o estudo histórico da língua. A partir de Ferdinand de Saussure (1857-1913), no início do século XX, não só a diacronia passou a ser explicada, mas também a estrutura sincrônica de funcionamento da língua. Um estudo complementando outro. "É sincrônico tudo quanto se relacione com o aspecto estático de nossa ciência, diacrônico tudo que diz respeito às evoluções". SAUSSURE, *Curso de Linguística Geral*, Tradução: Antônio Chelini, José Paulo Paes e Izidoro Blikstein, São Paulo: Editora Cultrix, 1999, p. 96.

[13] O instituto da força maior está previsto no art. 501 da CLT, contendo um elemento objetivo (evento inevitável: o contágio do coronavírus) e outro subjetivo (ausência de culpa do empregador no tocante a sua causa).

crise política. Tem sido constrangedor assistir à briga dos três poderes e mais a mídia em pleno período de pandemia.

No plano das relações de trabalho, o Executivo editou as Medidas Provisórias nºs 927 e 936, no início do segundo trimestre de 2020. A segunda convertida na Lei nº 14.020 e a primeira caducada pela inércia do Senado. O objetivo delas foi oferecer aos empregadores um regime de trabalho mais flexível, visando preservar o emprego e a renda durante o enfrentamento da calamidade.[14] E assim possibilitou-se a antecipação de férias e feriados, banco de horas, teletrabalho, suspensão contratual e redução proporcional de salário, dentre outras medidas possíveis. O Estado contribuiu com o pagamento de benefícios emergenciais e a facilitação de linha de créditos para o pagamento de salários com juros mais baixos. Visando flexibilizar obrigações gerais, adiar encargos e suprimir formalidades, a MP nº 927 também determinou a suspensão da obrigatoriedade de treinamentos periódicos de prevenção, previstos nas Normas Regulamentadoras de saúde, higiene e segurança. Neste caso, o empregador ficou autorizado a realizá-los por meio de EAD (ensino a distância) ou instrução *a posteriori:* até 90 dias da data de encerramento da calamidade.

Se por um lado houve necessidade de mitigar aglomerações, como medida de prevenção em tempos de intenso contágio da covid-19, por outro, cabe destacar, houve nítida postura governamental de reduzir direitos trabalhistas. E isso se iniciou antes mesmo do período emergencial da pandemia, com o advento da Lei nº 13.467, de novembro de 2017. A conhecida *Reforma Trabalhista*. Um exemplo reforça o que estamos a observar. Trata-se do parágrafo único do art. 611-B da CLT, que excluiu do conceito de "normas de saúde, higiene e segurança" as regras de duração e intervalos de trabalho.[15] Ora, este dispositivo bem demonstra a opção patrimonialista que fizeram os autores da Reforma. Não é possível aplaudir tamanho retrocesso em que até mesmo o núcleo duro de proteção (normas de intervalos e limites de jornada) fique ao talante da negociação coletiva. Com as aludidas medidas provisórias

[14] O parágrafo único do art. 1º da MP nº 927 deixa claro o enquadramento de força maior, *verbis*: "O disposto nesta Medida Provisória se aplica durante o estado de calamidade pública reconhecido pelo Decreto Legislativo n. 6 de 2020 e, para fins trabalhistas, constitui hipótese de força maior, nos termos do disposto no art. 501 da CLT".

[15] Senão vejamos o que dispõe o art. 611-B. Constituem objeto ilícito de convenção coletiva ou de acordo coletivo de trabalho, exclusivamente, a supressão ou a redução dos seguintes direitos: XVII – normas de saúde, higiene e segurança do trabalho previstas em lei ou em normas regulamentadoras do Ministério do Trabalho; Parágrafo único: Regras sobre duração do trabalho e intervalos não são consideradas como normas de saúde, higiene e segurança do trabalho para os fins do disposto neste artigo.

este quadro se agravou, na medida em que a maioria das flexibilizações das normas trabalhistas (redução de salário, inclusive) passou a ser permitida por simples acordo direto entre patrão e empregado. Vale dizer: se antes se exigia a participação protetiva dos sindicatos, agora a tendência é outra. Um esvaziamento sensível dos direitos sociais.

Cabe registrar que a proposta histórica de proteção legal ao trabalhador se consolidou no início do século XIX como forma de aplacar os conflitos sociais instaurados pela Revolução Industrial. Nesta época de exploração do trabalho, o sistema capitalista, temendo a sedução do socialismo que se anunciava, decidiu recuar em sua sanha lucrativa, trazendo os primeiros direitos de limitação de jornada e salário mínimo, dentre outros.

Posteriormente, com o desenvolvimento da economia e a consolidação do Estado do Bem-Estar Social (a partir da década de 1940 nos EUA e após a 2ª Guerra na Europa), a legislação social tornou-se mais ampla. Esta tendência perdurou até o final da década de 1970. A partir de então, com a introdução da ideologia neoliberal, a iniciativa privada passou a adotar organização de trabalho mais *flexível*.

Sublinhe-se que a expressão "flexível" geralmente nos remete à noção de algo positivo, complacente e tolerante. Contudo, no campo das relações de trabalho a flexibilização aparece como retrocesso ao acervo de direitos de classe. Se antes havia uma lei sólida que a protegia, doravante esta lei torna-se líquida a fim de se adaptar à volatilidade do mercado e aos interesses flutuantes do capital. Em outras palavras: o princípio de proteção ao trabalhador, outrora rígido, agora se apresenta enfraquecido, acarretando precarização das relações de trabalho e maior amplitude ao poder diretivo da empresa. Direitos antes conquistados são revogados mundo afora, e com maior ênfase a partir da década de 1990. Tudo em nome da competitividade e de uma suposta "modernização da empresa". Some-se a isso a ansiedade imposta por um mercado 100% conectado e globalizado que ignora fusos horários e impõe decisões em tempo real por meio de cobranças duras e jornadas exaustivas.[16]

---

[16] Ainda que hoje se cogite a existência de jornadas e empregos flexíveis, o que se vê na prática é uma nova dinâmica precarizante do trabalho, que visa atender ao interesse exclusivo do empresário. No universo corporativo impera a busca, cada vez mais intensa, por um menor custo social, maior produção e lucratividade dos sócios da empresa. Sob as lentes do capitalista, o trabalho é e sempre será visto como custo, despesa ou passivo trabalhista. Ricardo Antunes, nesta esteira, observa que o "sistema de metabolismo social do capital necessita cada vez menos do trabalho estável e cada vez mais das diversificadas formas de trabalho parcial, terceirizado e de trabalhadores hifenizados". ANTUNES, Ricardo. *Adeus ao trabalho. Ensaio sobre as metamorfoses e a centralidade do mundo do trabalho*. 7. ed. São Paulo: Cortez, 2000, p. 160. O termo trabalhador hifenizado foi originalmente utilizado por Huw

Nesta toada, o trabalhador é visto, cada vez mais, como uma máquina operacional que deve ser veloz, conectada *full time* e infalível. Uma deformação da natureza humana em prol dos interesses do mercado. Uma artimanha neoliberal, conforme bem descreveu o cronista Luis Fernando Verissimo:

> Na recente reunião dos sete de ouro para tratar do custo social da nova ordem econômica, os países mais ricos do mundo chegaram a uma conclusão sobre como combater o desemprego. Surpresa! Deve-se continuar enfatizando e receitando aos pobres austeridade fiscal sobre qualquer política de desenvolvimento e pedindo ao trabalhador que coopere, trocando a proteção social que tem pela possibilidade de mais empregos. Algo como `continuar batendo no supercílio que já está sangrando´. Chama-se isso não de crueldade ou chantagem, mas de flexibilização do mercado de trabalho. Podia se chamar de Maria Helena, não faria diferença - o neoliberalismo triunfante conquistou o direito de pôr os rótulos que quiser nos seus bíceps. Quem chama a volta ao capitalismo do século dezenove de modernidade e consegue vendê-la merece o privilégio.[17]

Ao mesmo tempo em que o governo retira a proteção dos trabalhadores, beneficia as empresas inadimplentes com ações como o *Refis* – Programa de Refinanciamento de Dívidas Tributárias que concede amplos parcelamentos, descontos e isenção quase total dos juros acumulados. Eis a lógica neoliberal que atende aos interesses do capital em detrimento dos trabalhadores e aposentados, conforme bem evidenciou o debate sobre a Reforma da Previdência Social.[18]

Mencionem-se, neste contexto, frequentes reformas da legislação trabalhista ocorridas nas últimas duas décadas no velho continente: na Alemanha, conhecida como Plano Hartz[19] (iniciada em 2003); em

---

Beynon no sentido de que o empregado é usado como hífen, ou seja, para necessidades efêmeras da empresa.

[17] Jornal do Brasil. p. 9. Coluna: Opinião.

[18] *"Reforma da Previdência ignora 426 bilhões devidos por empresas ao INSS. Dívida é o triplo do déficit anual calculado pelo governo. Entre as devedoras, estão as maiores do país, como Bradesco, Caixa, Marfrig, JBS e Vale"*. Matéria publicada por Repórter Brasil. *Revista Carta Capital*, publicada 02.03.2017. Fonte: https://www.cartacapital.com.br/economia/reforma-da-previdencia-ignora-426-bilhoes-devidos-por-empresas-ao-inss. Quanto ao REFIS, o Programa foi criado pela Receita em 2000 (Lei nº 9.964/2000) com o objetivo de regularizar débitos que as empresas e empreendimentos do Brasil têm com a União ou Receita.

[19] Alterou as regras do seguro-desemprego (reduzido de 24 para 12 parcelas mensais), facilitou a contratação de empregos de curta duração (menor custo) e flexibilizou a compensação de horário.

Portugal[20] (em janeiro de 2012); na Espanha[21] (decreto assinado em 2012); e na França[22] (em vigor a partir de agosto de 2016). O discurso é sempre o mesmo: é preciso reduzir o custo da mão de obra para que as empresas possam contratar mais. Ocorre que nesses quatro casos de reforma os índices de oferta de emprego ficaram aquém do esperado. Tal fato reforça a conclusão de que a redução de desempregados combate-se com o aquecimento da economia e não com a desregulamentação do trabalho.

O Brasil segue a mesma pauta de flexibilização, conforme se vê nas medidas legislativas que afetaram os contratos de trabalho. Iniciadas no Governo do presidente Fernando Henrique Cardoso (final da década de 1990), a Reforma Trabalhista ampla veio com a Lei nº 13.467, em novembro de 2017. Dessa vez, ao invés de alterações pontuais, o legislador exagerou na dose, modificando mais de uma centena de dispositivos. Mais do que simples alterações, houve precarização das relações de trabalho, conforme revela pesquisa realizada com as empresas de São Paulo:

> Para 70% das empresas de SP, Reforma Trabalhista não é grande incentivo a contratações e investimentos. Pesquisa da Fiesp mostra que apenas 22,2% dos empresários paulistas acreditam que a Reforma incentiva muito a ampliar os investimentos e as contratações de empregados.[23]

Em tempo de capitalismo pós-moderno, nasce *o precariado*. Resultado da combinação do substantivo *proletariado* com o adjetivo *precário* trata-se de uma nova classe social. O neologismo foi criado pelo economista britânico Guy Standing, autor da obra que leva o mesmo nome.[24] Em matéria publicada na Revista Carta Capital, o jornalista assim resume o perfil do *precariado:*

---

[20] Incidiu, basicamente, na redução do período de férias e dos dias de feriados anuais, além de alterar o tratamento do labor aos sábados, antes computado no saldo dos dias de DSR, agora representando apenas o direito a simples acréscimo de remuneração).

[21] Com destaque para a redução de encargos para as empresas que contratarem um primeiro empregado com idade inferior a 30 anos.

[22] Basicamente prestigia o negociado sobre o legislado, flexibiliza as jornadas com a possibilidade de maiores elastecimentos e compensação, além de permitir e facilitar a rescisão de contratos em caso de prejuízos devidamente comprovados das empresas por pelo menos três trimestres seguidos.

[23] Matéria publicada na InfoMoney com Bloomberg, em 28 de abril de 2017. Fonte: http://www.infomoney.com.br/carreira/clt/noticia/6402750/para-das-empresas-reforma-trabalhista-nao-grande-incentivo-contratacoes-investimentos.

[24] STANDING, Guy. *O Precariado* – A Nova Classe Perigosa. Trad. Cristina Antunes. Belo Horizonte: Autêntica, 2013.

> Trata-se do trabalhador que vive uma flexibilidade laboral nem sempre desejada e uma constante sensação de levar uma vida de má qualidade. Não equivale nem aos proletários tradicionais nem às classes médias superexploradas. São pessoas bem-formadas, às quais se prometeu um mundo divertido, confortável e criativo – que nunca chega. Mas que ainda não parecem ter pressa (como teve a classe operária, desde o final do século XIX).[25]

O sociólogo Ricardo Antunes observa que o sistema de metabolismo social do capital necessita cada vez *menos* do trabalho *estável* e "cada vez *mais* das diversificadas formas de trabalho parcial ou *part-time*, terceirizado, dos *trabalhadores hifenizados*".[26] Com o fenômeno da globalização da economia e das inovações tecnológicas houve sensível transformação deste universo laboral, tornando-se importante aprofundar-se neste tema à luz da recém-chegada *Indústria 4.0* (ou 4ª Revolução Industrial, lançada em 2011 na Hannover Messe) e da recessão advinda com a pandemia de 2020.

De minha parte tenho séria preocupação com este cenário, a começar pela revolução cibernética que tenta se sobrepor à figura do homem, prejudicando-o naquilo que lhe é relevante: o emprego como fonte de subsistência. Antes, creio que o avanço tecnológico deve trazer dignidade e bem-estar à humanidade. Jamais o contrário. Neste sentido, se de um lado o investimento desta área deve ser bem acolhido, de outro deve ser bem-vinda a regulamentação da Constituição, na parte em que protege o trabalhador da automação.[27]

O legislador não deve titubear ao tratar da regulação do mercado de trabalho, conforme o fez, acertadamente, quando proibiu o abastecimento de combustíveis por meio de bombas *self-service*. Esta medida legal não só se preocupou com a saúde dos clientes, no contato com inflamáveis nocivos, como protegeu o emprego dos frentistas.[28] Infelizmente, foi uma lei isolada, vez que o que se vê é uma profusão

---

25 "*A frustração no capitalismo do desejo*". Revista Carta Capital. Reportagem de Juan Carlos Monedero, publicada em 1/10/2013. Fonte: https://www.cartacapital.com.br/blogs/outras-palavras/201cprecariado201d-a-frustracao-no-capitalismo-do-desejo-7852.html.

26 ANTUNES, Ricardo. *Adeus ao trabalho. Ensaio sobre as metamorfoses e a centralidade do mundo do trabalho*. 7. ed. São Paulo: Cortez, 2000, p. 160. O termo trabalhador *hifenizado* foi originalmente utilizado por Huw Beynon no sentido que o empregado é usado como hífen, ou seja, para necessidades efêmeras da empresa.

27 Refiro-me ao art. 7º, XXVII, da Constituição Federal de 1988.

28 Trata-se da Lei nº 9.956/00. Lamenta-se que até agora apenas os postos de gasolina tenham sido atingidos pela proteção do mercado de trabalho em face da automação. Outros ramos como, por exemplo, o bancário, deveriam ter legislação equivalente.

de medidas que incentiva modalidades de contratação com baixa tutela ao trabalhador.

3 Não há nada certo além da incerteza

Vivemos em um mundo fora de controle, em que não há nada certo além da incerteza. Para o sociólogo alemão, Ulrich Beck (1944-2015), tivemos dois processos de modernização na história dos dois últimos séculos. O primeiro baseado na industrialização e na construção da sociedade de massa, atuando a *família* como centralidade cultural. O segundo é o que se vive hoje. Uma *modernização reflexiva*, assim denominada por apresentar uma revisão introspectiva, deslocando a centralidade, antes da família, agora para si próprio. Os indivíduos tanto dentro como fora de casa são atores de suas próprias biografias e garantias de existência, assinala Beck.[29]

Se na modernidade o arranjo familiar era (aparentemente) sólido e o matrimônio blindado ("até que a morte os separasse"), hoje, no atual contexto pós-moderno, convive-se com a usual possibilidade do divórcio ou mesmo a mera união civil entre parceiros monogâmicos ou polígamos. Se antes a lei protegia apenas os filhos legítimos de cônjuges heterossexuais, há algumas décadas a proteção jurídica estendeu-se a toda a prole, inclusive aos filhos ilegítimos ou de pais do mesmo sexo.[30]

Inspirado nos personagens da mitologia grega, o sociólogo italiano Domenico De Masi observa que antes o sujeito era do tipo *edípico* (apoiado excessivamente na voz da mãe), passando agora para o tipo *narcísico* (forte na própria imagem refletida no espelho).[31] Isso tudo estimulado pelo cenário da globalização, das redes sociais e do acelerado avanço tecnológico.

Há, pois, uma abrupta mudança de comportamento e estruturas de poder. A reflexão que se impõe não é apenas do sistema ou da estrutura, mas também da autorreflexão. Algo como uma pergunta

---

[29] BECK, Ulrich. *Risikogesellschaft: auf dem weg in eine andere moderne*. Frankfurt/Main: Suhrkamp, 1986, pág. 118. *Modernização reflexiva* é uma expressão utilizada por Anthony Giddens, Ulrich Beck e Scott Lash, conforme obra organizada pelos três, lançada em 1997, e que leva este mesmo nome. Trata-se a pós-modernidade de uma reflexão sobre si mesmo (individualismo).

[30] Reza o art. 227, §6°, da atual Constituição Federal, promulgada em 1988: "Os filhos, havidos ou não da relação do casamento, ou por adoção, terão os mesmos direitos e qualificações, proibidas quaisquer designações discriminatórias relativas à filiação". O divórcio no Brasil foi regulado pela Lei nº 6.515 de 1977.

[31] DE MASI, Domenico. *O ócio criativo*. Rio de Janeiro: Sextante, 2000, p. 122 e 124.

aberta para nós mesmos: – *onde estamos e para onde queremos ir?* Eis a hesitação hodierna que vem provocando desordem entre sujeitos que não mais guardam as certezas anteriores. Estamos, em certa medida, confusos para tomar decisões diante do imponderável.[32] Anthony Giddens observa que na atual modernização reflexiva "não temos outra escolha senão decidir como ser e como agir".[33] Como se vê, a *utopia* sólida da idade moderna cedeu lugar à *entropia* líquida, à desordem e ao caos da era pós-moderna.[34] A história do homem deixou de ser vista como linear, lógica, diacrônica e cronológica. Para Michel Foucault são justamente as *heterotopias* que inquietam, assim chamadas porque, ao incluírem a diversidade e o plural, acabam por desfazer os mitos, as fábulas e os discursos:

> As utopias consolam: é que, se elas não têm lugar real, desabrocham, contudo num espaço maravilhoso e liso (...) As heterotopias inquietam, sem dúvida porque solapam secretamente a linguagem, porque impedem de nomear isto e aquilo (...) Eis por que as utopias permitem as fábulas e os discursos (...) as heterotopias contestam desde a raiz, toda possibilidade de gramática; desfazem os mitos e imprimem esterilidade ao lirismo da frases.[35]

A atual *Sociedade de Risco* é fruto de uma obstinação desenfreada por crescimento, conforto e inovações, aliada a um intenso modelo de produção e consumo. Nas palavras de Juarez Freitas, o que se vê hoje é um estado de insegurança e iminente desgraça, capaz de pôr em xeque o futuro da humanidade: "riscos pluridimensionais desencadeados pelos

---

[32] FONSECA, Eline Silva; COSTA, Vera Lúcia Menezes. Espetáculo "Velox": risco-aventura na dança contemporânea de Deborah Colker. *In*: *Movimento*, vol. 16, n. 2, abr./jun. 2010, pp. 93-109, Escola de Educação Física, Brasil. BECK, Ulrich. *Risk society: towards a new modernity*. London: Sage, 1992.

[33] GIDDENS, Anthony; BECK, Ulrich; LASH, Scott. *Modernização reflexiva: política, tradição e estética na ordem social moderna*. Tradução de Magda Lopes. São Paulo: Editora da Universidade Estadual Paulista, 1997, p. 94.

[34] SOUZA, Michel Aires de. *Entropia e Pós-Modernidade*: o mundo em que vivemos. Disponível em: http://filosofonet.wordpress.com/2012/11/20/entropia-e-pos-modernidade-o-mundo-em-que-vivemos/. Acesso em: 23 jul. 2013.

[35] FOUCAULT, Michel. *As palavras e as coisas*: uma arqueologia das ciências humanas. Tradução: Salma Tannus Muchail. 8. ed. São Paulo: Martins Fontes, 1999, p. XIII (Prefácio). "As utopias consolam: é que, se elas não têm lugar real, desabrocham, contudo num espaço maravilhoso e liso (...) As heterotopias inquietam, sem dúvida porque solapam secretamente a linguagem, porque impedem de nomear isto e aquilo, porque impedem de nomear isto e aquilo (...) Eis por que as utopias permitem as fábulas e os discursos (...) as heterotopias contestam desde a raiz, toda possibilidade de gramática; desfazem os mitos e imprimem esterilidade ao lirismo da frases".

efeitos imprevisíveis da ação predatória".[36] Assim, o desafio de *poder*, nesta quadra da modernidade reflexiva, não está mais na identificação do capital como meio de produção material, mas na equação *conhecimento/poder* capaz de alinhar as empresas a um padrão de desenvolvimento sustentável.[37]

Segundo pesquisa do *McKinsey Global Institute*, nos 20 anos anteriores à pandemia, dos 18 países que mais cresceram (em torno de mais de 5% da renda anual per capita) 17 deles foram asiáticos e todos investiram forte em educação, reduzindo entraves para negócios, promovendo a abertura para o comércio internacional e o estímulo à competição.[38] Faltou mencionar, todavia, que estes países também estão entre os mais poluentes do mundo, a exemplo da própria China em primeiro lugar, seguida dos EUA, Índia, Rússia e Japão.[39] Com a pandemia do coronavírus praticamente todos tiveram suas economias encolhidas. China, Estados Unidos e Brasil, inclusive.

Ainda assim, pode-se dizer que o capitalismo reina de forma quase absoluta. Contudo, em boa parte do globo impera a sua expressão mais iníqua e perversa. Em vez de prestigiar a *liberdade* em harmonia com os direitos *sociais e de fraternidade*, prevalece a sanha depredatória e exploratória, impulsionada pela ideologia neoliberal que tenta deixar tudo para o mercado resolver, ao mesmo tempo em que concentra o capital nas mãos de dois mil bilionários poderosos. Felizmente, há também bons exemplos de conciliação do mercado com o democrático Estado do Bem-Estar Social. São os casos do Canadá, Alemanha, França e demais países nórdicos (Suécia, Noruega, Dinamarca, Finlândia e Islândia).[40]

---

[36] FREITAS, Juarez. *Sustentabilidade: direito ao futuro.* Belo Horizonte: Fórum, 2011. p. 27.

[37] Neste sentido consultar: SILVA, Brisa Arnould da. An analysis on the reflexive modernization and the environmental complexity in the socio-environmental rule-of-law state for the sustainable development commitment. *Cadernos do Programa de Pós-Graduação em Direito PPGDir/UFRGS*, Porto Alegre, edição digital, vol. X, n. 2, p. 123.

[38] *A lição dos países que mais cresceram no mundo: o capitalismo.* Por Ricardo Amorim, publicado em 25 de setembro de 2018. Fonte: https://www.gazetadopovo.com.br/blogs/ricardo-amorim/2018/09/25/a-licao-dos-paises-que-mais-cresceram-no-mundo-o-capitalismo/?utm_source=mailchimp&utm_medium=emkt&utm_campaign=newsletter&utm_content=ricardo-amorim.

[39] *Os 5 países mais poluentes do mundo.* Por Pedro Sá. Publicado em 22 de março de 2018. Fonte: https://www.soscuriosidades.com/os-5-paises-mais-poluentes-do-mundo/.

[40] Trata-se dos países do Norte da Europa, de língua escandinava. O capitalismo nórdico combina economia de livre mercado com Estado de Bem-Estar Social. São países que têm inúmeros negócios privados ao lado de impostos elevados para assegurar programas públicos efetivos de saúde, educação e previdência social.

Ulrich Beck deixou um legado importantíssimo para a compreensão do atual contexto, por ele chamado de *sociedade de risco*. Assim, o novo grito do homem não deve ser "*tenho fome!*", mas "*tenho medo!*". Medo de quê? Da *sociedade de risco* que substitui a *sociedade de classes:*

> 1) Risco da destruição do meio-ambiente, ocasionado pela busca das sociedades mais pobres em atingir os níveis de suas homólogas mais ricas.
> 2) Risco advindo da pobreza, da busca por novos recursos minerais, pela exploração da fauna e da flora, que leva a experimentações científicas prejudiciais aos homens.
> 3) Riscos nucleares, biológicos e químicos, da corrida armamentista e de seus impactos na vida de milhares de pessoas, sem qualquer nível racional de imputação de responsabilidades ou de controle de seus efeitos por limites territoriais, nacionais ou políticos.[41]

Alguns exemplos ilustram estas ideias. O primeiro deles é a superpopulação humana. Se o século 20 iniciou com 1,6 bilhão de pessoas, estes números explodiram com os recém-nascidos entre 1945 e 1960. É a chamada geração *baby boomers,* filhos de combatentes que retornaram para casa após o fim da Segunda Guerra Mundial. No ano de 2000 a população do planeta atingiu 6,1 bilhões e, em 2020, ultrapassou a casa dos 7,8 bilhões.[42] A combinação de aumento populacional com ascensão social está pressionando, cada vez mais, os recursos naturais essenciais, como a água. Grande parte desse crescimento está ocorrendo no continente africano, no sul e no leste da Ásia.

Neste cenário instável e de risco deve-se levar em conta três fenômenos recentes: as cíclicas crises econômicas internacionais, a exemplo daquela do crédito *subprime* de 2008 e da recessão pandêmica de 2020; as novas doenças infecciosas, transmissíveis do animal para o homem (doenças zoonóticas, a exemplo da *covid-19*), geralmente provocadas pela perda de *habitat* ou invasão do homem em áreas florestais; e os conflitos violentos que abrangem aqueles decorrentes de agudas brigas ideológicas internas, além dos atentados terroristas capitaneados, sobretudo, pelo *BoKo Harnam* na África; o *Khorasan* no

---

[41] RODRIGUES JUNIOR, Otavio Luis. Direito Comparado. *Morre Ulrich Beck, um sociólogo influente do Direito. In: Conjur.* Publicado em 21.01.2015. Fonte: http://www.conjur.com.br/2015-jan-21/direito-comparado-morre-ulrich-beck-sociologo-influente-area-direito?imprimir=1.

[42] "Os 40 países com maior decrescimento populacional entre 2020 e 2100", artigo de José Eustáquio Diniz Alves. Artigo by Redação – 13.03.2020. Fonte: https://www.ecodebate.com.br/2020/03/13/os-40-paises-com-maior-decrescimento-populacional-entre-2020-e-2100-artigo-de-jose-eustaquio-diniz-alves/.

Afeganistão e Paquistão; *ISIS* ou *Estado Islâmico* no Iraque e Síria; e o grupo afegão *Talibã*. Hoje já não há apenas guerras civis, em sentido estrito, mas guerras regionais com interferência de potências globais, a exemplo do conflito da Síria que perdura uma década (iniciou em março de 2011) ou mesmo da Venezuela, em que há nítido apoio da Rússia ao governo de Maduro, de um lado, e da Casa Branca ao oposicionista Juan Guaidó, de outro.

Tais fatos revelam que os atuais riscos iminentes sequer respeitam classes sociais. Claro que a divisão de classe ainda persiste e os mais vulneráveis continuam sendo os mais atingidos, a exemplo dos pobres nas crises e as crianças nas guerras civis. Contudo, neste novo cenário de risco epidemiológico todos podem ser atingidos pelos efeitos deletérios, sejam nações desenvolvidas ou em desenvolvimento. Os mecanismos tradicionais de proteção ou seguro não servem mais para impedir danos ou "responsabilizar seus fautores" em face da disparidade abissal entre o patrimônio de quem os causou e das vítimas a serem ressarcidas. Também se tornou inútil responsabilizar determinados agentes quando se sabe que "toda a sociedade terminará por assumir parte dos custos".[43] Que o diga a crise decorrente da pandemia do coronavírus.

4 O futuro das profissões

Conforme levantamento feito pela *Michael Page Consultoria*, o mercado do futuro do trabalho apresenta algumas características marcantes, como a seleção mais concorrida nos recrutamentos das empresas contratantes, a exigência de conhecimentos de informática e língua inglesa. O trabalhador por sua vez, além de estar altamente capacitado e atualizado, deverá ser chamado mais para projetos específicos e remunerados por resultados. Em relação aos espaços de trabalho, a quarentena nos compeliu a sairmos dos grandes e concentrados estabelecimentos para a opção do *coworking, home office* e muita flexibilidade no cumprimento de horários. As fronteiras do mundo do trabalho estarão cada vez mais alargadas pela interação globalizada, o uso de plataformas e o *e-commerce*. Diante da Quarta Revolução Industrial (Indústria 4.0), que mistura dimensão física com o mundo digital, inovações tecnológicas e biotecnologia, sempre teremos

[43] RODRIGUES JUNIOR, Otavio Luis. Direito Comparado. *Morre Ulrich Beck, um sociólogo influente do Direito*. *In*: Conjur. Publicado em 21.01.2015. Fonte: http://www.conjur.com.br/2015-jan-21/direito-comparado-morre-ulrich-beck-sociologo-influente-area-direito?imprimir=1.

novas profissões que aparecerão e se extinguirão na mesma velocidade das mudanças.[44]

Assim, é natural que qualquer projeção vislumbre ocupações curiosas se comparadas com aquelas vistas sob as lentes de hoje. A partir de 2030, em face do encurtamento da distância entre tecnologia, trabalho e sociedade, imagina-se que até 800 milhões de pessoas perderão seus empregos e 375 milhões precisão mudar completamente de área. Em ensaio para o *Guardian*, Eliane Glaser diz que atualmente temos três espécies de ocupações esquisitas. São elas: os "trabalhos de bosta" (*shit jobs*): aqueles duros, necessários e mal pagos, a exemplo do gari; os "trabalhos que acabam virando bosta" (*jobs that were bullshitised*): aqueles que assim se convertem pela burocracia, como as pesquisas dos professores relegados a infindáveis relatórios; e os "trabalhos-bosta" (*bullshit jobs*): aqueles sem sentido e utilidade, normalmente de natureza administrativa.[45] Apesar dos termos chulos, esta classificação nos impõe uma reflexão acerca da realização do trabalho penoso.

Não há dúvida de que o futuro pertencerá àqueles que serão capazes de usar mais a *head* do que as *hands*, importando fazer aquilo que a inteligência artificial (IA) não consegue: dar afeto, decidir de forma imprevisível e definir estratégia. É basicamente isso que defende um dos gurus de tendências tecnológicas. Refiro-me ao empresário e escritor Kai-Fu Lee, nascido em Taiwan, mas que ficou famoso ao se tornar o foco de uma disputa judicial entre duas empresas que trabalhou: Google e Microsoft. Lee também trabalhou na Apple e vem se destacando no desenvolvimento de projetos e tecnologias na China. Em 2018 ele escreveu "*Superpoderes da IA: China, Vale do Silício e a Nova Ordem Mundial*". Nesta obra, o escritor demonstra que a demografia da China e a sua vasta acumulação de dados fazem dela a nova líder mundial na área de inteligência artificial. Vale dizer: a profusão de dados catalogados e aplicados. Ao ser perguntado em entrevista sobre o trabalho do futuro, disse que ao homem restará fazer aquilo que tem de melhor e aquilo que a IA não consegue: o trabalho ligado à *criatividade, empatia e compaixão*.[46]

---

[44] Mais sobre o tema, consultar: "Oito características do mercado de trabalho do futuro". Fonte: https://www.michaelpage.com.br/advice/carreira-profissional/pr%C3%B3ximos-passos-em-sua-carreira/8-caracter%C3%ADsticas-do-mercado-de.

[45] Conforme artigo publicado por João Pereira Coutinho: "*Trabalhos-bosta*". Gazeta do Povo, edição semanal de 9 a 15 de junho de 2018, p. 38.

[46] *Kai-Fu Lee na corrida pela inteligência artificial*. Entrevista concedida em 28 de setembro de 2018. Fonte: http://www.pbs.org/wnet/amanpour-and-company/video/kai-fu-lee-on-the-race-for-artificial-intelligence/.

Assim, seja na indústria ou nos serviços, a transição da produção padronizada para a personalizada comporta demanda maior de sujeitos qualificados (*skilled-people*), sendo crescente o número das pessoas que produzem ideias em comparação com as que produzem coisas.[47] O resultado disto é o forte impulso nas seguintes carreiras, assinala o Relatório da Consultoria *McKinsey*:

> *Consultor de genoma* ou "arquiteto de bebês": especialista em genética que oferecerá possibilidades de prevenção de doenças e alterações físicas em seres humanos que ainda não nasceram.
> *Consultor de longevidade:* especialistas em técnicas, projetos e serviços para tornar a terceira idade mais saudável.
> *Hacker genético:* profissional responsável por melhoramentos de performance em nível celular, microbiológico, os quais já fazem parte do agronegócio desde o advento dos transgênicos.
> *Policial virtual:* treinado para investigar fraudes, furtos e crimes que ocorrem por meio de dados, algoritmos, softwares.
> *Especialista em simplicidade:* profissionais que saibam simplificar processos, discursos, serviços e produtos, a fim de aproximar clientes da sua oferta.
> *Assessor de aprimoramento pessoal: coaches*, mentores e especialistas em *mindfulness* (meditação ou atenção plena).
> *Programador de entretenimento pessoal:* consultor para escolhas de séries, shows e restaurantes que seus clientes mais têm probabilidade de gostar. Empresas como Google, Facebook e Amazon já contratam esse tipo de serviço.
> *Curador de sustentabilidade:* biólogos, geólogos, químicos e ambientalistas encarregados de conter danos, recuperar espécies de plantas, animais e outros seres extintos.
> *Especialista em gestão de resíduos:* profissional que faz uso de tecnologia de ponta, sendo determinante para o sucesso da vida no planeta e para a exploração do potencial criativo da reciclagem.[48]

Há quem aposte nas áreas da *matemática, estatística* e *desenvolvimento de software*, conforme dados apurados pelo Bureau de Estatísticas do Mercado de Trabalho dos Estados Unidos, no final de 2017. Não se pode ignorar o binômio: crescimento exponencial da população e

[47] DE MASI, Domenico. *O futuro do trabalho. Fadiga e ócio na sociedade pós-industrial.* 2. ed. Brasília: UnB, 1999, p. 71.

[48] Conforme Relatório da Consultoria McKinsey, e de acordo com Ricardo Basaglia, diretor-executivo da companhia. Fonte: Gazeta do Povo, Edição semanal de 2 a 8 de dezembro de 2017, pág. 10. Também: Revista Exame, 17/10/2017. *"9 profissões curiosas que serão essenciais no futuro"*. Por Claudia Gasparini. Fonte: https://exame.abril.com.br/carreira/9-profissoes-curiosas-que-serao-essenciais-no-futuro/.

redução da oferta de trabalho. Hoje, cada vez mais pessoas exercem múltiplas atividades remuneradas com o objetivo de complementar a renda, a exemplo de escriturários que, nas horas vagas, dão aulas de violão e nos finais de semana atuam como garçom em restaurantes. Com a escassez da política de pleno emprego formal e o aumento das demandas de consumo, o homem pós-moderno se vê cada vez mais impelido a realizar múltiplos trabalhos de *freelancers*. Conforme nos alertou Paul Lafargue em meados do século XIX: na medida em que a máquina se aperfeiçoa e executa o trabalho do homem com rapidez e precisão, o operário, em vez de prolongar seu descanso redobra de ardor, como se quisesse "rivalizar com a máquina".[49]

É preciso que as forças que governam o mundo priorizem a implementação de medidas que reduzam este cenário de desemprego estrutural. Mais do que a imediata obstinação por automação e produtividade, aos governos e às empresas importa apresentarem caminhos de acesso à renda para um número cada vez maior de pessoas. Do contrário teremos um *apartheid* social, com recrudescimento e ampliação da violência e da concentração de renda. Não se ignore que a desigualdade social abala até mesmo a democracia, conforme se vê do aumento de governantes extremistas e arbitrários. Milton Santos observou que as oportunidades e *prodígios da sociedade veloz* alcançam um número limitado de pessoas, de tal forma que, segundo as possibilidades de cada um, "as distâncias têm significações e efeitos diversos e o uso do mesmo relógio não permite igual economia do tempo".[50]

Nesta conjuntura de combate às diferenças sociais e tecnológicas ganha relevo o papel dos organismos internacionais e suas Comissões de Éticas, a exemplo da ONU, OIT, OMC (e a própria OMS). Contudo, é preciso conferir representatividade e força coercitiva às suas decisões, sob pena de suas normas tornarem-se letras mortas ou figuras ineptas. Em entrevista à agência *BBC*, a pesquisadora da *Escola para o Futuro da Inovação na Sociedade*, Elizabeth Garbee, da Universidade do Arizona, assim nos alertou:

> No jogo do desenvolvimento tecnológico, sempre há perdedores. E uma das formas de desigualdade que mais me preocupa é a dos valores. Há um risco real de que a elite tecnocrática veja todas as mudanças que

---

[49] LAFARGUE, Paul. *O direito à preguiça*. Tradução Alain François. São Paulo: Edipro, 2016, p. 63. Obra publicada originalmente em 1848.

[50] SANTOS, Milton. *Por uma outra globalização*: do pensamento único à consciência universal. 9. ed. Rio de Janeiro: Record, 2002, p. 41.

vêm como uma justificativa de seus valores. Esse tipo de ideologia limita muito as perspectivas que são trazidas à mesa na hora de tomar decisões (políticas), o que, por sua vez, aumenta a desigualdade que vemos no mundo hoje.[51]

Além do problema social relativo ao desemprego, outro desafio se anuncia e diz respeito à necessidade de as nações investirem em tecnologia digital, combinada com a física e a biológica: quem não se adaptar e atualizar ficará para trás na irreversível onda evolutiva (*darwinismo tecnológico*). Nessa corrida, alguns países saíram na frente, como é o caso da China, do Japão (e demais mercados emergentes da Ásia), além dos EUA e da própria Alemanha, que introduziu o conceito de *Indústria 4.0*. A crise sanitária revelou a nefasta dependência do Brasil e de boa parte do planeta em relação à indústria chinesa, a exemplo da concentração de mais da metade da produção mundial de máscaras e um quinto dos respiradores.[52]

Conclusão

O tempo da pandemia do coronavírus está sendo um tempo de empobrecimento econômico, mas também de revelação da unidade do ser humano. Sem qualquer distinção de classe, credo ou raça estamos no aguardo de novas notícias de cura ou tratamento da covid-19.

Desde a Depressão advinda da queda da Bolsa de NY, em 1929, e do fim da 2ª Guerra Mundial, em 1945, não se via tamanho caos da economia. O mesmo se diga do isolamento prolongado e abrangente. Por outro lado, também há tempo não se via a sociedade tão solidária. O sofrimento e a angústia coletiva nos ligam de forma lídima e profunda. Isso vale tanto em dimensão familiar como planetária. Contudo, o desafio é que, passado este caos, o mesmo espírito altruísta persista como lição de vida.

Mas, afinal, o que teria o impacto de fazermos mudar nosso ímpeto consumista? Esta pergunta de Lilian do Vale teve como resposta a observação de Castoriadis, ao dizer da necessidade de prevalecer em nós o *espírito dos artistas* (seja ele do circo, da praça ou mesmo do

---

[51] HARARI, Yuval. *Homo Deus. Uma breve história do amanhã*. São Paulo: Cia. das Letras, 2016, p. 394.

[52] *Covid-19 expõe dependência de itens de saúde fabricados na China*. Por Daniela Fernandes. De Paris para a BBC News Brasil. Publicado em 10 maio 2020. Fonte: https://www.bbc.com/portuguese/internacional-52465757.

espetáculo). Algo que transmita não uma posição de superioridade, mas uma *sensação* que a todos atribua dignidade e importância.[53] Algo como uma estética ética: menos consumismo ególatra, e mais contemplação, respeito e alteridade.

Neste ensaio falamos muito de crises, cuja palavra advém do grego *krisis*, com o sentido médico de ruptura e decisão sobre a vida e a morte do paciente. Migrando o tema para a área sanitária, econômica e política, pode-se dizer que as três crises oriundas desta infausta pandemia não acabarão por obra de uma única pessoa. Vale dizer: é preciso esforços da ciência e de nossas experiências. Mais que isto: é preciso resgatar o mais sublime sentido de cuidado. Sim, o homem precisa cuidar não só de seus filhos ou de sua saúde, mas também da sua casa, incluindo-se aqui o planeta que sangra.

Informação bibliográfica deste texto, conforme a NBR 6023:2018 da Associação Brasileira de Normas Técnicas (ABNT):

DALLEGRAVE NETO, José Affonso. Novidades derivadas da crise e da pandemia. *In*: TUPINAMBÁ, Carolina (Coord.). *As novas relações trabalhistas e o futuro do Direito do Trabalho:* novidades derivadas da pandemia Covid-19 e da crise de 2020. Belo Horizonte: Fórum, 2021. (Coleção Fórum As novas relações trabalhistas e o futuro do Direito do trabalho. Tomo I). p. 251-274. ISBN 978-65-5518-118-0.

[53] CASTORIADIS, C. *Encruzilhadas do labirinto V*: feito e a ser feito. Rio de Janeiro: DPA, 1999. p. 66. Ver também: VALLE, Lílian do. O idiota, o especialista e o diplomata: reflexões sobre o cosmopolitismo e sobre a prática de formação humana. *Revista Educação e Sociedade*, Campinas, vol. 40, e0223225, 2019. Acesso em: 19 maio 2020. Fonte: http://www.scielo.br/scielo.php?script=sci_arttext&pid=S0101-73302019000100804&lng=en&nrm=iso. Epub Dec 09, 2019. https://doi.org/10.1590/es0101-73302019223225.

COVID-19 E SEUS IMPACTOS NO GERENCIAMENTO DE PROGRAMAS DE *COMPLIANCE*

FABRÍCIO LIMA SILVA

IURI PINHEIRO

1 Introdução – Breve apresentação do conceito e pilares de programas de *compliance*

No Brasil, o termo "*compliance*" é sinônimo da expressão "programa de integridade", conforme previsto na Lei nº 12.846/13 e no Decreto nº 8.420/15.

Importante destacar que os programas de *compliance* não devem se restringir ao combate à corrupção. Tais programas, para manterem lógica, consistência e coerência, devem versar sobre todas as esferas da empresa, envolvendo questões fiscais, contábeis, trabalhistas, financeiras, ambientais, jurídicas, previdenciárias, éticas, dentre outras. Assim, recomendável a adoção de um programa mais amplo e abrangente de integridade e ética corporativa, chamado por alguns, como Casanovas, como "superestruturas de *compliance*".[1]

Alguns pilares são essenciais ao funcionamento de um programa de *compliance*, dentre os quais citamos: Suporte da Alta administração; Mapeamento/Gestão de riscos; Políticas e códigos de conduta; Treinamentos e comunicação; Canal de denúncia; Investigação; Monitoramento e auditoria; Avaliação de fornecedores e *Due Diligence*.

Todos os pilares possuem notável importância, mas o gerenciamento de riscos assume um relevante papel no contexto de propagação da pandemia do coronavírus e seus impactos nas relações de trabalho.

2 O gerenciamento de riscos

A existência de um adequado gerenciamento de riscos e eficaz sistema de controle interno é essencial para o cumprimento do programa de integridade, em conformidade com os normativos internos, externos e com os objetivos estabelecidos pela alta administração da empresa.

O CADE, em seu Guia Programas de *Compliance*, dispõe que: "A adoção de programas de *compliance* identifica, mitiga e remedia os riscos de violações da lei, logo de suas consequências adversas".[2]

Sob o viés trabalhista, é muito importante que sejam avaliados os processos adotados pelo departamento pessoal, os registros documentais dos contratos de trabalho e a verificação de conformidade com a legislação trabalhista e demais normativos aplicáveis aos contratos de trabalho.

Os riscos, contudo, não são apenas normativos. Esses riscos de descumprimento associam-se a riscos de falhas de registros documentais das obrigações, falhas contábeis e passa, ainda, pela análise de riscos operacionais decorrentes do próprio processo produtivo, bem como riscos regionais e culturais, que poderão provocar conflitos intersubjetivos justamente pela falta de uma boa gestão de pessoal.

O sistema de controle interno deve trabalhar com a antecipação de riscos, *com a adoção de medidas preventivas, detectivas e reativas.*

O Committee of Sponsoring Organizations of the Treadway Commission (COSO) publicou a obra "Internal Control – Integrated

---

1 CF. CASANOVAS, Alain. *La adequación de una superestrutura de compliance.* Madri, 2016. Tradução livre.

2 CF. CADE – Conselho Administrativo de Defesa Econômica, 2015. *Guia de Programas de Compliance.* Disponível em: http://www.cade.gov.br/acesso-a-informacao/publicacoes-institucionais/guias_do_Cade/guia-*compliance*-versao-oficial.pdf. Acesso em: 20 jan. 2019.

Framework" com o intuito de ajudar empresas e outras organizações a avaliarem e aperfeiçoarem seus sistemas de controle interno. O referido modelo tem sido adotado por diversas organizações, como, por exemplo, no Manual Gestão de Risco do Ministério da Justiça.[3]

Além disso, outro normativo de especial relevância é a ISO 31000:2018, que estabelece uma série de regras e diretrizes para implementação eficaz de um modelo de gestão de riscos.

O programa de *compliance* deve, portanto, estar integrado ao sistema de gerenciamento de riscos, com o mapeamento de todas as legislações e regulações às quais a empresa esteja sujeita, além do zelo e estímulo a um bom ambiente de trabalho porque, afinal, um ambiente equilibrado e saudável traz motivação e esta é diretamente ligada à boa produtividade, redução do absenteísmo e de conflitos intersubjetivos.

3 Os impactos do coronavírus no gerenciamento de riscos

O gerenciamento de riscos no âmbito trabalhista já é uma tarefa extremamente árdua diante do farto rol de normas aplicáveis às relações de trabalho e a multiplicidade de acomodações interpretativas, além da complexidade do relacionamento interpessoal.

E essa tarefa fica ainda mais complexa com a pandemia da covid-19 porque os riscos se potencializam de forma exacerbada.

Com efeito, o isolamento social e a quarentena abrem um leque muito variado de situações e riscos aplicáveis ao contrato de trabalho.

A Medida Provisória nº 927/2020 trouxe as seguintes opções:

I - o teletrabalho;

II - a antecipação de férias individuais;

III - a concessão de férias coletivas;

IV - o aproveitamento e a antecipação de feriados;

V - o banco de horas;

VI - a suspensão de exigências administrativas em segurança e saúde no trabalho;

VII - o direcionamento do trabalhador para qualificação; e

VIII - o diferimento do recolhimento do Fundo de Garantia do Tempo de Serviço – FGTS.

---

[3] CF. BRASIL, MINISTÉRIO DA JUSTIÇA, 2018. *Manual de Gerenciamento de Riscos e Controles Internos*. Disponível em: https://www.justica.gov.br/Acesso/governanca/gestao-de-riscos/biblioteca/Manual/ManualdeGestodeRiscosMJverso1.pdf. Acesso em: 27 dez. 2019.

Praticamente todas as medidas envolvem riscos que vão desde os aspectos formais da medida provisória (prazos e meios de registro de alterações contratuais), passam por possíveis questionamentos de inconstitucionalidades e podem culminar em irregularidades no modo de sua aplicação prática.

Sem pretensão de exaurir o tema, apontamos exemplificativamente alguns deles.

3.1 Teletrabalho

O teletrabalho sempre envolve preocupações relacionadas à ergonomia do ambiente de trabalho e possíveis doenças ocupacionais que possam surgir.

Caso surjam doenças ocupacionais em período de teletrabalho, certamente será investigado, em eventuais demandas judiciais, se o empregador orientou seu empregado sobre os riscos ocupacionais (ergonômicos e de luminosidade, por exemplo) e se certificou-se de que o trabalho a distância reunia requisitos mínimos de segurança.

Diversas questões devem ser gerenciadas e documentadas pela empresa ao colocar empregados em teletrabalho. Apresentamos algumas interrogações que precisam ser analisadas:

> - Houve orientação dos requisitos de segurança mediante informação verbal e por escrito mediante recibo?
> - Houve orientação acerca de cuidados para assegurar uma separação entre o ambiente pessoal e de trabalho de modo a evitar eventuais doenças psíquicas, assegurando-se o propalado direito à desconexão?
> - O empregador forneceu equipamentos ou ressarcimento daqueles que vão além do padrão ordinário?
> - Havia reuniões telepresenciais periódicas para atestar as condições do local em que ele exercia a atividade, bem como permitir ao empregado expor dificuldades?
> - Havia cobrança incessante de produtividade ao longo de todo o dia?

É importante reforçar que o trabalho a distância geralmente suprime a visualização constante das condições ambientais de trabalho, propiciando o descumprimento das condições ergonômicas adequadas nas estações de trabalho, iluminação deficiente ou até mesmo a realização do trabalho em locais inapropriados, como, por exemplo, na própria cama.

Assim, deverá ser observado se foram fornecidos equipamentos adequados de trabalho (caso necessário) e o manual de orientações sobre o modo de realização das atividades, tudo mediante recibo.

Relevante, ainda, ajustar com o empregado o fornecimento periódico do envio de fotografias do local de trabalho e reuniões telepresenciais. O ônus de demonstrar o cumprimento de tais deveres de cautela (art. 157, I, da CLT) é da empresa.

Ainda sobre a temática do teletrabalho, é importante relembrar que a exclusão desse tipo de trabalho do direito de horas extraordinárias tem como pressuposto a inviabilidade de fiscalização da jornada, mas, na prática, em diversos casos, podem ocorrer por meios telemáticos de controle.

Uma complexidade a se atentar é a eventual adoção de redução de jornada e salário para quem esteja em teletrabalho, exsurgindo a possibilidade de eventuais pedidos de horas extraordinárias.

Além disso, conforme destacado no parágrafo 3º do art. 4º da Portaria nº 10.846/2020 do Ministério da Economia, *in verbis:*

> §3º O Bem não será devido caso verificada a manutenção do mesmo nível de exigência de produtividade ou de efetivo desempenho do trabalho existente durante a prestação de serviço em período anterior à redução proporcional de jornada de trabalho e de salário para os seguintes trabalhadores:
> I - os empregados não sujeitos a controle de jornada; (...)

E, caso haja a percepção indevida do benefício emergencial, a responsabilidade pela devolução dos valores será do empregador, nos moldes do art. 16 da Portaria nº 10.846/2020 do Ministério da Economia.

3.2 Antecipação de férias

A antecipação de férias trará a discussão jurídica acerca da desnaturação do próprio instituto, que é assegurado constitucionalmente, já que sua finalidade é propiciar uma desconexão planejada. Além disso, a possibilidade de postergar o pagamento do terço de férias para 20 de dezembro também gerará debate jurídico, considerando a disposição constitucional que prevê a fruição de férias com acréscimo de um terço.

Particularmente, em uma análise inicial, entendemos por razoáveis essas disposições da MP nº 927/2020, considerando que vivemos uma situação de anormalidade, que exige concessões de todos, mas não se pode negar que a possibilidade de interpretação diversa atrai carga de risco que deve ser avaliada para decidir pela assunção deste ou adoção de outra alternativa.

Além disso, o Ministério Público do Trabalho, na nota técnica conjunta nº 6 da Coordenadoria Nacional de Promoção da Liberdade Sindical – CONALIS, estabeleceu, na alínea "d" de seu item VI, que, dentre outras medidas para o enfrentamento da crise, seria possível a: "Concessão imediata de férias coletivas e individuais; sem a necessidade de pré-aviso de 30 dias de antecedência e/ou notificação de com 15 dias de antecedência para o Ministério da Economia, cientificando-se a entidade sindical representativa, antes do início das respectivas férias".[4]

Para fins de constitucionalidade, pode ser defendido que o direito constitucional às férias está assegurado e que o modo de pagamento do terço constitucional é disciplinado por norma infraconstitucional e que, nos termos do art. 2º da MP nº 927/2020, pode ser objeto de negociação nesse período excepcional.

3.3 Antecipação de feriados

A antecipação de feriados trará a mesma discussão relacionada à possível desnaturação do instituto e envolverá também um problema de ordem prática causado por omissão do texto da medida provisória, qual seja: quais são os feriados que podem ser antecipados? Apenas os do ano de 2020? Aqueles que possam ocorrer em até um ano?

Considerando a omissão, a prudência recomenda que se considerem apenas os feriados de 2020.

3.4 Banco de horas

O banco de horas foi criado pela Lei nº 9.601/98 com o objetivo de assegurar a compensação das horas extraordinárias através de folgas em detrimento do pagamento das respectivas horas com o adicional.

Inicialmente, a legislação exigia que o banco de horas fosse instituído por norma coletiva, mas a Lei nº 13.467/2017 autorizou a negociação individual no caso de compensação que viesse a ser realizada em até seis meses.

---

[4] CONALIS – Coordenadoria Nacional de Promoção da Liberdade Sindical. *Nota Técnica Conjunta nº 6/2020 – PGT/CONALIS*. Disponível em: https://mpt.mp.br/pgt/noticias/nt-6-2020-conalis-mpt-1.pdf. Acesso em: 29 jun. 2019.

O Ministério Público do Trabalho, na nota técnica conjunta nº 6 da Coordenadoria Nacional de Promoção da Liberdade Sindical – CONALIS, estabeleceu, na alínea "c" de seu item VI, que, dentre outras medidas para o enfrentamento da crise, seria possível a "redução de jornada e adoção de banco de horas".[5]

Uma discussão que sempre acompanhou essa temática foi a possibilidade de descontar da rescisão do contrato de trabalho o eventual saldo negativo do banco de horas.

Muitos desses descontos já foram anulados judicialmente, mas a análise da jurisprudência revela ser comum a demonstração da prova oral de falhas no registro de ponto, o que coloca em xeque a existência de saldo negativo. Por todos, cita-se: AIRR-11245-27.2015.5.01.0067, 3ª Turma, Relator Ministro MAURICIO GODINHO DELGADO, DEJT 09.03.2018.

Mesmo que os controles de ponto sejam idôneos e, de fato, haja saldo negativo, há divergência no âmbito dos Regionais acerca da possibilidade de desconto na rescisão. Nesse tocante existem, pelo menos, quatro posicionamentos:

> i) Não é possível qualquer desconto porque a compensação já é uma forma excetiva de afastar o pagamento do direito constitucional de horas extras, não se admitindo que ainda provoque descontos ao final. A assunção dos riscos do empreendimento pelo empregador englobaria essa hipótese.
> ii) É possível o desconto pela natureza bilateral do banco de horas, que pode gerar trabalha a maior ou menor.
> iii) É possível, mas desde que pactuado de forma escrita, ante a excepcionalidade da medida, devendo ser previsto no acordo coletivo ou individual (a depender da hipótese) a possibilidade de desconto.

Para quem admite a possibilidade do desconto, ainda há discussão acerca de eventual limite, já que o art. 477, §5º, determina que não poderia haver "compensação" na rescisão superior a um mês de remuneração.

A MP nº 927/2020 autorizou a instituição de banco de horas com a perspectiva de que seja computado saldo negativo, dispensando-se o empregado do cumprimento da jornada de trabalho com percepção do salário, mas com a compensação das horas em até dezoito meses e limitada a duas horas extras diárias.

---

[5] CONALIS – Coordenadoria Nacional de Promoção da Liberdade Sindical. *Nota Técnica Conjunta nº 6/2020 – PGT/CONALIS*. Disponível em: https://mpt.mp.br/pgt/noticias/nt-6-2020-conalis-mpt-1.pdf. Acesso em: 29 jun. 2019.

No contexto da pandemia, reputamos razoável que se possa autorizar o banco de horas nos termos regulamentados ante a absoluta excepcionalidade e a compreensão de que é uma forma equânime de manutenção de emprego e salário.

O maior risco que fica para ser objeto de gerenciamento cuidadoso nessa temática é ponderar a possibilidade de ruptura contratual antes de uma futura compensação e, caso se adote esse mecanismo, que se institua termo escrito com a previsão expressa de desconto rescisório caso a extinção contratual se opere antes da compensação total, sendo recomendável que se observe o limite de um mês de remuneração do art. 477, §5º, da CLT.

3.5 Suspensão das exigências administrativas em saúde e segurança no trabalho

Em relação à suspensão de exigências administrativas em saúde e segurança no trabalho, a previsão causa uma grande preocupação pela sua amplitude.

É certo que existem exigências administrativas concentradas em expedientes burocráticos, tais como os requisitos de pleito eleitoral de CIPA, que, nesse momento, se revelam de difícil observância.

Contudo, a extensão da previsão poderia sugerir a desnecessidade de medidas concretas de saúde e segurança, tais como requisitos técnicos de equipamentos de proteção coletiva ou individual, o que seria um contrassenso em um momento que vivemos uma insegurança de saúde pública e não resistira a um filtro de constitucionalidade porque o art. 7º, XXII, da CFRB proclama o princípio do risco mínimo regressivo.

Em termos de *compliance* e gerenciamento de riscos, o recomendável é que a empresa que esteja em funcionamento adote medidas de prevenção e cautela com os aspectos de saúde e segurança do trabalho.

Nesse tocante, é recomendável que a empresa elabore um manual de orientações sobre o uso de máscaras, higiene das mãos com preparação alcoólica ou sabão, bem como cuidados concernentes, zelando pela formalização de recibo de entrega e fiscalização do comportamento adequado.

Outra situação que sempre foi muito relegada é a dos exames médicos, sendo recorrente que sejam realizados sem muito critério, o que potencializa muito o risco de concretização de danos.

Imagine um trabalhador que seja admitido com uma doença preexistente e que sofra agravamentos durante o contrato de trabalho.

Um exame admissional malfeito poderá não constatar a doença e a empresa pode vir a ser responsabilizada por um dano que não deu causa ou que pelo menos não teria responsabilidade em toda a sua extensão.

Por isso é que se reputa bem arriscado seguir a premissa do art. 15 da MP nº 927/2020, que dispensou os exames médicos admissionais e periódicos, sendo recomendável que se busque tal realização, ainda que com base em telemedicina e exames médicos colhidos em domicílio, conforme autorização excepcional do Conselho Regional de Medicina.

Além disso, importante a observância dos ditames da Portaria nº 20, de 18 de junho de 2020, do Ministério da Economia, que estabelece as medidas a serem observadas visando à prevenção, controle e mitigação dos riscos de transmissão da covid-19 nos ambientes de trabalho (orientações gerais).

3.6 Diferimento do recolhimento de FGTS

O diferimento do recolhimento de FGTS é passível de sofrer o questionamento por se tratar de direito assegurado constitucionalmente, em relação ao qual reiteramos a advertência de razoabilidade justificada pela excepcionalidade.

Além disso, não havendo ruptura do contrato de trabalho, inexistiria prejuízo imediato ao trabalhador.

3.7 A suspensão dos arts. 29 e 31 da MP nº 927/2020 pelo STF

Apreciando diversas ações diretas de inconstitucionalidade, o STF suspendeu os arts. 29 e 31 da medida provisória. O primeiro estabelecia que o coronavírus não é doença ocupacional, salvo comprovação de nexo causal, e o segundo flexibilizava a atuação dos auditores fiscais do trabalho.

Inicialmente, quanto ao art. 29, é preciso salientar que, na prática, não há muita alteração de cenário.

Isso porque a suspensão desse artigo remete à discussão para o campo da Lei nº 8.213/91, que indica caminho semelhante ao prever que a doença endêmica não é considerada acidente de trabalho, salvo comprovação de que é resultante de exposição ou contato direto determinado pela natureza do trabalho (art. 20, §1º, "d").

Obviamente, a depender do tipo de atividade, é possível considerar a natureza acidentária da incapacidade quando constatar ocorrência de nexo técnico epidemiológico entre o trabalho e o agravo, decorrente da relação entre a atividade da empresa ou do empregado doméstico e a entidade mórbida motivadora da incapacidade elencada na Classificação Internacional de Doenças (CID), em conformidade com o que dispuser o regulamento, a teor do art. 21-A da Lei nº 8.213/91.

Aqui se deve realçar novamente a importância do cuidado da empresa quanto aos aspectos de saúde e segurança do trabalho, o que certamente será objeto de consideração em eventuais demandas judiciais e acabará sendo revelado por outros fatos, tais como a quantidade de trabalhadores que continuaram trabalhando e tenham contraído a doença, valendo, mais uma vez, o destaque quanto aos termos da Portaria nº 20, de 18 de junho de 2020, do Ministério da Economia.

Quanto à suspensão da restrição à autuação dos auditores fiscais do trabalho, parece-nos que a decisão segue na linha que era esperada pela perspectiva preventiva da segurança do trabalho, não havendo razão para justificar o trabalho inseguro quando lutamos pela vida.

4 Rescisão contratual por fato do príncipe

Outro risco que precisamos elucidar nesse breve ensaio é sobre a possibilidade de rescisão contratual por força maior ou fato do príncipe.

Uma primeira observação a ser feita é que o reconhecimento de que a situação se enquadra em força maior pela MP nº 927/2020 não é suficiente para promover automaticamente a redução de indenizações da rescisão contratual. Isso porque, para tanto, o art. 502 da CLT exige a extinção da empresa ou de um de seus estabelecimentos, de modo que se a empresa continuar executando atividades já não se mostra cabível ao enquadramento.

Além disso, o referido art. 502 da CLT exige que a força maior "determine a extinção da empresa", de modo que será necessário demonstrar que o fechamento foi tão somente em virtude da suspensão de atividades por ato governamental.

Contudo, sequer se tem conhecimento de quanto tempo perdurará a suspensão de estabelecimentos, sendo extremamente arriscado já afirmar que a paralisação por alguns dias teria, por si só, tornado inviável o negócio empresarial. Ainda que se imagine uma suspensão de atividades por 40 dias, é complexo avaliar se ela seria suficiente, por si só, para provocar o fechamento do estabelecimento.

A análise será pontual, de acordo com o perfil de cada negócio empresarial, e de avaliação final, após melhor delineamento do alcance dos atos estatais.

As mesmas ponderações valem para o caso de fato do príncipe, que reflete uma modalidade de força maior e está detalhado no art. 486 da CLT:

> Art. 486. No caso de paralisação temporária ou definitiva do trabalho, motivada por ato de autoridade municipal, estadual ou federal, ou pela promulgação de lei ou resolução que impossibilite a continuação da atividade, prevalecerá o pagamento da indenização, que ficará a cargo do governo responsável. (Redação dada pela Lei nº 1.530, de 26.12.1951)
> §1º - Sempre que o empregador invocar em sua defesa o preceito do presente artigo, o tribunal do trabalho competente notificará a pessoa de direito público apontada como responsável pela paralisação do trabalho, para que, no prazo de 30 (trinta) dias, alegue o que entender devido, passando a figurar no processo como chamada à autoria.

É necessário, contudo, desmistificar uma falsa ilusão que tem pairado no cenário. Há quem imagine que, com o fato do príncipe, o empregador deixaria de ter qualquer responsabilidade, mas não é isso que se extrai do dispositivo transcrito, o qual menciona que a indenização ficaria a cargo do governo.

Em outras palavras, o governo responderia pela indenização rescisória do FGTS, ficando as demais verbas a cargo do empregador.

Considerando que o fato do príncipe é uma espécie de força maior, há quem defenda que essa indenização seria apenas de 20%, na esteira do art. 502, II, da CLT.

É preciso ainda destacar que o fato do príncipe é previsto na CLT como matéria a ser arguida em defesa, o que demandaria a necessidade de um processo judicial em desfavor do empregador.

A matéria é tão complexa que o art. 486 da CLT está em vigor desde 1943 e não há notícia de que já tenha havido algum caso concreto de reconhecimento pelo Poder Judiciário.

Uma questão que pode ser ponderada, no caso de ocorrência de força maior ou fato do príncipe, é que não seria devido o aviso prévio, já que a rescisão seria por fato alheio à vontade e previsibilidade do empregador.

Por fim, nesse aspecto, destacamos que, no texto aprovado pelo Congresso Nacional e encaminhado para a sanção do Presidente da República, ficou estabelecido, na Medida Provisória nº 936/2020, que:

> Art. 29. Não se aplica o disposto no art. 486 da CLT, aprovada pelo Decreto-Lei nº 5.452, de 1º de maio de 1943, na hipótese de paralisação ou suspensão de atividades empresariais determinada por ato de

autoridade municipal, estadual ou federal para o enfrentamento do estado de calamidade pública reconhecido pelo Decreto Legislativo nº 6, de 20 de março de 2020, e da emergência de saúde pública de importância internacional decorrente do coronavírus, de que trata a Lei nº13.979, de 6 de fevereiro de 2020.[6]

5 Riscos da MP nº 936/2020

A Medida Provisória nº 936/2020 permitiu a suspensão do contrato de trabalho e a redução de salário e jornada com o pagamento do Benefício Emergencial por parte da União Federal.

Havia uma grande ansiedade por parte da sociedade para a contrapartida estatal que socorresse ambos os polos da relação de emprego, mas, por impactar em aspectos essenciais do contrato de trabalho, a medida exige muitos cuidados no gerenciamento dos riscos que podem surgir a partir de sua aplicação.

Nesse ensaio, não cuidaremos da constitucionalidade do acordo individual para redução de salário e jornada, considerando que o STF já firmou entendimento vinculante acerca de tal questão.

Apenas fazemos uma advertência. Embora seja legitimado o acordo individual sem o requisito constitucional da negociação coletiva ante a delicada situação contemporânea, a medida provisória exigiu que, pelo menos, haja comunicação ao sindicato no prazo de dez dias.

Aqui é um primeiro risco a ser diligenciado pela empresa: envidar esforços para realizar essa comunicação. Isso pode ser realizado de modo físico através de carta por AR e também pelos meios telemáticos (comunicações eletrônicas pelos canais disponíveis ou pelos contatos que eram tratados) ou até mesmo ata notarial.

Se ainda assim persistir, entendemos que caberia até mesmo ação de consignação em pagamento, já que este remédio processual não se destina apenas à entrega de quantia certa, sendo legítimo também para depósito de coisas (nesse caso, os acordos individuais), na esteira do art. 539 do CPC.

É importante todo esse cuidado porque a ausência de comunicação ao sindicato pode levar a três entendimentos:

---

[6] Até a data de fechamento do presente artigo, em 29 de junho de 2020, o PLC nº 15/2020 ainda não foi sancionado pela Presidência da República.

a) Não tem qualquer consequência. Dificuldade disso é que seria uma norma sem sanção e com esvaziamento da previsão constitucional de participação sindical;

b) Cláusula resolutiva superveniente, retirando a validade do negócio jurídico;

c) Incidência analógica da regra acerca da ausência de comunicação ao governo, apenas produzindo efeitos quando da comunicação.

5.1 As faixas salariais para definição da espécie de acordo de redução de jornada e salário, bem como suspensão contratual levam em conta o salário-base ou o complexo salarial?

O art. 12 da medida provisória estipula as faixas salariais fazendo alusão simplesmente ao termo "salário".

O caráter genérico da terminologia gera dúvida acerca do alcance. Seria possível interpretar como sendo apenas o salário-base por ser uma parcela de referência da pactuação.

Contudo, entendemos que, se a norma não fez restrição, não é cabível que o intérprete o faça de modo prejudicial ao trabalhador. Assim, toda parcela que corresponda a salário será considerada para efeito desse enquadramento, a exemplo de gratificações legais e adicionais, que compõem a espiral salarial (efeito expansionista circular nos dizeres de Maurício Godinho Delgado).

Nesse ponto, merece ser ilustrada uma situação prática.

Imagine que um trabalhador receba salário-base de R$ 3.000,00 e adicional de periculosidade no importe de R$ 900,00. Nesse caso, a faixa salarial global seria de R$ 3.900,00, o que exigiria a necessidade de negociação coletiva para suspensão do contrato de trabalho.

Agora suponha que esse trabalhador tenha sido colocado em regime de teletrabalho antes do advento da suspensão e que a periculosidade fosse relacionada às condições físicas do ambiente de trabalho.

Nessa hipótese, a Presidência do TST já se manifestou pela possibilidade de supressão do adicional de periculosidade se inexistente a causa do salário-condição no teletrabalho (Processo: TST-SLS-1000302-89.2020.5.00.0000), o que transformaria o salário em R$ 3.000,00.

Desse modo, ficaria o questionamento: caso o empregador resolva acordar essa suspensão contratual, o ajuste poderia se dar pela via da negociação individual?

É possível entender de duas formas:

a) Como o trabalhador havia passado ao regime de teletrabalho com reposicionamento do seu salário para R$ 3.000,00, seria possível a pactuação por acordo individual;

b) O salário do empregado perfazia o montante de R$ 3.900,00, tendo sido reduzido apenas em virtude da adoção pontual de um determinado mecanismo de superação de calamidade.

Acompanhamos o entendimento "b" porque o salário real e habitual do empregado era de R$ 3.900,00, sendo este o patamar salarial que se deve considerar para efeito de aplicabilidade das medidas de enfrentamento da pandemia.

5.2 O valor dos adicionais de insalubridade e periculosidade também são reduzidos na mesma proporção da redução de jornada e salário?

De forma coerente com o que expusemos quanto à definição das faixas salariais, a redução da jornada provocará a redução do complexo salarial e não apenas do salário-base.

De todo modo, o adicional de periculosidade é uma parcela salarial que incide sobre o salário-base do empregado, de modo que, com a redução deste, aquele também já sofreria a proporcional redução.

O caso do adicional de insalubridade, por outro lado, levará a uma dubiedade interpretativa, sendo possível defender:

> i) que o empregador continuaria responsável pelo pagamento do mesmo montante de adicional de insalubridade, já que, independente da jornada e do salário, o adicional em questão incidiria sobre o salário mínimo (art. 192 da CLT);
>
> ii) que o empregador responderia apenas pela proporcionalidade do adicional de insalubridade porque a outra metade entraria no computo do benefício emergência e, assim, o pagamento integral pelo empregador provocaria "bis in idem".

Entendemos pela segunda linha de entendimento pelos fundamentos ali expostos, mas ressaltamos que, a prevalecer a primeira linha de argumentação, é preciso atentar para o fato de que, se o empregado estiver sujeito à insalubridade e periculosidade, o adicional mais vantajoso para efeito de opção pode ter sofrido modificação.

5.3 Seria possível promover a redução de jornada dos trabalhadores enquadrados no art. 62 da CLT?

Conforme o artigo 62 da CLT, não são abrangidos pelo regime do capítulo da "Duração da Jornada":

> I - os empregados que exercem atividade externa incompatível com a fixação de horário de trabalho, devendo tal condição ser anotada na Carteira de Trabalho e Previdência Social e no registro de empregados;
> II - os gerentes, assim considerados os exercentes de cargos de gestão, aos quais se equiparam, para efeito do disposto neste artigo, os diretores e chefes de departamento ou filial.
> III - os empregados em regime de teletrabalho.

A questão é bem delicada porque a justificativa para que esses trabalhadores não sejam destinatários da proteção constitucional de limitação de jornada é a suposta impossibilidade de aferição do número de horas trabalhadas.

Caso a empresa, de alguma forma, ainda que indiretamente, passe a efetuar o controle da jornada para adequação aos dispositivos da Medida Provisória nº 936/2020, poder-se-ia restar afastada a aplicação das referidas disposições e provocar discussões judiciais sobre o direito de horas extraordinárias.

Por outro lado, é possível defender a aplicabilidade através de redução dos dias trabalhados, o que manteria a "jornada diária", mas reduziria o módulo semanal ou mensal.

Outra possibilidade seria a redução do quantitativo de produtividade que era desempenhado, o que seria factível de se verificar a depender do tipo de trabalho.

Todavia, salientamos, tal medida não é indene de riscos, a depender da interpretação dada quanto à abrangência do "caput" do art. 62, com a observância do princípio do "in dubio pro misero".

Menores riscos seriam enfrentados com suspensão dos contratos regidos pelas exceções.

Em favor da aplicabilidade, merecem ser destacados os sempre percucientes fundamentos trazidos pela professora Vólia Bonfim Cassar, em seus "Comentários à Medida Provisória nº 936/2020":

> Mesmo excluídos do Capítulo "Da Duração do Trabalho", os empregados de confiança, os externos e os teletrabalhadores podem firmar termo de compromisso de redução do trabalho proporcional à redução do trabalho. Aliás, o parágrafo único do artigo 75-E da CLT transfere para

o teletrabalhador o ônus de fiscalizar seu meio ambiente de trabalho e de cumprir as medidas de segurança e medicina de trabalho.

Ora, se o teletrabalhador pode, para questões da saúde ocupacional (direito de indisponibilidade absoluta) firmar termo de responsabilidade de cumprimento das regras de segurança e medicina do trabalho, por que os demais trabalhadores abrangidos pelo artigo 62 da CLT não podem fazer o menos, isto é, autodeclarar seu compromisso em reduzir seu trabalho?

Negar a estes trabalhadores o direito de manutenção de seus empregos pelo ajuste de redução salarial é empurrá-los para a despedida imotivada, principalmente os gestores, que têm salários mais altos.

Entretanto, uma posição intermediária poderia ser a redução de jornada através de redução dos dias trabalhados, o que manteria a "jornada diária", mas reduziria o módulo semanal ou mensal.

Outra possibilidade seria a redução do quantitativo de produtividade que era desempenhado, o que seria factível de se verificar a depender do tipo de trabalho.

Nesse sentido, o já citado parágrafo 3º do art. 4º da Portaria nº 10.846/2020 do Ministério da Economia, *in verbis:*

> §3º O Bem não será devido caso verificada a manutenção do mesmo nível de exigência de produtividade ou de efetivo desempenho do trabalho existente durante a prestação de serviço em período anterior à redução proporcional de jornada de trabalho e de salário para os seguintes trabalhadores:
> I - os empregados não sujeitos a controle de jornada; e
> II - os empregados que percebam remuneração variável.

Todavia, salientamos, tal medida não é indene de riscos, a depender da interpretação dada quanto à abrangência do "caput" do art. 62, com a observância do princípio do "in dubio pro misero".

Menores riscos seriam enfrentados com a suspensão dos contratos regidos pelas exceções.

Por fim, destacamos que, se for efetuado o registro de jornada na hipótese de "home office", teletrabalho ou trabalho externo, restando afastada a hipótese de incidência do art. 62 da CLT, não haveria impedimento para a redução da carga horária, sendo, inclusive, devidas horas extras, se prestadas.

5.4 O empregador poderá exigir a realização de horas extras por aqueles que tiveram a redução de jornada?

Uma das justificativas para a edição da medida provisória é justamente fazer enfretamento à crise financeira que poderá assolar as empresas em razão da paralização ou redução das atividades, privilegiando a preservação do emprego e da renda dos trabalhadores.

Esse é o motivo para previsão da criação do benefício emergencial a ser pago pelo Governo Federal.

Importante destacar que a medida provisória, ao tratar da hipótese de suspensão do contrato de trabalho, dispôs que:

> Art. 8º [...]
> §4º Se durante o período de suspensão temporária do contrato de trabalho o empregado mantiver as atividades de trabalho, ainda que parcialmente, por meio de teletrabalho, trabalho remoto ou trabalho à distância, ficará descaracterizada a suspensão temporária, e o empregador estará sujeito:
> I - ao pagamento imediato da remuneração e dos encargos sociais referente a todo o período;
> II - às penalidades previstas na legislação em vigor; e
> III - às sanções previstas em convenção ou acordo coletivo.

Embora relacionadas à hipótese de suspensão contratual, entendemos que o referido tratamento também poderá ser aplicado na hipótese da exigência de prestação de horas extras no caso de redução de jornada, uma vez que também restariam configurados indevidos prejuízos ao erário.

Destacamos que o parágrafo 7º do art. 5º da MP estabelece que serão inscritos em dívida ativa da União os créditos constituídos em decorrência de Benefício Emergencial de Preservação de Emprego e da Renda pago indevidamente ou além do devido.

Porém, sabemos que necessidades imprevistas podem ocorrer na dinâmica do empreendimento, sendo imperioso que se tente documentar as causas dessas hipóteses excepcionais e sendo recomendável a compensação imediata do sobre labor em detrimento do pagamento de horas extras.

5.5 Posso reduzir o salário/jornada de alguns empregados e suspender de outros, por exemplo, na mesma empresa?

A Medida Provisória nº 936/2020 não estabeleceu restrições quanto à possibilidade de estabelecimento diferenciado de suas medidas quanto aos empregados de uma mesma empresa.

Algumas atividades podem ser mais necessárias durante o período de isolamento e outras nem tanto. Exemplificativamente, podemos citar o exemplo dos garçons que trabalham em estabelecimentos que paralisaram o atendimento ao público e estão trabalhando apenas com entregas ou daqueles trabalhadores que se enquadram nos grupos de risco.

Destacamos que, no texto aprovado pelo Congresso Nacional, restou restabelecida expressamente tal previsão.

Entretanto, é importante que exista justificativa para o tratamento diferenciado, evitando-se configuração de indevida discriminação.

5.6 O curso de qualificação profissional é obrigatório para a suspensão contratual prevista pela Medida Provisória nº 936/2020?

O curso de qualificação profissional está previsto como essencial para a suspensão contratual prevista pelo art. 476-A da CLT ("lay-off").

A medida provisória cuida da suspensão contratual em sua Seção IV e não inclui entre seus requisitos e regras a necessidade de curso de qualificação profissional. Contudo, ao tratar do capítulo de disposições finais, o art. 17, I, proclama o seguinte:

> Art. 17. Durante o estado de calamidade pública de que trata o art.1º:
> I - o curso ou o programa de qualificação profissional de que trata o art. 476-A da Consolidação das Leis do Trabalho, aprovada pelo Decreto-Lei nº 5.452, de 1943, poderá ser oferecido pelo empregador exclusivamente na modalidade não presencial, e terá duração não inferior a um mês e nem superior a três meses;

É necessário observar que foi utilizado o verbo "poderá", o que remete a uma semântica facultativa em detrimento da obrigatoriedade de oferecimento do curso.

Além disso, o dispositivo faz alusão ao art. 476-A da CLT, que cuida da suspensão contratual em termos diversos (com prazos e requisitos diversos), permitindo uma interpretação de que esse curso mencionado seria destinado ao caso de eventual suspensão nos termos do dispositivo da CLT.

É importante destacar que a MP nº 936/2020 estipula a necessidade de negociação coletiva e permite que, em qualquer caso, se possa pactuar por esse meio, com redução pela metade dos prazos da negociação e com utilização de meios telemáticos.

Diante disso, certamente o debate sobre a necessidade de curso de qualificação será mais acentuado caso a suspensão tenha sido pactuada por via coletiva.

Contudo, entendemos que, se a suspensão ocorreu nos moldes da MP nº 936/2020, não será estritamente necessário o curso de qualificação porque há uma disciplina específica que não o exige e porque se cuida de um remédio para uma solução emergencial de uma crise inesperada, não sendo farta a disponibilidade de ensino a distância para as mais diversificadas funções.

A previsão, portanto, seria destinada aos casos em que venha a ser pactuada suspensão pelo art. 476-A da CLT, que teria a forma de curso exclusivamente telepresencial e o prazo reduzido em virtude das dificuldades da sociedade no momento atual.

Registramos, todavia, que, sendo viável, o oferecimento do curso seria um valioso contributo social concretizador da função social da empresa (art. 170, III, da CFRB).

Ainda que haja dificuldade de oferta para algumas profissões, existem temáticas que possuem utilidade para qualquer profissão, a exemplo de cursos de:

> i) cuidados básicos para saúde e segurança do meio ambiente de trabalho;
> ii) educação digital (comportamento prudente em redes sociais e ferramentas eletrônicas), tema que é tratado no nosso Manual do *Compliance* Trabalhista;
> iii) educação financeira.

5.7 É possível pactuar a suspensão nos contratos por prazo determinado?

A medida provisória assegurou a possibilidade de suspensão do contrato e trabalho no seu art. 8º, fazendo menção aos termos empregado e empregador sem qualquer tipo de restrição, razão pela qual não enxergamos óbice a sua pactuação nos contratos por prazo determinado.

É importante destacar, contudo, que o período de afastamento será computado na duração do contrato por prazo determinado se as partes não tiverem acordado de modo diverso.

Exemplo prático:

Imagine um contrato de experiência de 90 dias dos quais já tenham transcorrido 30 dias e que não contenha previsão de que afastamentos não devem ser contados no prazo de duração do contrato.

Caso o empregador pactue com o empregado a suspensão do contrato por 60 dias, este poderá ser findo logo após o retorno da suspensão, já que 30 dias já teriam transcorrido.

Esse cômputo do período de afastamento pode não ser desejável para ambas as partes. Ao empregador porque suprimirá período de avaliação do empregado "em experiência", afastando também do empregado a possibilidade de demonstrar o seu valor ao reduzir o período de efetiva prestação de serviços.

Por isso é que poderia ser conveniente a celebração de aditivo contratual para dispor expressamente que o período de afastamento não será computado no contrato por prazo determinado.

5.8 Os empregados contratados por prazo determinado possuirão a garantia provisória de emprego prevista para os casos de redução de jornada e salário, bem como suspensão contratual? Em caso afirmativo, como seria a operacionalização nesses tipos de contratação?

A garantia de emprego prevista no art. 10 da medida provisória não faz restrição ao tipo de contratação, razão pela qual não deve o intérprete fazê-lo, sobretudo considerando que se trata de ação afirmativa que visa salvaguardar os meios de subsistência.

É necessário lançar mão, portanto, da regra de hermenêutica de que ações afirmativas existenciais devem ser interpretadas em favor do ser humano.

A dificuldade prática de operacionalização reside em investigar o que aconteceria se a garantia de emprego se projetasse para além do termo final do contrato por prazo determinado, rememorando a resposta anterior de que o prazo do contrato continua a correr caso as partes não tenham acordado a exclusão do período de afastamento (art. 472, §2°, da CLT).

Exemplo prático:

Na hipótese de um contrato de experiência de 90 dias, o contrato que estava com 20 dias em curso e que seja sido suspenso por 60 dias.

Caso não haja a previsão de exclusão de cômputo do período de afastamento, restariam 10 dias de contrato após o retorno.

Ocorre que a estabilidade seria de 60 dias após o retorno (art. 8°da MP n° 936/2020).

Diante disso é possível se entender:

a) o contrato se convola em prazo indeterminado;

b) não há convolação em contrato por prazo indeterminado, mas fica assegurada a garantia de emprego até o fim desta;

c) fica assegurada a garantia de emprego apenas pelo tempo que restar do contrato de trabalho.

A alternativa "a" nos parece de difícil acolhida porque a projeção do contrato para além do previsto inicialmente já é uma flexibilização do pactuado, sendo demasiado ir além e modificar a natureza da pactuação.

Por isso a alternativa "b" nos parece o caminho mais seguro, já que se preserva a natureza do contrato, mas assegura também a proteção que a ordem jurídica visa atender durante o prazo de garantia de emprego.

Não acolhemos a alternativa "c" porque acabar-se-ia comprometendo a proteção mínima que se busca atender e que, nesse caso, se justifica também como forma de compensação pela ajudada estatal que a empresa está recebendo.

Contudo, embora não sigamos essa linha de entendimento, apresentamos, por honestidade intelectual, a argumentação que poderia ser desenvolvida.

Seria possível defender que toda norma merece uma aplicação particularizada a cada caso concreto e o contrato por prazo determinado demandaria uma aplicação diversa do contrato indeterminado.

Além disso, poder-se-ia cogitar a aplicação analógica do art. 1°, §4°, da Lei n° 9.601/98, que prevê a preservação da garantia de emprego apenas durante o prazo do contrato.

Por fim, seria viável invocar a lógica do precedente recente do Tribunal Superior do Trabalho, que firmou posição no sentido de que trabalhadoras contratadas por prazo determinado fazem jus à estabilidade gestante (Súmula n° 244 do TST), exceto em se tratando de trabalho temporário, porque seria uma contratação que não tem expectativa de continuidade, devendo ser encerrado após o seu prazo fatal.

Assim, embora defendamos o entendimento "b", reconhecemos ser plausível defender o entendimento "c", especialmente para as hipóteses de contrato de trabalho temporário.

5.9 Trabalhador aposentado não pode ter o contrato suspenso?

O art. 6º, §2º, II, "a", da MP nº 936/2020 dispôs não ser devido o Benefício Emergencial ao empregado que esteja em gozo de benefício de prestação continuada do Regime Geral de Previdência Social ou dos Regimes Próprios de Previdência Social.

Diante disso, fica claro que o empregado aposentado não receberá o bem, o que fez ecoar vozes no sentido da impossibilidade de suspensão contratual do trabalhador aposentado.

A Portaria nº 10.846/2020 da Secretaria Especial de Previdência e Trabalho caminhou exatamente nesse sentido ao estipular vedação expressa de celebração de acordo individual de redução de jornada e suspensão contratual para os empregados que não façam jus à percepção do bem (art. 4º, §2º, da portaria).

A lógica desse entendimento reside no fato de que um dos fundamentos de legitimidade da suspensão contratual por acordo meramente individual é justamente o pagamento de benefício emergencial pelo governo.

Contudo, é preciso ratificar que a medida provisória não proibiu o acordo de redução ou suspensão e é oportuno realçar que, não raro, essas pessoas são justamente aquelas enquadradas em grupos de risco e que poderiam eventualmente fazer questão da suspensão contratual para evitar riscos advindos do deslocamento.

É pertinente destacar também que a suspensão contratual poderia ser operacionalizada por meio de pagamento de contrapartida pela empresa com os mesmos valores e natureza indenizatória tal qual o benefício emergencial.

Essas ponderações denotam que vedar por completo a possibilidade de redução ou suspensão contratual pode não ter sido o caminho mais adequado e a portaria nesse particular poderia estar maculada de crise de legalidade ao criar restrição não prevista em "lei", violando reflexamente a Constituição.

Nesse sentido, foi o texto do PLC nº 15/2020, aprovado pelo Congresso Nacional e encaminhado para a sanção presidencial, *in verbis:*

Art. 12. (...)
§2º Para os empregados que se encontrem em gozo do benefício de aposentadoria, a implementação das medidas de redução proporcional de jornada de trabalho e de salário ou suspensão temporária do contrato de trabalho por acordo individual escrito somente será admitida quando, além do enquadramento em alguma das hipóteses de autorização do acordo individual de trabalho previstas nocaput ou no§1ºdeste artigo, houver o pagamento, pelo empregador, de ajuda compensatória mensal, observado o disposto no art. 9º desta Lei e as seguintes condições:
I - o valor da ajuda compensatória mensal a que se refere este parágrafo deverá ser, no mínimo, equivalente ao do benefício que o empregado receberia se não houvesse a vedação prevista na alínea a do inciso II do §2º do art. 6º desta Lei;
II - na hipótese de empresa que seenquadreno§5ºdo art.8º desta Lei, o total pago a título de ajuda compensatória mensal deverá ser, no mínimo, igual à soma do valor previsto naquele dispositivo com o valor mínimo previsto no inciso I deste parágrafo.

5.10 Seria possível suspender o contrato ou reduzir a jornada de quem foi contratado após 01.04.2020?

A MP nº 936/2020 tem por finalidade assegurar a manutenção dos contratos de trabalho e da atividade empresarial que passaram a ser afetados pela pandemia, de modo que não seria admissível a sua utilização para novos contratos.

Essa foi a perspectiva adotada pela Portaria nº 10.846/2020 da Secretaria Especial de Previdência e Trabalho.

Situação delicada é aquela de quem era empregado, mas estava trabalhando sem registro formal em carteira porque o e-social impede a anotação retroativa, de modo que administrativamente não seria possível, mas nada impediria o ajuizamento de ação com vistas ao reconhecimento do vínculo de emprego e a condenação da União ao pagamento do benefício emergencial.

Salienta-se, contudo, que eventual reconhecimento de vínculo clandestino ensejará comunicação aos órgãos de fiscalização competentes.

5.11 Seria possível suspender ou reduzir a jornada do contrato de trabalho da gestante?

A Medida Provisória nº 936/2020 não estabeleceu nenhuma restrição quanto às empregadas gestantes.

Embora, tecnicamente, as gestantes não estejam enquadradas no grupo de risco, ainda não existem conclusões científicas suficientes para o embasamento de tais conclusões.

Assim, em razão da especial tutela que deve ser observada em relação ao nascituro, abstraindo-se a questão, a perda financeira, a redução do trabalho ou a suspensão do contrato podem ser consideradas como benéficas à trabalhadora.

Todavia, mais uma vez destacamos que a utilização dos institutos não poderá ter intuito discriminatório e que poderá surgir jurisprudência no sentido da impossibilidade jurídica dessas medidas.

Isso porque, para a gestante, não estaria em jogo apenas a irredutibilidade salarial, mas também a garantia de emprego à gestante, devendo-se rememorar que o emprego envolve prestação e contraprestação, as quais deveriam permanecer em equilíbrio tal qual pactuado originariamente.

Ademais, o art. 7º, XVIII, da CFRB assegura a licença à gestante sem prejuízo do salário e, caso haja a redução salarial, isso poderia impactar no valor do benefício. Por outro lado, caso haja a suspensão contratual, a gestante seria equiparada à segurada facultativa (art. 8º, §2º, da MP nº 936/2020), o que também modificaria o cálculo.

Uma solução seria o cancelamento da redução ou suspensão antes do efetivo encaminhamento à previdência social.

Contudo, considerando a sensibilidade, o cuidado e a empatia que se deve ter em relação a essas pessoas em condição tão especial da vida, o mais aconselhável é evitar a adoção de medidas que impactem financeiramente e em eventuais benefícios para as gestantes.

Nesse sentido, é o texto do PLC nº 15/2020, *in verbis:*

> Art. 22. A empregada gestante, inclusive a doméstica, poderá participar do Programa Emergencial de Manutenção do Emprego e da Renda, observadas as condições estabelecidas nesta Lei.
> §1º Ocorrido o evento caracterizador do início do benefício de salário-maternidade, nos termos do art. 71 da Lei nº 8.213, de 24 de julho de 1991:
> I - o empregador deverá efetuar a imediata comunicação ao Ministério da Economia, nos termos estabelecidos no ato de que trata o §4º do art. 5º desta Lei;
> II - a aplicação das medidas de que trata o art. 3º desta Lei será interrompida; e
> III - o salário-maternidade será pago à empregada nos termos do art. 72 da Lei nº 8.213, de 24 de julho de 1991, e à empregada doméstica nos termos do inciso I do caput do art. 73 da referida Lei, considerando-se como remuneração integral ou último salário de contribuição os valores

a que teriam direito sem a aplicação das medidas previstas nos incisos II e III do caput do art. 3º desta Lei.

5.12 Empregado que teve salário reduzido pode "pedir demissão"?

A MP nº 936 prevê, em seu art. 10, a existência de garantia de emprego ao empregado que receber o benefício emergencial.

Há quem afirme que não seria propriamente uma garantia de emprego porque a própria norma já enuncia a possibilidade de dispensa com a prefixação de uma indenização.

A despeito da "garantia de emprego", a norma prevê que é possível o "pedido" de demissão ou a aplicação de dispensa por justa causa, o que é extremamente razoável porque um empregado não pode ficar aprisionado em um contrato de trabalho e o empregador não é obrigado a se sujeitar a condutas ilícitas.

Contudo, não se pode perder de vista que a continuidade da relação de emprego é um princípio caro ao Direito do Trabalho, de modo que esse rompimento deve ser sempre cauteloso, com a formalização da manifestação de vontade.

Uma advertência. É muito comum nos depararmos com textos formais e até com "juridiquês", o que levanta suspeita se o próprio empregado que o teria escrito.

Mesmo nessas hipóteses caberia a quem assinou provar eventual vício de consentimento, mas é recomendável que no "pedido" de demissão se peça ao empregado apenas que escreva com suas próprias palavras a pretensão que está verbalizando, com data, localidade e assinatura.

Nesse caso da MP nº 936/2020 seria conveniente pedir que conste no "pedido" de demissão a ciência de que possui garantia de emprego e o eventual motivo do rompimento.

Por fim, existe um risco jurídico importante a considerar.

O art. 500 da CLT exige a homologação da rescisão pelo sindicato para os trabalhadores que tenham estabilidade. Embora se refira à estabilidade decenal, o C. TST tem entendido que essa formalidade se aplica a todas as garantias de emprego (vide RR 10237-67.2018.5.03.0030), de modo que seria importante buscar essa homologação.

No caso de dificuldade de comunicação com o sindicato, federação, confederação ou secretaria do trabalho, é importante que isso seja devidamente documentado para que não se alegue omissão do empregador.

6 Conclusão

É evidente que a pandemia do coronavírus agrega um leque muito diversificado de riscos de gestão trabalhistas, tornando-se extremamente relevante que todo empregador promova avaliação de risco de cada uma das possíveis medidas adotadas, de modo a tomar atitudes conscientes, equilibradas e sensatas e tornar viável a manutenção da empresa, minimizando perdas, mas evitando a formação de passivos ou possibilidade de futuras condenações judiciais.

Além disso, se viável, sempre que possível, o ideal seria a pactuação coletiva sobre as medidas a serem adotadas, com a necessária observância do princípio da adequação setorial negociada.

Referências

BRASIL, MINISTÉRIO DA JUSTIÇA, 2018. *Manual de Gerenciamento de Riscos e Controles Internos.* Disponível em: https://www.justica.gov.br/Acesso/governanca/gestao-de-riscos/biblioteca/Manual/ManualdeGestodeRiscosMJverso1.pdf. Acesso em: 27 dez. 2019.

CADE. Conselho Administrativo de Defesa Econômica, 2015. *Guia de Programas de Compliance.* Disponível em: http://www.cade.gov.br/acesso-a-informacao/publicacoes-institucionais/guias_do_Cade/guia-*compliance*-versao-oficial.pdf. Acesso em: 20 jan. 2019.

CASANOVAS, Alain. *La adequación de una superestrutura de compliance.* Madri, 2016. Tradução livre.

CONALIS – Coordenadoria Nacional de Promoção da Liberdade Sindical. *Nota Técnica Conjunta n. 6/2020 – PGT/CONALIS.* Disponível em: https://mpt.mp.br/pgt/noticias/nt-6-2020-conalis-mpt-1.pdf. Acesso em: 29 jun. 2020.

Informação bibliográfica deste texto, conforme a NBR 6023:2018 da Associação Brasileira de Normas Técnicas (ABNT):

SILVA, Fabrício Lima; PINHEIRO, Iuri. Covid-19 e seus impactos no gerenciamento de programas de *compliance*. *In*: TUPINAMBÁ, Carolina (Coord.). *As novas relações trabalhistas e o futuro do Direito do Trabalho:* novidades derivadas da pandemia Covid-19 e da crise de 2020. Belo Horizonte: Fórum, 2021. (Coleção Fórum As novas relações trabalhistas e o futuro do Direito do trabalho. Tomo I). p. 275-300. ISBN 978-65-5518-118-0.

SOBRE OS AUTORES

André Araújo Molina

Professor titular da Escola Superior da Magistratura Trabalhista de Mato Grosso (ESMATRA/MT), pós-doutor em Direito do Trabalho pela Universidade de São Paulo (USP), doutor em Filosofia do Direito pela Pontifícia Universidade Católica de São Paulo (PUC-SP), mestre em Direito do Trabalho pela Pontifícia Universidade Católica de São Paulo (PUC-SP), especialista em Direito do Trabalho e em Direito Processual Civil pela Universidade Castelo Branco (UCB/RJ), bacharel em Direito pela Universidade Federal de Mato Grosso (UFMT), Juiz do Trabalho Titular no TRT da 23ª Região (Mato Grosso) e Titular da Cadeira nº 11 da Academia Mato-Grossense de Direito (AMD).

Carlos Henrique Bezerra Leite

Advogado. Doutor em Direito pela Pontifícia Universidade Católica de São Paulo (PUC-SP). Professor do PPGD da Faculdade de Direito de Vitória (FDV). E-mail: chbezerraleite@gmail.com.

Carolina Tupinambá

Mediadora certificada, mestre em Direito Processual pela Universidade do Estado do Rio de Janeiro (UERJ), doutora em Direito Processual pela UERJ, doutora em Direito do Trabalho e Seguridade Social pela USP, pós-doutora no programa de pós-doutoramento em Democracia e Direitos Humanos – Direito, Política, História e Comunicação da Faculdade de Direito da Universidade de Coimbra, professora adjunta de Processo do Trabalho e Prática Trabalhista da UERJ, professora assistente de Direito do Trabalho da UFRJ, membro da Academia Brasileira de Direito do Trabalho, ocupante da cadeira nº 47, membro do Instituto Brasileiro de Direito Processual, membro do Instituto Iberoamericano de Derecho Procesal, membro do Instituto dos Advogados Brasileiros, membro do Centro de Estudos Avançados de Processo, membro da American Bar Association, membro da Comunidad para la Investigación y el Estudio Laboral y Ocupacional (CIELO).

Danilo Gonçalves Gaspar
Juiz do Trabalho do Tribunal Regional do Trabalho da 5ª Região. Mestre em Direito Privado e Econômico (UFBA). Membro do Instituto Bahiano de Direito do Trabalho (IBDT). Professor de Direito e Processo do Trabalho. Professor de Direito e Processo do Trabalho. Autor de obras jurídicas e palestrante. Instagram @danilogoncalvesgaspar.

Fabrício Lima Silva
Juiz do Trabalho do TRT da 3ª Região; coordenador da pós-graduação em Direito e *Compliance* Trabalhista do Ieprev/Faculdades Arnaldo; autor do Manual do *Compliance* Trabalhista, da Editora Juspodivm.

Guilherme Guimarães Feliciano
Juiz titular da 1ª Vara do Trabalho de Taubaté/SP. Professor associado II do Departamento de Direito do Trabalho e da Seguridade Social da Faculdade de Direito da Universidade de São Paulo (USP). Livre-docente em Direito do Trabalho e Doutor em Direito Penal pela Faculdade de Direito da Universidade de São Paulo. Doutor em Direito Processual pela Faculdade de Direito da Universidade de Lisboa. Presidente da Associação Nacional dos Magistrados da Justiça do Trabalho (ANAMATRA), gestão 2017-2019.

Iuri Pinheiro
Juiz do Trabalho do TRT da 3ª Região; coordenador da pós-graduação em Direito e *Compliance* Trabalhista do Ieprev/Faculdades Arnaldo; autor do *Manual do Compliance Trabalhista*, da Editora Juspodivm.

Joana Rego Silva Rodrigues
Professora orientadora do presente artigo. Mestre em Políticas Sociais e Cidadania pela Universidade Católica do Salvador, na linha Trabalho e Questão Social. Membro do Núcleo de Estudos do Trabalho (NET) desta mesma instituição. Possui especialização em Direito Médico pela Universidade Católica do Salvador (2015), especialização em Direito e Processo do Trabalho pela Faculdade Baiana de Direito/Juspodivm (2012) e graduação em Direito pela Universidade Católica do Salvador (2006). Advogada na área de Direito do Trabalho e Direito Médico. Membro da Comissão de Direito à Saúde da OAB/Ba. Endereço para correspondência eletrônica: joana_rsrodrigues@hotmail.com.

José Affonso Dallegrave Neto
Mestre e doutor em Direito das Relações Sociais pela Universidade Federal do Paraná. Pós-doutor pela Universidade de Lisboa (FDUNL). Advogado. Professor da Universidade Positivo.

Leandro Fernandez
Juiz do Trabalho no Tribunal Regional do Trabalho da 6ª Região. Doutorando e mestre em Direito pela Universidade Federal da Bahia. Especialista em Direito e Processo do Trabalho. Professor. Diretor de Prerrogativas da Amatra VI (gestão 2018/2020). Membro da Comissão Nacional de Prerrogativas da Anamatra (gestão 2019/2021). Coordenador adjunto da Escola Judicial do TRT-6. Coordenador adjunto da Revista de Direito Civil e Processual. Membro do Instituto Baiano de Direito do Trabalho.

Marina Novellino Valverde
Mestranda em Direito do Trabalho e Direito Previdenciário pela UERJ e advogada trabalhista.

Otavio Amaral Calvet
Juiz do Trabalho do TRT/RJ, mestre e doutor em Direito pela PUC-SP, presidente da Associação Brasileira de Magistrados do Trabalho (ABMT), membro honorário do IAB, professor e coordenador do Digital Calvet (digitalcalvet.com.br).

Paulo Roberto Lengruber Ebert
Doutor em Direito do Trabalho e da Seguridade Social pela Universidade de São Paulo (USP). Professor-monitor da disciplina "Saúde, Ambiente e Trabalho I" na Faculdade de Direito (Largo de São Francisco) da USP. Pós-Graduado em Direito Constitucional pela Universidade de Brasília (UnB, 2008). Pós-Graduado em Direito e Processo do Trabalho pelo Centro Universitário de Brasília (UniCEUB, 2006). Graduado em Direito pelo Centro Universitário de Brasília (UniCEUB, 2004). Membro integrante do Grupo de Pesquisa "Trabalho, Constituição e Cidadania" da Faculdade de Direito da Universidade de Brasília (UnB).

Platon Teixeira de Azevedo Neto
Juiz Titular de Vara do Trabalho (TRT18). Doutor em Direito pela Universidade Federal de Minas Gerais (UFMG). Mestre em Direitos Humanos pela Universidade Federal de Goiás (UFG). Especialista em Direito Constitucional pela Universidade de Brasília (UnB). Pós-graduado

em Direito do Trabalho e Previdência Social pela Universidade Europeia de Roma, na Itália. Professor adjunto de Direito Processual do Trabalho da UFG e professor permanente do mestrado em Direito e Políticas Públicas da UFG. Membro da Academia Goiana de Direito. Juiz auxiliar da Direção da Escola Nacional de Formação e Aperfeiçoamento de Magistrados do Trabalho (ENAMAT).

Rafael Lara Martins
Advogado. Bacharel em Direito pela Universidade Federal de Goiás (UFG), especialista em Direito do Trabalho pela PUC-GO, especialista em Direito Civil pela UFG e especialista em Direito Processual Civil pela UFG. Mestre em Direito das Relações Sociais e Trabalhistas (UDF). Doutorado em andamento em Direitos Humanos (UFG). Conselheiro Federal da OAB (triênio 2019-2021). Diretor-geral da Escola da Advocacia da OAB-GO (triênios 2016-2018 e 2019-2021). Conselheiro Seccional da OAB-GO (triênios 2013-2015 e 2016-2018). Ex-presidente do Instituto Goiano de Direito do Trabalho – IGT (biênio 2011-2013 e biênio 2013-2015). Palestrante e professor de Direito do Trabalho e Direito Processual do Trabalho em cursos e pós-graduações.

Ricardo Calcini
Mestre em Direito pela PUC-SP. Pós-graduado em Direito Processual Civil (EPM TJ/SP) e em Direito Social (Mackenzie). Professor em cursos jurídicos e de pós-graduação de Direito Material e Processual do Trabalho. Membro do IBDSCJ, do CEAPRO, da ABDPro, da CIELO e do GETRAB/USP. Website: www.ricardocalcini.com. E-mail: contato@ricardocalcini.com.

Rodolfo Pamplona Filho
Juiz titular da 32ª Vara do Trabalho de Salvador/BA. Professor titular de Direito Civil e Direito Processual do Trabalho da Universidade Salvador (UNIFACS). Professor associado da graduação e pós-graduação (mestrado e doutorado) em Direito da Universidade Federal da Bahia (UFBA). Coordenador dos cursos de especialização em Direito Civil e em Direito e Processo do Trabalho da Faculdade Baiana de Direito. Coordenador do curso de pós-graduação on-line em Direito Contratual e em Direito e Processo do Trabalho da Estácio, em parceria tecnológica com o CERS. Mestre e doutor em Direito das Relações Sociais pela Pontifícia Universidade Católica de São Paulo (PUC-SP). Máster em Estudios en Derechos Sociales para Magistrados de Trabajo de Brasil pela Universidad de Castilla-La Mancha/Espanha (UCLM). Especialista

em Direito Civil pela Fundação Faculdade de Direito da Bahia. Membro e Presidente Honorário da Academia Brasileira de Direito do Trabalho (antiga Academia Nacional de Direito do Trabalho – ANDT). Presidente da Academia de Letras Jurídicas da Bahia e do Instituto Baiano de Direito do Trabalho. Membro da Academia Brasileira de Direito Civil, do Instituto Brasileiro de Direito de Família (IBDFam) e do Instituto Brasileiro de Direito Civil (IBDCivil).

Samuel Levy Pontes Braga Muniz
Advogado. Mestre em Direito. Doutorando em Direito pela Faculdade de Direito de Vitória (FDV). Professor dos cursos de Direito da Universidade Estadual Vale do Acaraú (UVA) e do Centro Universitário Inta (UNINTA). E-mail: munizsamuellevy@gmail.com.

Sebastião Geraldo de Oliveira
Desembargador do TRT da 3ª Região. Mestre em Direito pela UFMG. Membro da Academia Brasileira de Direito do Trabalho, onde ocupa a cadeira nº 10. Gestor nacional do Programa Trabalho Seguro da Justiça do Trabalho. Autor de livros e artigos sobre saúde do trabalhador e acidentes do trabalho.

Esta obra foi composta em fonte Palatino Linotype, corpo 10
e impressa em papel Offset 75g (miolo) e Supremo 250g (capa)
pela Paulinelli Serviços Gráficos.